职业三字经

王子居◎著

民主与建设出版社
·北京·

© 民主与建设出版社，2018

图书在版编目(CIP)数据

职业三字经 / 王子居著. -- 北京：民主与建设出版社，2018.7
ISBN 978-7-5139-2195-4

Ⅰ. ①职… Ⅱ. ①王… Ⅲ. ①职工培训－通俗读物 Ⅳ. ①C975-49

中国版本图书馆CIP 数据核字（2018）第135311号

职业三字经
ZHIYE SANZIJING

出 版 人	李声笑
著 者	王子居
责任编辑	郭长岭
封面设计	天行健
出版发行	民主与建设出版社有限责任公司
电 话	（010）59417747 59419778
社 址	北京市海淀区西三环中路10号望海楼E座7层
邮 编	100142
印 刷	北京中振源印务有限公司
版 次	2018年9月第1版
印 次	2018年9月第1次印刷
开 本	710×1000mm 1/16
印 张	19.25
字 数	220千字
书 号	ISBN 978-7-5139-2195-4
定 价	39.80元

注：如有印、装质量问题，请与出版社联系。

目录
Contents

本书的读法　　/1
论工作　　/ 1
论公私　　/5
论职业　　/9
观字诀　　/19
一字诀　　/25
心字诀　　/27
自字诀　　/65
尽字诀　　/89
信字诀　　/109
爱字诀　　/113
坚字诀　　/121
守字诀　　/125
化字诀　　/133
实字诀　　/147

职业 三字经

慎字诀　　　/163

新字诀 变字诀　　/185

干字诀　　　/189

力字诀　　　/201

动字诀　　　/219

小字诀　　　/227

不字诀　　　/235

时字诀　　　/251

零字诀　　　/255

争字诀 比字诀　　/257

多字诀 少字诀　　/265

内修篇　　　/273

杂篇　　/283

风范篇　　/293

本书的读法

本书的读法

　　本书中使用了组织这个词汇，因为无论公司、社团还是机关单位，都有一个统一的名称：组织。读者可能读起来有些陌生，却是唯一的一个总称。

　　《职业三字经》摒弃了当下最流行的讲故事的形式，现在一些人力资源被培训师所诱导，认为只有讲故事，只有风趣、轻松、激情，才有培训的效果。而我一直以为，讲故事其实是在浪费时间，组织能拿出来培训的时间本来就很少，却让讲故事占去了大部分的课时，而且讲故事除了活跃下气氛，让员工听得有趣之外，还有什么更多效果呢？真能激发他们认真思考吗？培训要追求让理念深入人心，而不是本堂课看起来讲得充满激情，这是务实和务虚的问题。我一直以为，故事让我们的听者忘记了深入地思考，而《职业三字经》希望是一部能引起员工认真思考的作品，所以摒弃了故事，我期望这是一个经典，是一个值得人去思考的经典，而不是讲一通故事，充充篇幅，而书里却没有具含金量的理念和知识。

　　这本书力图将职业素养讲得更全面些，给读者一个没有缺漏的读本，这种情况下也容不得故事的存在，比如不抱怨不折腾不怠慢、尽心尽力尽责，如果讲故事，都能写成一本书，而在本书中却只能作为一小节而存在。故事是一种扩展，好像是在蜜里面注水，好像将一个题目写成一本长篇小说，而本书是一种凝缩，是试图将蜜提炼为皇浆，好像将一个题目写成一首律诗。

　　我希望能将组织最需要的、管理者最想要的、员工最渴望的，都以最精华的形式浓缩在这本三字经里面。本书是我从事工作二十年、一线管理九年，创办公司七年的过程中对员工问题的一个成系统的总结，也是对自我从业生涯的认真反思。

　　本书采用了童蒙读物三字经的形式，为的是便于记忆，更加凝炼，易于提倡，便于组织和个人使用。

　　现在我们的职业培训所提倡的工作理念，其实大部分都比较老套，从外国引进的所谓先进理念在国内也有迹可循，从我们深厚的国学中也能找到根源，所以本书试图从古老的中国文化中找出培训的理念与我们的工作相结合。

其实大多数人对自己经常说的一些工作概念的具体意思理解得并不准确，甚至是曲解，这给工作造成许多负面效果，各种字典里面的解释也不完全到位，有些词汇用之于职业素养这个层面，其意义颇值得重新解释，本书做了一些这方面的工作，试图让读者能理解得更准确、更到位一些。

只懂服从就不可能很好地服从，只懂执行也不可能很好地执行。实际上员工多了解一些组织在运营管理方面的知识，他们才会更理解组织，更乐意服从、配合组织的管理，培训和管理是一体两面，不可分割。同大多数员工励志书不同，本书里的职业素养从员工到高层管理者都能适应。

中国的语言很丰富，一个重要原因是人口众多，所以总有人会创造性地使用语言，如尽职尽责，恪尽职守，职、责、守，其实是一个意思，但用之于不同语境，就有不同侧重，也适应不同情况和不同的人，本书也不能讲得很全面，如尽职尽责、尽心尽力，就讲成尽心尽力尽责，其他有诸多类似的情况，还需读者自己多思考。

本书中有不少的概念相互之间有重合的部分，遇到这种情况的时候，在一个概念中如果讲了，那在另一个概念中就会简略或省略这一部分，对此，读者要善于融会贯通。本书要当成一个系统来读，并要求读者举一反三，能思考出更好的体系。不可以将本书中的诸多要素就如本书的序列那样来直线地理解，本书的各个要素（概念）是互为组成部分的，如互动、联动、自信、自强、自立、承受力、忍耐力等，都是领导力的组成部分，对领导力有着显著的影响，而互动、联动，也是执行力的重要组成部分，承受力和忍耐力对执行力也有一定的影响，但为了避免重复，本书并没有在领导力和执行力中再次详细地讲这些。又如自动自发，自觉自愿等自字诀里的内容，某种程度上也属于心字诀的范畴，所以读者读这本书一定要创造性地来读，要打破本书的结构，聪明的读者完全可以重新排列本书的顺序，得出一个适合自己的完全不同的知识结构和体系。

我个人并不认为古人创作的三字经可以称之为经，也并不认为我所创作的可以称之为经，不过是顺应古来流传的三字经的形式、普罗大众的喜好和习惯，并顺应一本图书出版的需要，而称之为《职业三字经》，只与工作有关，而与学术无关。

| 本书的读法

  对于许多聪明的读者来说，只要读三个字的主题部分就可以了，因为我的解释部分并不见得多么深刻和有独特见解，但对于许多不能举一反三，经验不够的年轻读者或因各种原因而致知识结构不完善的读者来说，则还有些印证的价值。

  书中有一些引用的他人的至理名言，网上都有，对此一概不注出处，读者不曾见过的，可上网查询并学习，书非借不能读，书非自己去验证也不能称得上是真读，那种注明出处，加以注解的古板老套的写作方式，并不见得有利于读者的学习和思考，在如今网络发达，知识普及的时代，或应一改，给读者留下更多的学习空间。即便读者不能很快查证了解，心中存疑，而在日后解决这个问题，也是一种学习的莫大乐趣。

  如果有人说培训书都是给员工洗脑的书，我首先反对，因为我对我所讲的这些理念，都是真心认可的，并且认真实行的，我从没有怀疑过自己的这些职业理念，亦从来没有讲过假话给员工洗脑，我从来都坚定地认为这些工作理念和工作信条对任何一个在工作着的人来说，都是不可缺少的。当然本书中只讲职业素养，而事业成功需要一个完整的知识系统，需要更多其他的知识来结合，更多的部分本书中不可能讲到，对这一点，读者要善加领会，尽信书则不如无书，本书中讲的知识从职业素养的角度来看都是真话和实话，关键就是读者要活学活用。

  本书中对心讲得比较多，因为立心不正，则事业虽成功也不能称之为善，而尽心则是工作的极致，所以较大篇幅地讲了尽心，都是从《尽心尽力尽责》一书中摘来汇入。

  在历史的长河中诞生过各种各样的组织，有强大的王朝，有影响深远的学派，有各种教派，有商会，也有其他强大的组织……众多优秀的组织在历史的长河中跃起，又湮灭，自有组织以来，大多数组织就依靠层级管理来维持存在和发展。

  当我们说到管理时，我们并没有意识到，我们说的管理是指由上到下的层级管理，我们也没有意识到一个问题，那就是实行层级管理的组织全都是有限的生命体，全都逃不过新旧交替的命运。

  但还有另一种管理源远流长，比如佛教的各个寺院，寺院彼此之间没有层级关系，独立平等，但他们却经历数千年而不衰，这种依靠个人的戒律自觉而存在的组织，足够引起我们的思考，究竟是层级管理更有效还是自我管理更有效。

  越是先进的政党，越是强调自我管理和修炼，无论是党性，还是纪律自觉，

在某处程度上，都可以说是一种自我管理。

自我管理在那些并不用力强调自我管理的组织中，仅存在于那些少数的先进分子身上，大多数成功地跻身管理层的人，都是善于自我管理的人。如果一个组织中没有能够进行自我管理的人，那这个组织就无法生存，层级管理必须是由能进行自我管理的人在上层往下层推动，才能实现。

传统意义上的管理就是层级管理，而层级管理是组织的一只翅膀，自我管理则是另一只翅膀。

靠推行自我管理而成功的组织在所多有，自我管理从个体而言需要自我学习、自我修炼，而层级管理也可以推动自我管理，那就是像安利那样进行大力度地培训。本书的写作目的就是推行一种较为全面和深入地自我管理和自我修炼，全方位提升组织成员的职业素养，从而减轻管理的阻力，降低管理的成本，减少管理的难度，节约管理的精力。

许多组织不愿意组织更大规模、更多次数的培训，因为管理人员觉得这比层级管理更浪费时间和精力，产生的效果还没有看得见的标准来进行判断，所以只是偶尔进行。

真正的自我管理应该是自觉进行的，而不应由上级来推动，《职业三字经》在写作的时候就考虑到这一点，用更吸引人的形式（三字一句的形式），更深入人心的理念和语言，来促使组织成员能够深刻认同，并自觉进行自我修炼，争取能早日成为不需要上级操心就能干好的工作者。希望因此而实现上级领导心力的解放，有更多时间去思考更重要的事情。

本书是作者九年管理经验中对员工认识的总结，因为作者所管理的员工，其知识构成、职业素质和专业特点是有一定层次的，所以本书也难免会有一定的偏重，当然作者尽量给出读者共性的东西，读者可"择其善者而行之，其不善者而改之"。

这本《职业三字经》，差不多创作了有四到五年的时间，大约从2009年指导同事们创作《不抱怨不折腾不怠慢》一书时，就有了《职业三字经》的构思，断断续续写来，虽然时间跨度比较长，但真正集中使用的时间却并不多，又是在诸多烦扰和艰难中进行的，殊难静心思考，有许多概念还未能深入进去，也未能发掘延展开来，诸多不足之处，希望有心的读者批评指正。

论工作

人一生，靠工作，生活好，靠工作，
事业成，靠工作，家庭睦，靠工作。
人一生，近百年，大半生，要工作。
幼童少，老病衰，无益时，不工作。
青壮年，好时光，精力旺，需工作。

职业 三字经

工作就是我们人生最好的修炼。

人的进步依于自己的工作。

工作是我们的人生依靠，有工作才有饭吃，对于我们的饭碗，我们应有敬畏之心。人类在饥荒年代，在物质不足的年代，对于饭碗的敬畏之心是非常浓厚的，但在现在这样一个物质富足，衣食之忧并不十分紧迫的时代，越是年轻人，对饭碗的敬畏之心就越淡，所以对工作的态度，也就越发显得无所谓。事实上，当我们真正地成长起来，不再依靠父母，不做啃老族，既有小孩要养，又有老人要照顾，我们对工作这只饭碗的态度，才会变得更客观更郑重一些，敬畏就更多些，我们对工作的体会也才更真实一些。不客气地说，对饭碗不敬畏的人，是还不成熟的人。

对于现代人来说，工作已远不只是一个饭碗，它还是一辆车，这辆车是通向事业成功、人生幸福所必需的工具，没有这辆车，或这辆车不给力，跑不快，我们想要实现的人生价值也就无法实现。我们正处于一个伟大的时代，这个时代充满了创造，给了我们无限的可能性，我们创造奇迹的机会是前人根本无法想象的，所以我们的工作也可以不似前人那样单调，工作给我们带来梦想、希望、自我价值的满足以及心性的升华，只要我们能干好工作，我们就有很多机会实现梦想。

家庭主妇可以在家中服侍老人孩子，以此实现自己的人生价值，但这种价值是比较单一的，大多数人并不愿意陷入这种单调的人生，于是必须投入工作。

于是工作成为了我们华丽的装饰，我们想要过得更好些，就得让工作干得更好些。工作也是家庭和睦的基本保证。虽然我们常抱怨工作很忙顾不上家庭，但总要比失业在家对家庭的伤害小些。父母与子女之间、夫妻双方之间互相支持对方的工作，即便不能献策献力，也能互相理解，给予心理上的鼓励，这样的家庭显然会更加和睦。

对大多数人来说，工作就是我们的事业，我们的事业不能狭隘地理解为自己开公司做上级才叫有事业，也不是说在单位当一把手才叫有事业，工作干好了就是事业，对此我们不可妄自菲薄。

| 论工作

　　工作是要我们为之付出很多的，体力、脑力，自不必说，我们的大好时光，也要交付于工作。三十年前，人们还没上小学就要工作（比如我们几岁的小孩子也要下地劳动，在家做饭）。二十年前，初中毕业后就要工作，那时候有一个正式工作是令人羡慕的事情，现在，大学毕业后就要工作，总之我们的大好时光需要用来工作。

　　我们为什么不用大好的时光来娱乐、游玩？因为"幼童少，老病衰，无益时，不工作"。只有我们年富力强时，我们才能干得了工作，也才能将工作干好。人老了，许多事情就做不了了。"少壮不努力，老大徒伤悲"，正是此意。年富力强时，是工作的大好时机，一个人一生能实现多大价值，都取决于这段时间。娱乐、游戏，只会令这段大好时光空过，看似享受到了，其实失去更多，注定一事无成。

　　我们要工作多长时间，是由社会条件决定的，在过去，这个时间可能是由稚童到老死，七八十岁的人也要在田间辛苦劳动才能有口饭吃。而现在，我们的社会杜绝有童工，60岁可以退休，有双休日，有节假日，确实已经非常幸福了，如果我们对三十几年的工作时间还嫌长，让我们的祖先知道，是否会哭笑不得。

　　一个人的成就是与他付出的努力成正比的，而他的努力多少又与付出的时间成正比，我们想要事业有成，想要超越平凡，想要这一生不空过，活得有价值，就不得不付出更多的时间去努力地工作，这个法则对任何人都一样，这就是命运公平的地方。我们还要相信命运对我们每个人都会很公平，我们享受的越多，付出的也就会越多，先享受还是先付出只是个顺序的问题。我们这代年轻人的快乐是建立在父辈的辛苦之上的，当我们把这些时间挥霍掉，在我们年富力强时未能干好工作，等有一天我们面对四个长辈甚至更多些需要我们养老、看护，还有我们的孩子要养，那时候我们忽然发现年轻时我们错过了时机，我们会情何以堪？

　　年轻的时候，我们往往是无法正确认识工作的，而又正是在年轻的时候，我们才有干好工作，打好基础的机会，人生的规律就是这样的，它以此种法则进行优胜劣汰，所以，一开始就树立正确的工作观，实为人生的一大幸福而又极稀有之事。想要在年轻的时候就拥有正确的工作观，那就需要我们认真学习，广闻博见，仔细观察，深入思考，实践并体验，调节自我心态，修正自我错误，弥补自我不足，不意气用事，不放纵自我，不浅尝辄止，最终得到真正好的工作观。

现在我们对工作的价值认识并不深刻，甚至可以说是纷杂混乱，许多人持从西方传来的概念，比如人生价值的实现，自我的实现，都是打着个人的印记。

而在我们的古老文化中，其实对工作的认识更深刻，也更富哲理性，古人有为自己立规矩"一日不作，一日不食"的，就是要以自己的力量立身于天地之间，实践天地所赋予我们的天性，不乞求依赖于别人，亦不剥削欺骗别人，通过干干净净的劳动所得养活自己，活得正直干净，并因此有能力惠及他人，从而实现人格的独立和升华。相比西方传来的个人人生价值实现观，我们祖国传统文化里的工作观显然要深厚得多。我们的祖先已经将工作的内涵上升到人与天地自然，人与社会，人与自我精神的关系这样的高度上。当我们对工作有了这样的意识之后，哪怕我们一生平凡度过，只是早起耕种，日落休息，年年如此，但因为有正确的工作认识在，每天也都是充实的，自食其力的人，能够杜绝人生无所事事的空虚感。

至于像诸葛亮那样为国家"鞠躬尽瘁，死而后已"的工作精神，及"夙夜在公"的工作奉献精神，就更崇高了。我们这个国家，一向都是崇尚勤奋劳作的，游手好闲可耻、工作光荣是深入我们中国人骨子里的民族精神。

不认真工作我们何谈进步？

不努力工作我们何谈富有？

不踏实工作我们何谈充实？

不完成工作我们何谈自由？

我们的一切，不得不与工作有关。

与其让工作成为我们的苦役，不如让劳动成为我们的天性；与其让工作成为我们思想的枷锁，不如让工作成为我们前进的汽车；与其以工作为苦，不如以工作为乐；与其在工作中唉声叹气，不如在工作中成就自我。

我们要幸福快乐充实地工作，在工作中找到价值，找到心安，找到希望，找到梦想。我们因工作而温饱，因工作而富足，我们也因工作而成熟，因工作而成功，工作是我们接触社会的网络，我们因工作而与社会有了一定联系。

工作是我们生存的基础，我们的人生因此而展开，能走多远，能多精彩，就看我们工作得如何！

论公私

　　人一生，有一私，有一公，私家庭，公组织。人一生，有两立，立家庭，立事业。人一生，两思维，家思维，公思维。出于家，入于公，出于公，入于家，始入职，契约成，两角色，善分别。

　　组织是，工作地，需洁身，知自爱，八小时，给工作，绝私事，不聊天，不QQ，不网游，干私活，不道德。家思维、公思维，要明确，有分野。昔贤者，读家书，灭公烛，公私明，人清廉，行世间，无所愧。

首先,我们必须认识到家思维的客观存在,并且要认识到,家思维是根深蒂固的,是影响我们一生的,这样才会对家思维提起警觉,并且有意识地去克服这种思维的不利方面。所谓家思维就是在家这个生长环境中形成的以家庭和自我为中心的思维模式、习惯和思想观念,它以自发形成为主,以接受父母长辈的影响为辅,体现的是自己天然的情感意志,是感性的。公思维就是在公家这个事业环境中形成的以公家为根本的思维模式、习惯和思想观念,它主要是通过对外学习来获得的,体现的是公家的需要,主要由概念和观念构成,是理性的。家思维源于天性和模仿,公思维源于思考和辨别,家思维和公思维之间的矛盾主要爆发在组织中。

为什么在本书中要提倡有意识地克制家思维呢?因为我们每天都回家,家这个环境决定了我们的家思维会时不时影响我们,当我们有一天早晨特别想睡懒觉时,那就是家思维战胜了公思维。家思维还给我们更多潜在的心理暗示,我们察觉不到,但却会潜移默化影响我们的工作。

绝不占人半点便宜,绝不占团队半点便宜。

牢记这是个工作的地方,做任何事情都要想一想,这样做像不像是个干工作的样子。

当我们的意识中,家思维和公思维有截然不同的分野时,我们的职业化、专业化、规范化,就自然实现了。

家思维令我们松懈散乱,公思维令我们紧张有序。

团队的管理在某种程度上其实是对家思维的管理。

职业化的过程就是我们个体不断克服家思维的过程。

实现了公思维也就实现了自我管理。

影响我们最大的有两个地方,一个是家,一个是组织。这两者一出一进,密不可分,关系复杂,既是相互依存的,又是相互矛盾的,顾家多些,顾工作就少些,顾工作多些顾家就少些。家庭对我们的影响最重要的不是自小所受的家庭教育,也不是家庭生活的压力,而是在我们思维模式最深处留下的家思维印迹。

尤其对未婚人士来说,顾不顾家这个问题还不明显,明显的问题是家的思维印记对工作的广泛影响。我们通常说的个人主义和团队主义,是家思维和公思维的一个缩影,个人意愿和工作需求是矛盾统一的,我们先是形成个人意愿,然后在工作中，我们的个人意愿需要逐渐适应工作需求，适应得越好，我们的工作也就越好。换言之，人的自然属性和社会属性在工作中的体现可以用家思维和公思维很好地概括。个人意愿、个人主义、个人的思考模式，都是在家庭中最先形成的，我们在家庭中形成的思维模式和习惯，是先天的，不知不觉就形成的，其影响是潜在的，习惯性的，往往是很难改变的。

家思维影响巨大，许多人终其一生，都只有家思维，而没有形成公思维，大多数人只是部分地学习并接受了公思维，可以将这部分思维称为工作思维，我们大多数人就是在家思维的潜在影响下进行工作的，所以我们很多人一生都重复着同样的错误，如迟到的年年迟到，月月迟到，完不成任务的每次都完不成任务。

家思维是从小自动形成的，工作思维一般是在我们成人后被动接受的。成人后我们逐渐意识到工作需要我们如何做，逐渐适应工作的规则，改变家里形成的习惯，做到了在两种环境下准确地进行角色切换。家思维意识过于僵化，难以改变的人，就很难做好工作。

家思维和公思维的概念，是从我们生长的具体环境来定义的，所指向的内涵有很多，它们在某种程度上是对立的，并不相融，一私一公，我们需要找到平衡点，如果我们找不到一个平衡点，那我们的工作和生活永远都是矛盾的。

家思维的印迹越深，就越难以融入团队，工作就越难以做好，家思维塑造出的随意、自由、自私，更是不利于个人的发展。

能做到公私分明绝没有我们想象中那样容易，即便组织和个人之间没有非常明确的文字契约，但有些规矩也是天然具有效力的，虽然我们较少正视它们，甚而忽略他们，但它们天然的存在对于我们具有道德的约束力，我们的道德会告诉我们，有些事做了是亏心的，即便没有规定禁止，也没有人刻意出来制止，但我们的理性明白，这样做是不合适的。我们做了那些事，只是因为我们受家思维的影响太重，我们虽然身在组织或单位，但却忘记了这是个什么地方，把它与自己的家的界限模糊了起来。

家思维的本质是，想干什么就可以干什么，不想干什么就可以不干什么，公思维的本质就是，规定出来什么不能做，什么必须做。家思维的约束是亲情伦理，公思维的约束是纪律和规则，家思维令我们松懈散乱，公思维令我们紧张有序。我们在一个组织内可能经常看到家思维的影子，迟到早退、品茶、聊天、网游、串动、打私人电话、打毛衣干私活、称兄道弟、攀亲结友……一个松散的组织，必然是一个家思维泛滥的组织，一个不合格的职员，往往也是家思维难以约束的职员。一个有序的有力的组织，必然是一个公思维明确而集中的组织，一个合格的职员，也必然是公思维明确的职员。

团队的管理在某种程度上其实是对家思维的管理。同理，职业化的过程就是我们个体不断克服家思维的过程，而我们要进行的自我管理，当我们实现了公思维之后也就基本实现了。

家思维可以包含许多方面，如家庭思维模式，家庭话语模式，家庭心理模式，家庭习惯模式，都对我们的人生影响深远，而一个人想要在社会上有所成就，就必须破除家思维的种种束缚，克服家思维的种种缺点，让自己的思维模式变成公思维的模式，只有公思维，才能看得清职场，也才能看得清社会，只有公思维才能认清大局，才能与大趋势合流，才能自觉投入到公家的事业中，听从公家的召唤，才能有益于社会。

无论我们意识到意识不到，家思维都对我们影响深远，可以说是如影随形，小到如迟到早退，大到如贪污腐败，占公家便宜，甚至出卖公家利益，都是家思维在作怪。我们一旦进入组织，就必须记得这是个工作的地方，一切与工作无关的事情，都不应该去做。这一点，是团队与个人天然的契约，从我们入职的那一刻起，这个契约就天然生成了，不管形不形成文字，公家的约束和规则我们都要遵守，这一点，是我们每一个工作的人都应当牢记的。在公家里，聊天、上QQ、玩微信、网游、干私活，这些都属于不遵契约，偷窃公家的资源和时间，属于不道德的行为。

宋朝人周紫芝在他所著的《竹坡诗话》中记载，北宋时期，博州地方有一位州官，以廉洁著名。一天晚上，他收到上司从京城发来的一封信，他想既是上司特意派人送来，里面一定有朝廷的重要指示，于是命差役点上蜡烛细看，看了一半，忽然叫人把蜡烛灭掉，然后亲自换上自己私家的蜡烛读信，原来，上司给他的信里面，前半部分讲的是公事，后半部分讲的是私事，于是他就灭了公烛，用私烛来读。在明朝人郑瑄的《昨非庵日纂》卷二，记此官员的名字为李有叔。

当一个人对公私的界限分清到这个程度时，他应该就达到了那种"心地无私天地宽"的境界了，也可以做到"俯仰天地，心无所愧"。

论职业

所谓职,有三事,一守职,二称职,三尽职。

所谓业,有四事,一敬业,二专业,三精业,四立业。

对工作,要投入,投入身,投入心,投入志,投入情。

对事业,要投资,投热爱,投激情,投努力,投精力,投时间,投青春。

所谓职,有三事,一守职,二称职,三尽职

守职:任何时候都不可以擅离职守。

什么叫做守呢?就是把一个事物牢牢地看住了,不会失去,守职的重点在于不失职,忠于职守的意思就是绝不失职。所以,当我们想到守职这个概念时,我们要明白守的目的是不能失去,我们在任何情况下都不能失职,要牢牢守住,这是一个职业人应当做到的基本操守,也是我们的职业底线,我们的内心对职业应有认同意识,一个对目前职位心有排斥的人,是不可能守护好自己的岗位的,对于我们的岗位,我们要么接受认同,要么离开,那种既不能守职,又离不了这个饭碗的人,是不具备基本职业道德的人。

称职:你对工作称职,工作才能称心。

守职是心态层面的坚守不失,不离不弃,称职则是从实际层面来讲的,就是要我们做到职位的基本要求,实现本职位所对应的责任,完成本职位所要求的基本任务。

称职的要求更多一些,第一能力要胜任,第二条件要允许,有一些人能力胜任,但条件不允许,如有的员工要照顾小孩老人,时间和精力上便不能胜任一些需要工作时间比较长的职位,以及一些必须随时待命的职位。

年轻人尤其不能好高骛远,看着别人的职位好,却没想过如果自己去干,能否称职,能否干得了,因自己职位和他人职位不同而产生的心理不平衡尤其要不得,如果觉得别人的职位好,别人干得很称心如意,你也想干那样的职位,那么,你首先要在现在职位上做到称职,你在现有职位上不称职,你在任何职位上都不会称职,因为这是一个职业态度的问题,职业态度我们看不见,但却很重要,影响很大。

尽职:无复可为者,始称为尽。

把所在职位相关的所有事情都做到了,并且做好了,再也没有任何可增加的了,就可以称为尽职。尽职不仅是做到职位的基本要求,也不仅是实现组织的要求,而且在此之外的一些事情,也都处理好了,做得比组织要求得更好,远远超

| 论职业

过基本的要求，到此才可以称为尽职。

一 敬业

你敬业吗?

每个人的回答都是肯定的，每个人都认为自己是敬业的，确实，每个人都会有这样美好的主观愿望，从心里不敬业的人是很稀有的。可是，在别人看来，许多人并不算是敬业。

那么，怎样才算敬业?

要讲敬业，首先要讲这个"敬"字。敬是动词，在一个词组里，动词、形容词，一般都比名词重要，这是一个规律。

那么，敬从哪里来? 主要有两个途径：一是畏惧，二是感动。

让我们假想一下过去，一个奴隶，会畏惧自己的奴隶主，因为他可以打自己骂自己惩罚自己；一个大臣，会畏惧自己的国王，因为他随时可以砍掉自己的脑袋，所以他才会畏惧。

第二个途径：感动。你是我的上级，你对我非常好，关心我，爱护我，教我很多技能，我很感动，因此对你非常尊敬。

这就是敬的两个途径。对工作也是这样的，工作是可怕的，它让我活得很累，压力很大，失去了就难以生存，而工作又是值得我们感恩的，因为它赋予了我们许多。

从人性的弱点来看，对工作的畏惧，才是我们敬业的主因。

那我们来看看部长总理们都是怎么敬业的?

每当部长新上任的时候，记者总会问他就职感言，这时候他们说得最多的一句话就是："如履薄冰，如临深渊。"意思是自己很担心，担心干不好，这就是一种畏惧，对责任的一种谨慎小心的态度。为什么部长们害怕? 因为他们深知自己责任重大，工作难度高。

对于我们普通员工来说，工作是可畏的，根由有四：①饭碗，②难度，③生活质量和品位，④未来和前途。

在现实中，我们经常看到的一个现象就是，很多小学生（老总）在指挥大学

生。大学生和小学生，往往大不如小，为什么？有一部分原因，在于大学生对于工作，少了点敬畏的心态，而小学生对工作，特别珍惜，他比大学生更害怕失去工作，所以他比大学生更敬业，更努力，最终他比大学生做得更好。

这就体现了一个问题：态度比智商分量要高，责任比能力重要。你智商高，态度不好，没有用，你能力高，责任心不重，也没用。

而如果你有大学生的智商，又有小学生的心态，那你就不得了啦。

所以我们最后归结一点：

什么是敬业？小心翼翼地对待你们的工作，不要轻视它，不要把它看得太简单；忠于它，把它在你人生中的重要性再提高一个档次，准备为它付出更多，这才算得上开始敬业。

我们常说：敬佛敬神不如敬业，组织最害怕的不是金融危机，而是员工不敬业。再有能力的上级，再有本事的经理，拿一个不敬业的员工也是没有办法的。孔子曾经骂他的徒弟："朽木不可雕也，粪土之墙不可圬也。"就是说，这个人已经无可救药了，在职场上，一个人不敬业，就会如同鸡肋一样，上级很快就会将他扫地出门。

再有能力的个人，再聪明的人，如果不敬业，也会一无是处。

事业是一切的基石，男人都明白这一点，没有事业，什么都没有。那为什么不敬业？女孩子可能迷信烧香敬神，其实，敬佛敬神都不如敬业。只要你敬业了，你就得到了应该得到的支持。

不敬业的现象有：三天打鱼，两天晒网、走马观花、得过且过、自由散漫、没有纪律、没有上进心、不图发展……但是这样的人对人生却往往还是想得挺美，要这样又要那样，空谈空想，我们要记住，没有事业，一切都是空中楼阁。

我们都认为自己很敬业，但千万别高估自己这个敬的程度。

我们中国人的祖先们提出一个"无止境"的说法，非常好。敬业也是一样的，敬无止境。

当你觉得自己很敬业的时候，你要看看你的对手是怎么敬业的，如果你的对手比你更敬业，那么，你就不要自称自己是敬业的。不同的人对敬业的理解是完全不同的。敬业的敬，有个程度的差别，达到一定的程度，才能称为敬业。

| 论职业

周公的敬业

我们看一下周朝的周公,周公是一人之下,万人之上。官做得很大了,甚至连皇帝都得听他的,因为他是皇叔,是摄政王。就是这样一个人,有一天吃饭,有士人来访,周公怎么办?让他等着自己吃完了再说?没有,周公把自己嘴里那块肉吐出来,饭碗一推,亲自接见,把事谈好,然后回来吃饭,结果呢,刚吃了一点,又来了一个人,周公再次把饭吐出来,出去接见臣下。

这样一顿饭,周公愣是吐了三次,没吃利索。

又有一次,周公洗头,相同的情况来了,周公头洗了一半,只好把头发一抓,用手一拧,就接见客人了,有一次洗一个头就被三次打断。

周公的故事给我们什么启发?不怠慢一个人,不怠慢一件事。这就是周公的敬业。

曹操的敬业

我们再来看一下曹操,他自称是求贤若渴,官渡之战的时候,有一天深夜,他睡着了,人报许攸来访。曹操一下子就从床上蹦起来了,连鞋都没穿,赤着脚,就迎许攸进来了,这就是曹操的敬业。

曹操为什么这么敬业?因为他知道,这关系他的饭碗和脑袋。我们再来看看董卓,董卓是怎么接见谋士和将军的呢?他左手搂着美女,右手吃着西瓜,歪在床上,听说有人来了,就让他等着。结果呢?人都等没了,最后他也被杀死了。

怎样才算得上敬业?像周公,像曹操,这叫真敬业。为什么?他在第一时间,做出第一反应,不管自己是在睡觉还是在吃饭,还是在谈情说爱,重要的公事,决不耽搁,立即放下自己的事,去办。

在2004年的时候,我上班的小公司,只有三个男士,我们上级要求我们,全天二十四小时开机,随时接受他的命令,我们也确实是开机二十四小时,因为我们潜意识里怕出问题。

实际上,如果你的上级,在晚上你在家的时候打电话找你,让你干点工作,你千万不要抱怨,因为这肯定是很必要的,否则谁愿意打扰你。如果你有急人之所急,想人之所想的品德,你就会形成这种第一时间第一反应的习惯。恭喜你,这是一种成功的习惯。

我们觉得自己很敬业了,可是人家比我们更敬业,人家比我们强,竞争中人

家会淘汰我们。

如果你想超越自己，你要更敬业，如果你想超过一个你认为比自己强的人，你就要比他更敬业。

我们最后归结一句话：要比对手更敬业！

现在有好多书，提倡敬业，却并没有抓住要害，对一个志在世界第一的组织来说，我们要提倡的是：我比对手更敬业！只有比对手更敬业，才能超越对手。

真正的敬业是从心而发，对事业全力以赴，没有任何借口。

现在的市场竞争是非常激烈的，也是很残酷的，谁付出得多，谁方法好，谁就可能摘到胜利的果实。

所以，一流的员工对工作都是全力以赴的。你的付出比对手少一点，成功就不会光顾你。

二专业

敬业的结果便是专业。不挑三拣四，不朝三暮四，在一个领域钻下去，沉下去，细细研磨，只有这样才能实现专业，继而实现精业。

当我们看到一个人干起工作来干净利索，又快又好，超乎我们的想象或比我们更强，我们往往便佩服他的专业。我们想解决某件事情最希望找到专业人士，因为专业人士能迅速解决问题，不会被问题缠住，节约我们的时间、精力、金钱，而一旦我们把事情委托给非专业人士，就会造成浪费，并耽误时间，延迟进度。

什么叫专业人士，就是在自己的业务范围内能迅速发现问题并迅速解决问题。专业是相对来说的，我们电脑坏了，自己不知问题出在哪儿，来个专业人士，小问题几分钟解决，大问题一小时内解决，我们说这是专业人士。但如果飞机出了问题，可能就得几天甚至几个月才能修好。所以专业是相对的，你做的符合行业标准，就称得上是专业。

一个人够不够专业，就看自己在业务范围内解决问题的能力，解决问题越快就越专业，解决问题越好就越专业，解决问题并让问题不再发生，那就更专业了。

| 论职业

想要变得更专业,除了努力之外,正确的态度和正确的方法也很重要,很多干一个行业很久的人,工作还是很不专业,往往是因为不肯接受正确的方法,不能认识工作的规律,不能掌握专业的技能,做工作最怕自己想当然去做,最怕按自己的喜好去做,专业人士有现成的好方法,现成的好经验,不去汲取,反而自以为是,那就无法实现专业化。

变得更专业需要虚心学习,总结经验,还要不断摸索,不断实践,最终结合自己的知识结构和智力特点,形成自己的专业技能。越是对专业知识和专业技能要求多而高的工作,就越是如此。

我们若是希望别人赞美我们说"这个人很专业",那就必须业务娴熟。

其实即便一份看似很简单的工作,比如收发传真、归类文件,或者拧一个螺丝钉,不同的人来做,都会有巨大的差别,即使是把一个螺丝钉拧得又快又好,也不是随随便便就能做到的。只要功夫深,铁杵磨成针。想要专业化,工作必精勤。

三 精业

在成功实现专于业之后,我们就要追求精于业。专业是为了区分外行才有的标准,精业则是区分专业才有的标准,它是建立在突破专业能力的基础上,达到精通的程度。

精业是一种比专业更高的境界,精业的内涵超出了业务娴熟,而是一种烂熟于心,可以信手拈来地解决业务范围内的问题,甚至能像庖丁解牛那样,业务技能出神入化,达到普通的专业人士所不能理解的境界。精业的境界还表现在能够创造性地解决问题,在原有业务技能的基础之上进行突破,创造出更好的解决办法,实现真正意义上的创新。

这些新的创造和突破,有些是总结成规则及细则的形式写出来,留下来,别人也可以掌握的,有些则是与感官相连,比如精业的技师靠听一听,就能找到问题所在,而专业的技师则需要把机器拆开,一个部位一个部位的排查故障。这就是专业和精业的差别。

精这个字,看似有很多含义,其实都指向它本来的意思,我们说某某在某领

域成精了，就是说某人达到了出神入化的境界，我们说一个人真精，太精，都是指他在某方面比我们强很多，达到了我们不能达到的境界。古人说，精诚所至，金石为开。诚也是有程度的，精诚算是诚的一种比较深的程度，这个故事源自汉朝，名将李广有一次出猎，天黑了，看见一只老虎，于是张弓射虎，天亮后去寻找这只老虎，结果发现是一块大石头，而箭则深深没入了石头中，李广不敢相信自己有这样大的力量，张弓再射，却再也射不进去了。所以精这个字，是形容我们的精神能力的，精通是我们对某领域的掌握比较深入时所产生的一种能力状态。

四立业

立业是一个比较抽象的概念，它源自我们内心的成就感，并没有特别准确的标准，更没有公认的标准。自古以来流传的"建功立业"，功就是我们在工作中做出的成绩，一般而言，在团队中有一定的贡献度，有一定的重要性，而且比较稳定，形成一定的影响力，就可以称之为立业了，业有大小之分，只要干出了属于自己独到的一分天地，虽然很小，也可以说是立业了。

这里的立是建立的意思，建立起来的东西，不会随便倒，这是强调其稳定性，如果一项事业过不几天就倒了，那不能称之为立业，所以这个立还有站得住的意思，我们在工作中，只有踏踏实实地做实事，才能实现立业的志愿。

我们自古以来还流传"成家立业"的想法，一个人光成家不行，还得追求立业，如果只有家而没有业，那这个家也是不安全不保险的，时刻处在不稳定的状态中。所以业是我们人生的必要的支撑，虽不是我们的全部，却是我们的基础。

对工作，要投入，投入身，投入心，投入志，投入情。对事业，要投资，投热爱，投激情，投努力，投精力，投时间，投青春。

我们的工作，需要我们为之投入许多，我们的身体首先要投入，每周有五天，每天有八个小时，基本是属于工作的。光投入身还不够，如果身在曹营心在汉，那也什么事都做不成，我们还要对工作投入心，如果工作跟我们的志趣不合，我们还要投入志，让志趣与工作相合，另外，我们还要投入感情，喜欢这份工作，热爱这份工作。

工作成就我们的事业，我们要投入努力，投入精力，投入时间，投入青春，让自己在工作的奋斗中，实现立业的梦想。

观字诀

在职场，正三观：职业观，职场观，工作观。由三观，见诸观：做人观，处事观，合作观，协调观，职位观，客户观，市场观，同事观，效率观，道德观。

知组织，知工作，知自己，知其难，不畏惧，知其易，不松懈。

只有正确的意识观感才能保证我们正确地对待工作。职场有善有恶，有竞争有合作，有得意有失意，有正能量有负能量，对这些，需要我们客观地看待。同时在主观上，我们要相信职场总体上是好的，而我们自己就是职场上正能量的一分子，我们的存在会让职场的正能量变得更强大。对于职业，我们要有最基本的尊重，在此之上，对于职业我们还应有一种虔诚。

在职场，正三观：职业观，职场观，工作观

职业观是我们思想中对于职业形成的观念和感觉（包括感情），这里的观，同时包括观念和观感的意思在内，就如我们对一个人一件事会形成一定的观感一样，我们对职业，也会形成理性的判断即观念和感性的直觉喜恶即观感，这些因素共同形成我们复杂的职业观。

职场观是我们思想中对我们所工作的特定环境的观念和感觉，同时也包括我们对整个人类社会在这个时期所形成的不同工作环境的观念和感觉。

相比工作观来说，职场观显得比较远，职业观也比较抽象，但这两观虽然看似离我们比较远，却直接影响我们的工作观。工作观看似范围小一些，但实际上它所牵涉的方面很多，也更加具体。工作观不只是我们对目前岗位上的工作的看法，它也包括对工作这个抽象概念的认识。工作观是我们人生中最切近也最重要的观念，它是我们的人生观、价值观的一个重要组成部分。

工作观有三种层次，一种是把工作当成事业，一种是把工作当成一份谋生的差事，一种是把工作当成副业或游戏。三种层次反映了思想境界高下的不同，把工作当成副业的人，可以说是团队里的蛀虫，他们把工作当成一个招牌、一个幌子，拿着这份工资，却满门心思地在本职之外谋利益，在上班时间干私活，做私事，甚至利用职位权利和便利，为自己谋取各种私利，更有甚者损公肥私，通过出卖组织利益的方式获得私利，他们公事磨洋工，私事打冲锋，成了上级最头疼的人物，经常给团队带来损害；把工作当成谋生的一份差事的人，干工作只是为了养家糊口，工作只是谋生之道、安身之术，是不得不做的事情，如果不干，就没有生活保障，这样的工作观导致他们视工作为不得不干的苦役，讨厌工作却又摆脱不了，他们害怕失去工作，得到了工作却又不能热爱工作，日复一日没梦想

观字诀

也没有目标地被上级不停地催动着去干活,失去了主动性,也失去了积极性,他们只求过得去,不求过得硬,只求无过,不求有功,他们无法做出优秀成绩,始终随波逐流;把工作当成一种事业的人,有梦想有目标,有使命感,有旺盛的工作热情,保持着主动性和积极性,充分体现自己的人生价值,不断地实现人生价值的升华,并通过扎实的工作为国分忧,为民谋利。

工作观决定我们的人生,正确的工作观,让我们的人生因事业而精彩纷呈,错误的工作观,让我们的人生失色,有些人因为不务正业而砸了饭碗,有些人因为一己私利而误入歧途,甚至犯罪进入监狱。我们要相信,工作的意义深远,工作的舞台宽阔,工作的价值非凡,我们应该对工作充满热情、深情、激情,通过勤奋的工作让我们渺小的个体发挥出巨大的作用来。

由三观,见诸观:做人观,处事观,合作观,协调观,职位观,客户观,市场观,同事观,效率观,道德观

职业观、职场观、工作观形成后,我们其他的许多观念也被这三种观念影响,同时,我们其他许多观念也影响这三种观念。

做人观和处事观很重要,这两种观点影响我们的职场观,一个人在家庭中或社会上形成的做人的原则和处事的方法,潜在地与我们的职场观融合在一起,而一个人对职场、对职业是如何看待的,他就会相应地如何去做人做事。我们要端正地做人、正确地做事,做到这一点并不容易,职场不是1+1的计算题,也不是黑与白的分辨题,而是一道综合题,做人的原则和处事的方法,决定着我们的职场行为。

合作是一个组织无法避免的重要内容,我们该如何看待合作?有的组织里,部分职员意见分歧大于统一,利益争夺大于合作,不肯配合,这样的组织是做不成事业的。合作精神是职员之间、部门之间完成组织共同的目标必不可少的精神,我们应当视合作为自己义不容辞的责任。团队失去合作就不可能成功,一个人的力量是极其有限的,浑身是铁也打不了几根钉,善于合作是一种很重要的职业素养,合作精神是组织的润滑剂,更是团队的增力器,合作的能力与团队的能力成正比,不善于合作的员工在团队里起不到正面作用,健全的组织对不善于合

作甚至妨碍合作的员工会坚决剔除。

对管理者来说，协调就是安排大家统一行动，对于部门来说，协调就是协调部门与整个组织的计划相配合，对于职员个体来说，协调就是协调自己与团队的步骤一致。如果部门要求职员先洒地再扫，而有的职员却先扫地了，弄起了太多尘土，这就是工作不协调，安装调配机组，A部门完成了三个头，B部门完成了两个尾，一个头，结果只有两台机组头尾俱全，还有两个头不能立即投入使用，这就是不协调。协调是工作安排的统筹艺术，协调就是效率，作为职员，要服从调度，协调工作，如果个体工作与总体要求和进度不协调，那么个体的努力就实现不了其价值，甚至造成损失。

协调就是有序的、无浪费、无损耗的工作，协调了才能高效，组织和职员个体都要注重工作的协调性，职员个人与团队的动作不协调，是可耻的。协调是一种纪律，职员应把协调的工作视为自己的责任，严格按团队的安排和要求来工作，杜绝自由主义和程序混乱。

协调需要有好的态度，平等合作的态度是很重要的，不要装腔作势，更不要打官腔、唱官调，自以为高别人一等，让别人难以接近，或者语言硬气，或者虚与委蛇，或者推三阻四，久而久之，让同事心生怨意，不但做不好当前工作的协调，也给组织内的团结造成损害。

协调还要求我们摒弃私利，站在大团队的利益上，而不是自己的小集体利益甚至个人利益上做事，要考虑整体效能、整体业绩，而不仅仅是个人的业绩，对大团队的事不能拖拉推诿，不能扯皮，不能只盯着自己那一小块业务，不能因为要实现自己的目标而妨碍团队其他成员的目标，不能只为自己方便而造成其他成员不便。我们要做协调的主动推动者，而不是制造不协调的人。

当然，做好协调也不能太被动，不论是上下级的协调还是横向的部门间协调，工作关系都是平等的，不必唯唯诺诺，人云亦云，当自己对工作更熟悉时，要表现出主动性，主动协调工作而不是被动地受推动。

做好协调还要实事求是，不能故弄玄虚，夸大自己工作部分的难度，协调中也不能固执己见，增加分歧，自己能做到的就不能断然拒绝协调要求，要求大同存小异，多作换位思考，切忌一意孤行，更不能夸大业务板块间的矛盾，破坏协调的氛围，让同事望难却步。

工作需要协调，但不能讲表面和气，不能言而无信，说一套做一套，当面答应背后推诿，协调中出现摩擦与误会是正常的，切忌打击报复，要宽容对待，互相理解，互相之间要守信，重承诺，说好的要兑现。

协调需要融洽的同事关系，当同事间的工作关系融洽，有些工作只要分配下去，自然就能协调运作，所以，平时就在团队中养成乐于合作，配合协调的工作作风，对于工作是极为有利的。

职位观：我们应该牢记一点，职位是组织赋予的，是为了实现组织职能而设立的，我们在这个职位上工作，就是为了实现组织赋予我们的工作职能，实现组织的目的，职位不是我们自己的私器，而是我们具体责任和义务的体现。

客户观：并非只有销售人员才需要正确的客户观，组织中的每一个人都需要正确的客户观，生产人员如果没有正确的客户观，对产品的质量就不一定能负责到底，就不一定有百分百合格的质量意识。各种管理者没有正确的客户观，在工作中就不能做到处处考虑客户利益，就会有忽视客户要求甚至得罪客户的言行发生，就会在不知不觉中导致客户的流失。

市场观：市场观是非常复杂高深的，可以说，我们谁都不敢保证自己的市场观绝对正确，但我们可以在市场行为中比较出来谁的市场观更加有效。正因为市场观复杂高深，我们才要不断学习、思考、检验自己的市场观，不断修正自己的市场观，让自己的市场观更贴近现实，更能反映市场、应对市场，而不是空想，不是纸上谈兵。不只销售人员要具有市场观，其他工作人员都应具有市场观，因为任何员工都是市场上的一环，都脱离不了市场的影响，也都影响着市场。

同事观：同事是与我们在一个组织里工作的人，是我们的协作伙伴，同时也是我们的竞争对手，但同事可以看成是朋友，而不可以看成是敌人。

效率观：效率是组织的生命，低效会失去竞争力，低效的组织必然会消亡，当组织面对强大竞争对手时，成员们一定要牢记，效率第一，效率就是我们的生命线。每个成员都可以在自己的职位上创造高效，从而提升整个团队的效率，任何一个环节的低效，都会严重影响整个团队的效率，团队的高效率和高业绩一样，都要由每个成员的高效来实现。

道德观：职业道德是我们个人道德的自然延伸，没有职业道德就不能在团队中立足，职业道德的建立是我们成为团队合格一员的前提条件。我们要弄明白一

些事情道不道德,损害组织利益是不道德的,维护组织利益是道德的,损害客户利益是不道德的,维护客户利益是道德的,损害同事利益是不道德的,维护同事利益是道德的,这是我们判定自己职业行为道不道德的三条标准。从契约的角度讲,我们违背与组织的契约是不道德的,行为合乎契约是道德的,这个契约既有明文规定的契约,如制度和纪律,也有约定成俗,在组织内通行的行为规则。

知组织,知工作,知自己,知其难,不畏惧,知其易,不松懈

我们要对自己所在的组织有一定的了解,这种了解可以帮我们更好地工作。对组织的了解,可以分好多方面,职员对这些常识和情况了解得越清楚,工作起来就越轻松,当然,也不是越多越好,而是和自己可能相关的环节,要尽量了解,做到心中有数。而对于那些可能引起自己负面思考和负面情绪的无益信息,还是远远避开为好。

我们对自己的工作要更透彻的了解,工作的性质、内容、要求的技能等各个方面,都要清楚地了解,不能在工作时茫无头绪,不知所措,而要恰到好处地工作。

最后是我们对自己的了解,自己究竟有几斤铁,能打几颗钉,长处是什么,不足又是什么,对自己的情况要有客观的了解,既不好高骛远,也不妄自菲薄,客观如实地认识自己,充分发挥自己的能力,弥补自己的不足。

当我们感到工作比较困难时,我们不应畏惧,因为大多数人要胜任一份更好的工作,是要付出更多努力的,只有面对有一定难度的工作,我们才有机会提升自己,对感到困难的工作,竭尽全力,想方设法去做好,我们的能力就会在这个过程中得到较大幅度地提升,我们应当视有难度的工作为机会,而不应有畏难心理,更不应逃避和退缩,而要迎难而上,克服困难,提升自己,完成任务。

当我们面对较容易的工作时,不要松懈,不要大意,而要依然认真踏实,一步一个脚印地去做好,一个细节一个细节地去做完善。不要因为每日都重复相同的工作就失去兴趣,失去认真的态度,耐心和认真细致的品质正是在看似无聊的工作中形成的,如果工作就像玩游戏那样刺激好玩,耐心和认真细致的工作态度是永远也养不成的。

一字诀

立一志,存一心,向一事,
干一行,爱一行,精一行,
干一事,专一事,成一事。
诚于始,善于终,能如一。
一颗心,一份工,不朝三,不暮四。

佛陀说:"制心一处,无事不办。"列文·虎克六十年磨一镜,以一个高中生的学历,最终制出了显微镜,给人类揭示了一个微生物的世界,这就是专一的力量。古人说:"贪多嚼不烂","拣了芝麻,丢了西瓜",就是说我们在人生中困惑于世界的多姿多彩,这也想试试,那也想尝尝,结果"外面的世界很精彩,外面的世界很无奈",在不断地追逐中浪费了时间,失去了机会。

跑场里的赛马,要戴上眼罩,这样做是为了让它向前跑的时候不要看两边,因为一旦看两边它就会分神,就会跑偏。一个人不能脚踩两条船,因为船开动的时候他必然会落水,一列火车也不能同时跑两条轨道,那样的结果注定是脱轨。我们的一颗心不能二用,一心二用极易产生迷乱,迷乱的结果就是一件事也干不好。现代理念强调"选择决定命运",于是有些人就不断地进行选择,希望改变命运,殊不知,有些可以重新选择,勇于放弃,有些则不能改变,必须坚持,尤其是对自己的事业,不能朝三暮四,朝秦暮楚。

我们立志向要立一个志向,然后终生为之奋斗,这样才能实现这个志向,这样的志向也会是伟大的志向。从古以来,所有做出卓越成就的人士,都是为了自己的志向而奋斗一生的,他们一心为实现这个志向而努力,工作起来专心致志,专注于当下的一事,而不是分心他顾,被一些杂事、琐事、浪费时间之事夺走精力。

对于我们来说,我们只能选择一个行业,能把一个行业做好就已殊为不易了,能同时干好两个行业的人实在太少,而且也绝不是我们看起来那样风光,所以我们要干一行爱一行,同时要在这一行中投入所有精力,把这一行干好,干精,成为这个行业的专业人士、资深人士,成为一个在这个行业能解决各种问题的人。我们干任何一行,都是由一件件或大或小的事情积累起来的,就好像大江大河的雄壮气势,是靠一滴滴水的流动汇聚起来的一样,我们要重视我们手头的任何一件事情,干一件专一件成一件,小事情做好了,大事情也自然做好。

想要做到这个"一"字,就必须善始善终,刚开始的时候要至诚,以一颗诚挚之心来做这件事情,做到最后不能松懈,要有头有尾,有始有终,最后一班岗要站好,对工作画上一个圆满的句号。

我们只有一颗心,所以我们最好的选择就是干好一份工作,不要朝三暮四胡思乱想,从而像黑瞎子摘玉米那样,最后一无所获。

心字诀

在组织，要调心，一开心，二安心，三上心，四用心，五尽心，六专心，七静心，八恒心，九决心。十真心。

在组织，起诸心，养诸心：上进心，负责心，荣辱心，是非心，共赢心，团结心，忠诚心，正直心，平等心，友善心，利他心，互助心，成就心，事业心，自信心。（情绪上，要开心，态度上，要安心，对事务，要上心，团队事，要用心，职务事，要专心，于诸事，要尽心，对事业，有恒心，对困难，有决心。遇困难，勇敢上，大胆上，坚决上，做虎将，不畏缩。）工作好，去诸心：贪婪心，损公心，不平心，自私心，狭隘心，有五心，必失足，无五心，始顺利。于人际，讲五心：一诚心，二虚心，三正心，四暖心，五推心，六交心，七同心。于同事，讲七语：关爱语，团结语，理解语，真诚语，激励语，暖心语，力度语。打打气，鼓鼓劲，暖暖心。于合作，要重视，勤沟通，多理（了）解，细说明。于人际，行五事：互助事，协作事，竞争事，促进事，正直事。

要助安，不助乱，要助真，不助假，要助对，不助错，要助和，不助斗。敏于事，拒懒散，慎于言，绝过失。识大体，顾大局，调自我，顺大家。

诚于意，正于心，适于言，端于行。

组织的成功,系之于人;人的成才,本之于心。

心善则言善行善,心正则言正行正。

人类的所有缺点都与心有关,所有的优点也与心有关。

要想做好工作,我们就要时时做个有心人。

凡是我们心用到的地方,就会有美和善回报我们,凡是我们心没到的地方,就可能埋藏着巨大的隐患。凡事想要成功,就必须心到。组织的员工如果没有尽心的觉悟,那组织就会处处存在问题,步步难行。

我们这本《职业三字经》里面有很多技巧性的内容,也有很多职业操守和职业态度方面的内容,但这些都建立在心字诀之上,如果心没有立好,其他知识即便运用得很娴熟,也是无源之水,无根之木,难得长久。

尽心尽力去做,才能使同样的事情在尽可能短的时间里完成,才能在同样的时间里完成尽可能多的事情,才能使速度和效率达到最高水平。尽心尽力才能够把事情做到最好,达到精益求精、尽善尽美。在不可能中寻找可能,将可能转化为现实,把事情做到最精致、最完美,贯彻超越自我的理念,从而达至超凡的业绩。

组织中有许多业务因操作不善,导致失败,有时候不完全是技术能力和资金实力的原因,归根结底,是在某些决定组织成败和偶然发生的小事情上,没有尽心,没有做好。

在任何时候,任何地方,不论我们是为国家还是为组织,都会有许多事情需要我们尽心尽力,而让我们尽心尽力的事情,往往在自己本人的岗位职责之外,我们要做有心人,用心用力,尽心尽力,造就一个有成就感的人生。无论是国家还是组织,都需要尽心尽力的人,才能保证正常的运转,才能够在危机时刻转危为安。我们要加强自身的修养,一定要有这种品质,无论面对什么情况,都要尽心尽力,把需要自己做的事情做好,给组织和社会做出应有的贡献。

在组织,要调心,一开心

有人说,工作时心情最重要,无论如何心情都要好,这句话有一定的道理,立心是我们做事的先决条件,怀着一颗什么样的心,就会做出什么样的事,所以

| 心字诀

在团队里，我们要善于滋润我们的心灵，善于端正我们的心态，善于调节我们的心情。

在组织里开心是第一，一份不开心的工作，我们很难做好，所以要时常注意调节自己的心情，要开心地工作。当工作不如意时，忍辱负重有一定的道理，也值得肯定，但能够在一个存在诸多不如意的环境里也能够开心地工作，才是真正的乐观豁达，才证明你真的达到了一种很好的心境的修养。我们的工作其实没有那么不堪，没有那么多不如意，只是我们的主观期待过多，我们心里面希望工作是一个什么样子的，团队是一个什么样子的，领导是一个什么样子的，客户是一个什么样子的，当现实与期望不符，我们就不如意，不开心，如果我们从心理上认清我们就是在这样一个现实基础上工作的，我们就是要在这样的条件下做出成绩，我们不过多期待那些不取决于我们的东西，那么，我们就能开心地工作。同时，开心还可以靠自己营造出来，基本上，靠别人和物质环境来创造开心实在是太过被动，大多数时候靠不住，想要开心工作还要靠自己营造，大家在团队里面能够开心工作，是因为团队中存在能营造开心气氛的人，如果身边没有这个人，那我们自己就要做这个人，通过自己的营造，让整个团队都能开心地工作。

我们要开心工作，保持最好的状态。对工作的态度决定了我们的前途，我们必须自己调整心态，将它变得乐观、积极向上、热情。

工作是一个人的切实需要，只有体会到工作对于我们的重要意义，我们的工作才会变得开心、快乐。

我们要享受工作，不只享受成就感，还享受奋斗的过程，最后才是享受非凡业绩带来的物质回报。

工作可以提高我们，工作中的困难可以锻炼我们的意志，不同的任务可以拓展我们的才能，团队的合作可以锻炼我们的情商。

二 安心

第二是要安心，如果在一个组织里不安心，那也就不安分，工作也就无法干好，安心不仅仅是归属感的问题，更是一个认识自我、认识工作的问题，也是一个职业态度和职业道德的问题，员工身在曹营心在汉，是组织最反感的事情。

不安心也就不可能踏实工作，心浮着、悬着，不着实地，工作也就草率从事，难有作为，工作心不在焉，自然容易出错。安心工作，就要克服自己心灵的躁动，认清那些浮躁之事，有些事物看起来热闹精彩，其实只是表面现象，不能持久，不能令我们的人生产生价值，许多我们心中向往的东西并没有我们想象得美好，"满目河山空念远，落花风雨更伤春，不如怜取眼前人"。古人充满伤感的词作，是其一生经验的总结，足以给我们人生的启迪，在我们手里的，在我们脚下的，在我们眼前的，才是真实的，才是最值得珍惜的，谁不珍惜当下的工作，谁就永远干不好工作，工作就是眼前的事业，谁不珍惜眼前这份事业，谁就没有事业。

安心是一种大修养，是一种大福气，也是一种大能力，中国古代著名的禅宗二祖神光，出家前学识渊博，志向广大，名气也很大，但就是心不能安，他到达摩祖师那里求法，达摩祖师不认可他，于是他跪在雪地里整整一夜，天明时积雪都过膝了，见到达摩后，自断左臂以示虔诚，达摩问他，你这样勤苦，求的是什么呢？二祖说："我心未宁，乞师与安。"达摩祖师说："将心来，与汝安。"二祖想了很久，才回答说："觅心了不可得。"达摩祖师说："与汝安心竟。"

这是一个很精彩的传说故事，但却说明了安心的不易，一个人能够安心做事确实是一种福气，从某种意义上来说，安心胜过好高骛远的聪明，安心是一种正视现实的智慧，安心是一种认真对待的操守，安心才会踏实，才会让心态走向稳重、成熟、厚道的境界。

一个人在安下心之前，再有能力也不会做出成绩，再聪明也不会做出正确的决定，青年人往往不定性，这山望着那山高，总是在不切实际地幻想着，殊不知，幻想中那些美好事物的获得，就依赖于打破这种幻想，安下心来好好工作。

只有安下心，你才能真正成为一个好的职业人，而成为一个好的职业人，是所有成功人士都必须走过的一段路程。

好多人，尤其是被称为"聪明人"的人，往往一事无成，在组织里做不出什么成绩，反而很让组织的管理者头疼，原因固然是多方面的，但不能安下心，却是根本原因之一。

那些不踏实的"聪明人"，总是觉得组织束缚了他，工作束缚了他，总是希望换一种环境，自己大展手脚，其实这种人总是生活在幻想里，他们不知道一个

| 心字诀

显而易见的道理，那就是只有安心工作，才能成为一个优秀的职业人，只有优秀的职业人，才能有更多的自由去按自己的意愿做事。一些对工作不安心的人，往往是只想做自己想要做的事情，而忘了实现这种理想的基础——尽本分做完现在该做的事情。

如果工作是一艘航船，那些安心工作的人就是守着航向前进的人，因为只有按照这个航向，才能驶到目的地。即便有大风大浪，他们也要镇静地掌稳舵，不让自己偏离方向，而那些不安心的人，则一会儿往东，一会儿往西，他们的许多时间都浪费在胡思乱想，浪费在寻找工作上了。

在职场中，上级更欣赏那些用心对待工作，并安心工作的人。我们要弯下腰，多做那些需要你做好的小事，而不要让别人的抱怨和批评影响心态，它们是进步的必需品。

这是一个充满诱惑的年代，我们从各种各样的媒体上获得一种错觉，好像外面充满了机会，人人都渴望成功，好像走出去成功就会实现，好像只要有梦想就会成就精彩的人生。

如果说在物质贫乏的时代，阻碍我们成功的首要原因是我们不敢梦想，那么现在，阻碍我们成功的却变成了不切实际的梦想。

浮躁的工作态度使我们无法沉下心来做好一件事情，使我们没有耐心坚持做好一件事情。不安心工作的人，觉得工作很乏味，而世界很精彩，他根本无法投入心力和热情来干好工作，最后变成对工作能应付就应付，能推诿就推诿，干不出成绩来，反而认为上级不是"伯乐"，不识自己这匹"千里马"。事实上，对眼前这份工作不重视的人，对以后的工作也不会重视，许多想跳槽的人，工作是越换越差，因为他们不安心于工作，根本没有在自己的专业领域中积累经验，也不能锻炼自己的职业技能。

成功的人之所以成功，是因为不厌其烦地用心做好每一天的事情，珍视每一个日日夜夜，安心地做好每一件事情，无论它有多么细小。

让年轻人胸怀大志的确是件好事，然而，为达到这个目的，需要日积月累，珍视每一天的每一件工作，由此循序渐进地有所进步，长期下来，最终将成就伟大的事业。只有在组织里安心工作的人，才能弯下腰，做更多的事情，并在辛苦的劳动中积累自己的能力和经验，日渐成为组织不可或缺的人才。一个不安心工

作的人，永远成不了真正的职业人。

安心工作体现了做人踏实的品格，证明一个人不会朝三暮四，不会浮躁轻率。

安心工作是对组织忠诚的最起码表现，一个不能安心工作的人，如何称得上忠于组织呢？一般组织都非常看重员工的忠诚度，那种既有能力又忠诚的人才是组织最需要的人才。只有用心、安心、尽心地工作，我们才会一直进步，我们才会拥有一个良好的人生记录，才会在组织里，在行业里，拥有一个好口碑，才会无限接近成功，并最终拥有成功。

三上心

上心，百度百科上的解释是"放在心上，用心"，其实百度的解释不准确，这个"上"是一个动词，而且是一个表方位的动词，比如说"这件事，请你上上心"，"上上"，就是上一上的意思，是要求这件事在对方心里的位置，或者重要性更高一层的意思，又比如儿子对父亲说："您的事，我敢不上心吗？"就是把您的事放在心里更高的位置上，更加重视的意思。

对某件事上心，对某人的事上心，上字是表示重视程度的，一个人对一件事，不上心，就会无可无不可，糊弄过去了事，只有上心了，才会干好，越上心，就越能干得好。

对于你的工作要上上心，再上上心，多上上心，你对工作不上心，领导对你不上心。

上心是表示重视程度的，是感情取向和心理态度，用心则是实际行动，是下功力，对一件事上心了，接下来就会用心。

四用心

用心与专心听起来比较近似，而我们常说的某个人做事用心，有负责、认真的含义在里面，不马虎，不敷衍，不轻视，用心去做。用心，关键在这个用字，调动起精气神，全力以赴，然后可以说是用心。把心用上，用好，用专，用到，这才能说是用心。

唯有用心才能懂得工作的意义，体会工作的价值，懂得敬业的可贵；也唯有用心才能做到脚踏实地、兢兢业业，切实提高工作效率，努力思考和不断创新。用心是一切成就的源泉，用心奠定了一切不凡成就的基础。想要成为职场中的大师级人物，就从用心工作开始吧！

用心做工作，哪怕是收废品，也能得到比对手更多的机会。收废品的小阳对此深有感触，他每次收废品都要帮助客户把房间打扫干净，在他看来，大多数人卖废品并不是为了赚多少钱，而是为了把家里打扫得干净整齐，如果自己想收到更多废品，就得满足客户这一潜在需求。只要能帮客户保持家居的整洁，即便收废品的价格并不算很高，小区里的客户也喜欢喊自己来收废品。

做工作就是要用心，用心才能把事情做好。有些人不是用心做好事情，而是把精力用在了投机取巧上，或者用在了欺骗领导、客户上。比如同样是收购废品，多数人可能会把精力放在和客户讨点价、扣点秤上，还自认为这样才是"搞活"业务了，可最后客户不再叫他收废品了。而回收废品的小阳不仅扩大了业务，而且发展到小区一些住户的单位里。哪怕是最简单的工作，只要我们肯用心，也可以开辟出新的天地！

一个用心工作的人，不会囿于自己的岗位职责，而能超越自己的职责，从团队和组织的角度来定义自己的责任。用心可以提高一个人的工作效率和工作能力。

每个员工都要用心工作，每个员工前进一小步，整个组织就会前进一大步。好员工在工作中一定要用心，一定不要囿于自己的固定岗位职责，一定要经常问自己这样一个问题："我是否对组织尽心了？我能为组织作出什么贡献？"管理学家德鲁克认为："一个有效的管理者。一定是一个经常问自己能为组织作出什么贡献的管理者。因为他们会把自己的岗位职责与组织的贡献联系起来，而不是仅仅考虑自己的工作职责是什么。"好的员工会严格地履行自己的岗位职责，但是，他们绝不会囿于自己的职责，他们会有着更为远大的眼光，肯用心做事，更加注重团队和组织目标的实现。实现团队和组织的利益和目标是指导我们每一个员工工作的标准。为了团队和组织的利益和目标，我们要结合自己的职责，去思考如何与自己的同事更好地合作，如何更好地服务于团队和组织的目标，为团队和组织作出更多更大的贡献。

不管我们从事的是多么枯燥、多么细小的工作，我们都要竭尽全力、用心地

去做好它。用心这一品质，会让我们对工作充满热情，让我们能够积极地投入到其中，从而把工作做好、做到位，让自己、组织和社会都因为我们的用心工作而取得长足的发展和进步。上级最重视那些做事尽心的人，认为这样的员工才是组织最需要的，是组织最大的财富，一个员工只知道用手工作，那他只能算是个合格的员工，用脑工作，他会优秀，用心工作，才能卓越。尽心工作的人，会创造出超越自身报酬的工作业绩，那些守着岗位混日子的人，做出的贡献连给自己发工资都不够。组织为了生存，必须实行"能者上，平者让，庸者下，劣者汰"的用人原则，否则就不可能生存。组织要生存，就需要努力工作的员工，组织要发展，就必须得有对组织对工作尽心的员工。用心的员工无论放在哪里，都会促进组织更好地生存和发展下去。那些凡事只求最低标准的人，那些做到合格就不再多做一点的人，早晚要被组织淘汰，这不能怪组织没有人情味，只怪自己工作不用心。

用手工作，只能合格，用脑工作，才会称职，用心工作，才能卓越。

只有用心工作，才能做到认真；只有用心工作，才能实现负责。我们经验上的不足，能力上的不足，距离目标的差距，唯有用心地去工作，才能够弥补。

用心工作的人不会为自己的前途担忧。用心工作是很高的职业素养，用心工作会提升我们的工作能力，我们将会欣喜地看到，一切都因为我们用心地工作而变得美好起来，我们实现了更高的业绩，达到了更高的目标，成就了组织也成就了自己。

五尽心：

尽心工作的人无论到哪里，都最受组织欢迎。

尽心是崇高的境界，是成功的一扇门，我们应该把心打开，把心用到，把心尽到。

尽心是热烈而又持久的职业觉悟，具备尽心的觉悟，就能实现真正的自我管理，从而具备其他一切的职业素养，而员工的自我管理就是组织最高效的管理方式。

只有尽心工作，才能脱颖而出，只有做事尽心，才能与众不同。

心里装着组织，时时想着组织，事事向着组织。对组织的事情上心，对组织的问题操心，对组织的麻烦忧心。为组织尽心的境界，就是如此与众不同，它造就出了所有的成功人士。可以说，成功的人，没有一个是对自己的工作不尽心的。

认真思考，事事上心，主动为组织做事。想上级之所想，急组织之所急。只要我们肯尽心，那就没有办不好的事，我们在哪件事上没尽心，就有可能失败。我们要用心、专心、细心地工作。

"用心"，就是要求我们把心放在我们正在做的事情上，把当下的事情当作我们最重要的事情来做。

"专心"，就是专注的意思，是要求我们每做一件事，都要专心致志地将其做到最好，做到心无旁骛，而不能"身在曹营心在汉"地做着这件事情却想着别的事情。

"细心"，就是要求我们注重自己所从事工作的每一个细节。细节决定成败，我们做工作的时候不能因为是细节就不重视或将其忽略。

在一些组织里，总是存在一些做事不尽心的员工，他们总是借口说："组织不是我的，我就是一个打工的，没必要管那么多闲事。"他们对待工作一贯采取敷衍塞责的态度，管理者对这类员工往往是如此定性——"粗心、草率、懒惰"。这些不肯尽心的员工，在工作中既不追求质量，也不讲究速度，没有一点上进心，每天上班只是为了混日子，换取一份养家糊口的薪酬，对工作能过去就过去，能将就就将就，从不要求自己做得再好一点。在现今组织之间的竞争异常激烈，这种竞争最后体现在员工的素质之争上，员工如果在工作中不用心，哪怕只有一丁点儿的不负责任，或者对某件事情随便就做了，都可能导致组织蒙受重大的损失。

而那些对工作不尽心的人，总是把事情办坏，虽然他也不想办坏。而他总是找借口说，"这件事情不好办，换谁来办也是这样"，或者说，"组织就这条件，我就这能力"。他不知道，这个世上只有不尽心的人，没有做不好的事，古语说得好："世上无难事，只怕有心人。"只要有心，用心，尽心，我们又有什么事情是干不成的呢？

事实上，在这个世界上没有做不好的工作，只有做事不尽心、对工作不负

责任的员工。对工作的责任心是每个员工都不能缺少的，不管你的职位高低、能力大小，干工作就得尽心，就得有负责任到底的精神。一件事情，不论看起来多难，只要你用心去做你就会发现它其实完全可以做好。

那些习惯于敷衍了事的人，不只是工作起来效率很低，而且会给人留下不负责任的坏印象，很难获得上级的信任和重用。虽然我们大多数人都渴望自己得到职位的提升，得到比较高的薪水，可是却不肯正视一点：想加薪和升职是建立在忠实履行日常工作、尽心做好每一件事的基础上的，如果一个人总是抱着为上级打工的心态，马马虎虎地工作，那他的愿望就永远只能停留在自己的心里。

为什么我这么强调尽心？因为"千里之堤，溃于蚁穴。""差之毫厘，谬以千里"，一个巨大的失败之所以发生，往往因为在一些细小的、琐碎的事情上没有用心，而对于这些小细节的不到位，没有尽到心，却对工作结果起到了决定性的作用，最终改变了结局。哪怕是工作中出现的一点小问题我们不去尽心解决好，都会让组织蒙受巨大损失。一个不尽心的人，很难将工作做到99%，更不可能做到100%，不用心的人可能做到80%，用心的人可能做到99%，而尽心的人则能做到100%。那些做到80%的人会说，剩下的20%是不可能做好的，这是因为客观条件的约束，那些做到99%的人也会说，剩下那1%是不可能做好的。而尽心的人，可能会拿着放大镜去看那一般人想都不想的1%，他不会放过他能想到的任何一个细节，在有心人的心中，事情没有大小之分，事事都是平等的，他会事事小心，事事尽心，所以他能做到100%

毛主席说，世界上怕就怕"认真"二字，尽心做事的人自然就认真，不尽心做事的人无论如何督促也不会认真。因为用心并尽心，你会更加勤奋努力地做事；因为尽心，你不可能找借口推脱责任；因为尽心，你会针对变化的新情况及时采取行动。尽心的人能够顾全大局，不自私自利，不固步自封，他们懂得所负的责任必须要做好，事事都要做到位，他们具备开拓和创新的精神，懂得因地、因时、因事制宜，因此也就能够事事都做到最好。

很多人做工作之所以得不到领导的认可，是因为他只是把问题从系统的一个部分推到另一个部分，或者只完成了一个大问题里面的一小部分，而不愿意尽心地将事情做彻底。比如工厂的某台机器坏了，负责维修的员工只对机器做一下简单的检查，觉得能够正常运转就可以了，结果不久后这台机器出现了重大事故，这就是不能对工作尽心。那些尽心的员工会怎么做呢？他会对机器作一次彻底的检查，把问题产生的原因找出来并彻底解决。我在一家面粉厂做过工，我们的技师出现这样一种情况，因为没有经常检查机器，不按时给滑轮用润滑油，导致钢珠因为没有润滑而磨损，结果是什么呢？是本来使用寿命1年的东西，只使用了半年不到就报废，而由于他做事不尽心，厂子里没有备用的滑轮，耽误了生产。这就是尽心和不尽心的差别。

当我们能用心去做事，做到尽心的程度，已经无心可尽时，工作往往已经做到了极致，尽心做事会让我们感到工作如同一种享受，困难不知不觉就被克服。我们不能在工作中得过且过，不能只求合格、差不多、过得去、做完了，而要对每一件事都用心对待，要求做得完美，做得及时，做得高效。工作中所有的人和事都是重要的，都需要我们用心对待，现实发生的事情，我们必须用心地去听，去看，去想，我们要抱定做事就要用心，做到尽心为止的信念，这样，每一件事情我们都会做成，天下就没有我们做不成的事。

六 专心

专注度提高，智力集中，摒除杂念，排除外界干扰，如果我们真能做到排除外界一切干扰，不受影响，那我们就没有做不成的事情，也没有任何人能给我们造成困难。佛语说：制心一处，无事不办。就是这个意思，因为专心能够最大限度地集中我们的精力，调动我们的智力，发挥我们的心力，所以专心工作才能算是最好的工作状态，才能产生最好的工作效果。

七 静心

我们现在流行的词汇淡定，其实就是静心的意思，想要专心，首先要静心，心不静，则无从用心，更何谈专心。我们的心被诸多事物所诱惑、拐带，如果我们不善于静心，那我们就会"心为物役"，整天被外界的种种现象所迷惑，失去自我。小学生惦记着下课后玩什么，于是听课心不在焉，学习成绩就不会好，失恋的人往往在失恋后紧接着失业，就是因为心乱了，静不下来，面对外界变化不

能淡定了，于是犯种种错误。

　　静心不是一件容易的事情，需要一步步来，先要把明显的、重大的欲望去掉，比如小学生心里面想的游戏，这个念头可能伴随他几十年，坑害他几十年，让他坐立不安，神不守舍，不务正业，如果不能摒除这个念头，那他的一生也就毁掉了。其他比较重要的恶念，如淫欲、赌欲、贪欲、嫉妒、愤恨，如果不能去除，那就会大幅占用我们的心力资源，让我们的心无法集中，无法干好正事。我们的祖先极其重视静心的作用，视为人生最重要的修养和能力，《大学》中说：知止而后有定，定而后能静，静而后能安，安而后能虑，虑而后能得。静先要止，小学生玩游戏的念头止不住，那心就安静不了，想要止住这种欲望，古人还是给了我们很多方法的，一是转移注意力，许多小孩子之所以努力学习，能静下心，都是成人调教的结果，有些得拿戒尺，拿扫把紧紧看着，劝说、威吓、惩戒，甚至于痛打，才能让他集中注意力，忘掉玩的念头，成人的心理较为成熟，但许多人对心念的调伏能力还是远远不够，而且成人后，独立的身份导致不再有人对自己进行父母看小孩式的督导，于是，毒瘾、淫欲，各种问题更多更复杂也更严重，如果不能有一件事情可以有效转移注意力的话，这些欲望就会令自己痛苦不堪。

　　工作就是转移注意力的最好工具，但组织也深受员工注意力不集中、不能安心工作之害。工作这个工具，员工若不好好运用，一会伤害组织，二会蹉跎自己；员工若善加运用，一会有益组织，二会成就自己。

　　许多写作者常说自己没灵感，静不下心，其实，只要动笔写下来，自然就静下了心，寻来了灵感，这个道理，正如许多人说心情不好，或者心不在焉，进入不了工作状态，其实，只要开始工作，我们自然就进入了工作状态，心就会静下来，专起来。

　　我们要善于借助工作来让自己静心，而不是先静下心来再工作，这个道理，就好像鸡生蛋，蛋生鸡一样，工作就好像母鸡，静心的状态就好像蛋，而我们只有鸡，没有蛋，我们总是说，我需要有蛋，这样才能孵出好鸡，可事实上，我们等不来蛋，我们真正可行的法子是让工作这只母鸡去产出静心这个蛋，而后这个蛋再孵出良好状态的工作这只理想的鸡。

　　工作这个工具的作用不只是静心，它是一个有诸多用途的宝贵的工具，我们要好好利用它。

八 恒心

我们久远来都强调恒心，其实这是一个不够科学准确的概念，因为心本来是生灭不定，变化无常的，古印度的朴素的唯物主义哲学里，认为世界上并不存在一条河流，河流只是一种现象，是一滴滴水向前流动而产生的幻觉，是一种假象，水滴的不停向前流动，不停更换才是真相，同理，我们的心理活动也是这样的，是一个一个念头不断产生，相互替代的过程，所以恒心只是一种现象，它是我们的心不断地修正错误，坚持正确的表现。我们的心中不断涌起正确的念头，也不断涌起错误的念头，如果我们不加以警觉，不时刻修正，那就会犯错误，如果我们加以警觉，发挥能动性，主动地不断认可正确的念头，主动地不断否定错误的念头，最后我们心里错误的念头就会越来越少，正确的念头就会越来越多。如果我们要追求恒心，那么恒心不可得，如果我们追求不断地修正自己的错误，坚持正确，那我们的恒心就产生了。恒心，就是坚持不懈地调心。

九 决心

因为我们有很多缺点，有很多弱点，有很多不足，所以我们最需要决心，克服工作拖拉的习惯要决心，克服畏难情绪要决心，克服懒散的工作作风要决心，克服自私的行为要决心，承认错误改正错误要决心，改变自我要决心，改革组织要决心，执行新的制度要决心，完成更多任务要决心，做出更大成绩要决心，决心大，力量大，不下决心很多事都是空想，下决心然后行动，很多看来难以办成的事自然而然就办成了。

十 真心

有些人明明学佛法，却还是修成了魔鬼。为什么呢？因为没有一颗真心。

什么叫真心？就是本真之心。如果一个人不把魔鬼之心变成真正的善心，那他无论怎么修行最后都还是要变成魔鬼的。

我们在工作中如果不是怀着一颗真心，那么，即便做出过很多业绩，也有可

能在某日全部清零。

在组织，起诸心，养诸心：

上进心

上进心绝不只是单纯的"往上爬"的意思，向更高的职位上进，不只是职位的提升，职位的提升只是表象，其实质是责任的提升，要负更多责任，付出更多努力，做出更多贡献。上进心就是要做出更多的成绩，得到更多认可，包括上级的认可，同事的认可，顾客的认可……上进心是一种对自我提升的欲望之心，是一种对自己能力的进步、素质的提升，充满渴望的心理。

只有具备上进心，才能不断超越自我，升华自我。上进心具有一种力量，可以克服懒散的作风，制服卑微的念头，去除低劣的行为，消弭身心中的负能量，激发身心中的正能量，只有上进心才能让我们脱离庸庸碌碌的轨道，进入有所成就的轨道。

上进心有四条：向前看，向上走，向善行，向好做。

负责心

负责心是一种然诺和担当，食君之禄，忠君之事，这是古代为人臣者的担当，拿人钱财，替人消灾，拿人的报酬，就得给人做好事，这是芸芸众生的道德操守，一个人的职位，无论高低大小，在职一日就得负责一日，这是天然的道理，不需多讲而自明，守其责者，无愧良心，失其责者，难辞其咎，至于那种无视职责的，则是人格有亏，其灵魂亦不能直立。

荣辱心、是非心

荣辱心和是非心是一体两面，人心是一杆秤，于是有是非心，是此则非彼，是彼则非此，有了是非心就有了荣辱感，比如一个女人，如果她"笑贫不笑娼"，则甘于堕落，以富为荣，不以娼为耻，如果她重视人格，则宁贫不娼，以人格为荣，以娼为耻。职场中也是一样的道理，有人以占公家便宜为荣，有人以清正廉洁为荣，有人以排挤别人打压别人损人利己为荣，有人以团结别人共谋发展为荣，有人以偷奸抹滑为荣，有人以处处奉献为荣，有人以做出业绩为荣，有人以攀三比四为荣。

组织和团队中，难免会出现一些负能量，难免会有错误的有害的言行，面对这些，我们要有正确的是非观。对于那些损害团队利益，损害同事利益的行为，我们不能附和，也不能说违心话，做违心事，不要助长错误的言行。当私利和公利出现冲突的时候，我们要拥护团队的利益，团队的利益得以保全，我们个人的利益也才能保全。

共赢心

一个团队能够最大限度地集合大家的力量，那就需要大家有共赢心。共赢心越强，团队的合力就越强。共赢心是合作最好的基础，有许多合作可以勉强进行，也能获得一定的成果，但只有共赢，才能最大限度地调动每一个团队成员的积极性。团队成员有坚实的共赢，就会有坚实的好态度，就会有坚实的工作方式，使所有成员能劲往一块使，从而更高效。具有共赢心的员工，能够更好地实现团队间的协调合作，具有共赢心的员工，也能最大程度地配合团队的要求。共赢心使我们放弃许多小心眼、小算计，使我们忽略许多小不同，能够求同存异，不多计较。共赢心能够让我们更快更容易地达成共识，消除分歧，共赢心让我们的人际关系更加和谐，让我们成为整个团队的黏合剂，成为团队内的建设性力量而非破坏性力量。只要我们心存共赢理念，就会在这个团队中发挥光和热，与团队一起走向胜利和辉煌。

团结心

团结心可以使我们的团队避免许多不必要的损失，团结心可以减少内耗，减少内斗，不会出现蚌鹤相争，渔翁得利的事情，团结是一个团队最基本的要求，

失去团结,组织也就失去了凝聚力,从而失去了战斗力。团队里的每一个成员,都需要从大局出发,懂得团结,维护团结,不要去做破坏团结的事情。

忠诚心

忠诚心是一个人在团队里立身的根本,只要在团队一天,便要忠于团队一天,即便哪天离去,也不应无故做伤害团队的事情。忠诚不只是一种品德,更是一种风骨,有忠诚之心在,人就能站得直,敢说真话,敢做好事,能够好好地工作,维护团队的利益,而不随波逐流。一个人失去了忠诚,也就失去了骨气,从此抬不起头,也直不起腰,被别人看不起。

正直心

何为正?不偏不倚的称为正,何为直?不弯不曲不绕的称为直。

行不正,则言不顺,言不顺,则事不成。

有德必有勇,正直的人决不胆怯。

一个正直的人,他必然处处本着良心和良知做事,必然时时严格遵守原则说话办事,一个正直的人,对他首先进行拷问的不是上级,不是质检和纪检部门,而是他的内心,他首先要问自己,我这样做对不对?这符不符合我的原则?这符不符合大家的利益?这对得起对不起良心?正直的人只做正直的事情,所以他能赢得大家的敬佩,也能把一份工作干好。正直的人在工作中从不弄虚作假,一是一,二是二,清清楚楚,明明白白,从不打马虎眼。如果良知是人的血脉,那正直就是人的骨骼,正则品端,直则人立,只有正直才能让一个人心无所愧地做人做事。正直的人不会走歪门邪道,也不会被人拉下水,不会被金钱美女诱惑,不会为一点蝇头小利就出卖团队的利益。

正直并不是我们狭义地所认为的与邪恶做斗争就是正直,正直是一种哲学,也是一种修养。

正直关乎立场和态度,有些人在对人处事时,损公肥私、抑人扬己、向亲背疏,这都不是正直的态度,正直的人即便是面对自己的利益会有损失的情况,也

| 心字诀

不会偏向自己，而是以良心和原则为准绳，端正自己的立场。正直的人对与自己亲近的人，对与自己疏远的人，甚至态度与自己敌对的人，都会按照自己的原则和正确的立场对待，不因关系好坏而违背自己的立场和原则。

正直是一种对生命的尊重和节约，虚伪的人喜欢绕圈子，浪费时间和精力，而正直的人是不肯为了自己的面子或其他什么东西，而对别人虚与委蛇，七弯八绕，浪费别人的时间、精力和金钱的。

平等心

非平等无以有大爱。

心平等然后有公平公正。

心无高下，然后平等。

平等心是一种非常高的境界，人类长久以来生长于阶层分明的社会中，于是敬畏更高层级，轻蔑更低层级，畏惧强大者，欺压弱小者，就成为了一些人根深蒂固的毛病，而有些人在这方面虽然不明显，但也有敬强者，爱富者，轻视弱者贫者的心理倾向。在人生中，能够做到人人平等、事事平等是非常不容易的，但怀有一颗平等之心，我们还是可以做到的。

心不平等，是不利于开展工作的，不平等的心越强，就越容易破坏团结。

平等心不是简单的视贵贱贫富平等，更是视远近亲疏平等，与我关系好的，不好的，平等对待，本部门和他部门的人，平等对待，我和别人，平等对待，只有这样心怀平等，做事才能够不偏不倚，才能行于中，行于正，才能避免矛盾，避免小圈子倾向。

平等心不仅仅是对于人，它同样是对事的一个重要原则。许多人对工作，没有平等之心，因为有些工作看起来很光鲜，有些工作看起来很苦很脏，有些工作看起来很有意思，有些工作看起来单调乏味，有些工作看起来很轻松，有些工作看起来很劳累，因为我们心中对工作有各种看法和感觉，所以我们对工作划上了三六九等，有的工作愿干，有的工作不愿干，对于上级分派下来的各种工作，不能一视同仁，不能全部无条件地做好，达不到上级的期望。

职业 三字经

友善心

友善是一种美好的品质，是人间的春风，是人际关系里的蜜，友善的言行是我们大家都喜爱并渴望的，但是在职场里能保持友善之心并不容易。职场需要一颗公心，但职场并不可能完全是工作，总有工作之外的事情，比如早晨早到的时间，中午午餐的时间，以及其他各种聚会和较为私下的时间，都会有工作之外的事情，这个时候，我们的友善之心就是不可或缺的了。甚至是工作之中，如果同事发生一些状况，比如生病、孕妇的问题，这个时候都需要我们的友善之心，伸出援助的手，帮同事解决问题，送去温暖。时刻心存友善，送去关怀，送去问候，送去帮助，我们的职场不只是战场，它也应是一个充满人情和温暖的地方。

利他心

也许毫不利己，专门利人是一件很难的事，只有雷锋、焦裕禄等很少的人做到了，但不管我们能不能专门利人，一颗利他心是不能少的。利他，并不需要轰轰烈烈，付出生命和热血，同事搬重物了，帮忙搭把手，同事来快递了，帮忙鉴收下，与同事有关而与自己无关的业务，自己碰上了，帮忙留意下，牵个线，搭个桥……这许许多多的小事，都可以利他，只要我们怀有爱心、利他之心，我们就可以在这些细节上营造充满关爱的团队气氛。利他之心，能够克服我们的吝啬、小气、自私等负面的性情，而成为一个充满爱心、举止优雅、讲仁义的人。

互助心

人生中总会有许多时刻，需要他人的帮助，这个人也许是父母、兄弟、亲人、同学、朋友、上级、同事……既然我们认为我们的一生需要无数次的帮助，那么我们就必须要有一颗互助心，因为感恩，因为需要，我们也必须养成乐于助人的习惯。有一颗互助心，帮助我们在人生的道路上多一些助力，同时，也使我们成为有助于社会和他人的人，互助，要在一个互字，是互相的，互动的，不是单方面的，这个词告诉我们，做人做事都不能只有一面，不能只索取，还必须有回报。

成就心、事业心

如果在工作中我们没有对成就的渴望之心，那我们就不能成就卓越，甚至连优秀都做不到，勉强合格就已不易。

如果我们没有事业心，那我们的工作就永远处于无源之水，无根浮萍的一种状态，我们永远也不会在工作中得到自我肯定，永远也不能通过工作实现自我价值。

自信心

如果我们没有自信心，我们就会在工作的考验中逐渐陷入挫折感的泥潭，逐渐气馁、逐渐消沉，丧失斗志，没有激情，成为得过且过、做一天和尚撞一天钟的庸人，甚至虽做和尚却连钟也不想撞。自信不是盲信，不是自是，也不是自大，而是对自己的恰当的期许，我们的自信要建立在对自己的正确了解和评价，对目标的恰当的建立的基础上。自信就是相信自己，但我们要相信自己哪些呢？我们要相信自己的忠诚、坚持、毅力、勤劳的品质、坚定的信念，而不是相信自己一定能做到什么位置，相信前者的，是真正的自信，这种自信不会失去，相信后者的，不是真正的自信，这种自信一遭挫折就会失去。

工作好，去诸心：贪婪心、损公心，不平心、自私心、狭隘心，有五心，必失足，无五心，始顺利

如果不能制服心中的邪恶之念、狭隘之念，那我们就很难进步。

贪心人人有，区别只在于控制得怎么样，贤者制服贪心，所以不为物欲所坏，愚者顺从贪心，终被欲望冲昏头脑，犯下种种错误。

有人或者因为对公家不满，或者对领导不满，或者对同事不满，或者出于自己的私欲，或者有谄媚讨好外人的想法，或者因为一时之怒，而生出损公之心，

这种人不明白一个道理，凡是习惯损害公家利益的人，最终会被公家抛弃，直至无处可去，因为没有组织愿意收留这种人。不管我们受了什么委屈，有什么抱怨和愤恨，都不应有损公之念，这是一种做人最基本的操守，对于我们的出身之处、立身之处，无论有多么不好，都不应去破坏，不应去诋毁，因为那是我们的根本，天下岂有破坏自己的根本而能真正得益的道理呢？

心理不平衡是最可怕的，是我们心灵中致命的弱点之一。我们心灵中的众多堤防，都可能很容易地坏在不平心的冲击之下。比如说，许多人是不贪污的，可是看见周围有很多人在贪，于是心理不平衡，自己也贪了。有人本来是不迟到的，可是看到别人经常迟到，于是也迟到了。有人本来是很勤奋的，可看到别人偷奸耍滑，于是也开始磨洋工了。有人本来是不喜欢八卦，不喜欢说三道四的，可被周围人一影响，也开始说三道四了。有人本来是节俭的，可看周围人在浪费奢侈，于是也铺张浪费了。

不平心是非常厉害的毒虫，一旦我们有了不平心，那么，我们心灵中其他的美好德行的嫩苗，都将被摧毁。

自私心像火焰，炙烤着我们的良知，自私心像污点，玷污我们的名声，自私心像毒药，令我们痛苦不堪。

人人都有自己的利益，人人都应有维护利益之心，但却不能有自私之心，一旦有自私之心存在，那就会妄图占有本应属于别人的利益。自私之心是一切罪恶的根源，是一切矛盾的引线，自私心是一团烈火，炙烤着我们的灵魂，令我们为之痛苦、劳累，做出种种令人不齿的行为，并承受这些行为的恶果。

一旦我们的心沦落到狭隘之境，那么我们人生的道路就会越走越窄。什么叫狭隘，狭是窄的意思，心很窄，想不开，那么人生的路也就很窄，隘的意思是阻碍，心想不通，过不去那道障碍，那人生的路也就到此为止了。狭隘心令我们目光短浅，只看眼前，只看一点，只看到自我的那点小事，狭隘心也让我们言语和行为都显得浅薄。狭隘的心理不克服，我们的事业格局就会受到极大的限制，表现得处处小家子气，处处自我意识过度强烈，令别人无法接受，无法容纳，既不能与同事有和谐的人际关系，也难以真正融入团队中。

狭隘心是组织中通力合作的大敌，一旦职员有狭隘心存在，那些需要相互合作、密切配合才能做好的工作就有可能遇到种种阻碍，不能顺利实现团队目标。

| 心字诀

因为我们现在所处的，是一个互相依存度极高的时代，所以狭隘之心必须克服，只有克服狭隘之心，我们才有可能做成一番事业。

于人际，讲五心：一诚心，二虚心，三正心，四暖心，五推心，六交心，七同心

宁守拙诚，勿用巧伪。
精诚所至，金石为开。

讲到人际关系，我们常会想起一些词汇，像什么八面玲珑、左右逢源、见人说人话、见鬼说鬼话、玩得转、心理操纵术、攻心术……

其实这些强调技巧的人际关系学虽非全无道理，但却不是我们搞好人际关系的根本，如果我们追逐那些浮华的技巧，我们最终将无法建立牢固、可靠的人际关系，而只能在人生的长河中不断地失去，然后不断地重新建立，而有些类型的人际关系一旦失去是再也建立不起来的。

好的人际关系对我们来说非常重要，它是我们生存环境构成中最重要的因素之一，而对于工作来说，人际关系的好坏很多时候决定我们的工作成败。

人际关系确实是需要一些技巧来维护的，但更重要的是我们的居心，也就是我们的态度。因为心正则行正，我们的行为是否符合原则，不是由社交技巧来决定的，而是由思想意识来决定的，这个是造不得假的。

人际交往中诚心要放在第一位，交朋友要有交朋友的诚心，不能本着利用他人的心理，工作中要有诚心，不能有太多私人目的，而仅是以密切配合、团结合作干好工作为目的，这样才能树立工作中同事关系的诚心。

诚心是一个比较抽象的概念，它源自于真心，是真心的一部分，它强调的是自他两个方面，一者不欺人，二者不自欺，一者诚心向人，二者诚心向己。我们平常所说的诚心，主要针对外在的，主要是对他人而言。当然，诚心不仅指向于人，也指向于物，比如说信仰，有人心不诚，那么他的信仰就是被外部环境影响而不得不接受的，这种信仰是不坚固的，随时可能发生背叛，一个人如果对自己的人生理念和道德操守信之不坚，就不能算是诚心，这个诚心是对己的，我们不

能自欺。

当人心诚的时候，自然而然地会被他人感知，古人说诚则灵，在人际关系中这是真理，你是否诚心，不是靠你的嘴巴说出来的，而是实际行动表现出来的，甚至是你的气场自然散发出来的，很难作假，那些不诚心的人很容易被识破，所以我们还是要本着老老实实的态度，诚心待人，不玩虚的、假的、没用的，以诚实无伪的态度做人处事。

虚心很重要，虚心是通向诚心的桥梁，也是通向成功的桥梁。

什么是虚心？就是谦下、容纳之心。360百科上解释虚心为：谦虚、不自满、不自大。这个解释是很浅的，没有抓住虚心的要义。

在古语中虚是一个动词，是使心虚的意思，也就是说，我们要努力让自己的心"虚"下来。

《庄子》的渔父篇说："丘少而修学，以至于今，六十九岁矣，无所得闻至教，敢不虚心。"《晋书·潘岳传》："若乃弱志虚心，旷神远致。"这里的虚与弱是相近的意思，就是让自己的心更低下，再低下，不刚强，不狂妄的意思。

对于虚心的领会，我们可以与心虚对比来看，什么是心虚？就是没有底气，害怕忧虑，所以心虚。虚这个字，上面是虎字旁，所以有担忧害怕的意思在里面。

我们说虚怀若谷，谷的特征就是空空的，谷相对山的塞满而言，它的空间很大，可以容纳更多事物，虚怀的意思就是削减我们胸中的成见，令我们的胸怀更有容纳度、包容性，可以接纳更好的知识，容纳不同的见解，接受好的意见，尊重、理解并包容有不同思想和性情的人。

虚与实相对，虚与真相对，所以又有虚情假意这个词汇，在这个词里，虚是针对外而言的，人的心意不实，没有，是假的。

从上面三种语境中虚字的含义来看，我们平时常说的虚心，有多重含义。

比如说虚心向学，我们在求学的时候，在工作中学习进步的时候，我们要接受新知识，如果不能虚心是不行的。一，我们要放下狂妄自大，认真接受、思考、判断、体验新的知识和理念，不要刚强地想当然地认为，别人的理论和做法是不对的，是没用的，是不适合我的，是我不想接受的，从而排斥组织中正确的行为习惯和做事原则，犯各种错误。我们要让心态变低、变弱，只有这样才能更好地接受新知、命令，并认真地使用知识，执行使命。

虚字也有留出空间的意思，同样是虚心向学，如果我们的心里面非常自满，充满了狂妄自大的意识，充满了错误的或落后的认知，对其他思想理念没有了容纳空间，那么，新的知识就进不来，同事的意见听不进，领导的批评不服气，组织的做法不认可，只知自以为是，这样我们的不足就不能被弥补，我们的错误就不能被修正，我们就永远不能够进步，所以虚心接受并在实践中检验，用事实来验证，是我们在工作中唯一正确的态度。

还是这个虚心向学，如果我们不对自己的无知感到忧虑、害怕，感到不安，我们又何有动力去努力追求新知和真知呢？我们如何有动力去学得更强的技能呢？我们又如何在工作中不断地修正自我、提高自我呢？

所以什么叫虚心呢？就是对自己的无知和不足，感到忧虑不安，能够让心变谦下，放低姿态，让自我意识和观念向虚，使心有更多可容纳的空间去接受新知或指令。

虚心是诚心的准备期，是一个不可缺少的过程，对某事物虽然还不能理解并认同，也能虚心接受，接受了，才有可能在工作过程中理解并认同，那时候才能达到诚心的境界。

正心指的是一种端正的心理认知，心不正，态度也难正，行为也不会正。如何把心摆正，是个大问题，心正也有各种不同的标准，在组织文化、组织精神里，这个心理认知的标准其实是很重要的，而对于我们个人来说也很重要，如果我们不能正其心，不能充分认知组织和上级所要求的心态标准，那我们在一个组织里就不会有真正的前途。

拥有一颗暖心很重要，暖心是一种关爱之心，是一种呵护之心，也是一种帮助体贴之心。暖心发之于外，便是暖语暖行，说温暖人心的话，做温暖人心的事，哪怕是一点点的小事，都有助于我们搞好人际关系。一句话，一件事，可能微不足道，但暖人之意，总归令人感动，可能是锦上添花，也可能是雪中送炭，

那种在人生的冰冷时期送去的温暖，有时足以令人一生铭记，有时足以改变人的一生。常记暖人之心，令世界有温暖存在，令我们生存于一个有温暖的工作环境之中。

推心置腹是一个古老的成语，什么意思呢？就是把我的心放到你的肚子里去，让你完全了解，我对你一点也不隐瞒，一点虚假也没有。

可以说，推心是一个沟通的概念。我们光有足够的诚心，但是人家不了解、不知道，这样是不行的，我们必须把我们的诚心推到人家的肚子里，这样人家才知道你的诚心。

怎样推心？就是要认真沟通，要说心里话，不讲虚假的话，不讲套话空话而讲实实在在的话。你只有说心里话，才能把自己的心推到人肚子里，才能把话说到人心里去，人家才能接受你的诚心。

交心，所谓的交心，就是拿真诚的心与人相交，以心换心，获得最佳的人际关系。如果说推心是让别人接受自己的诚心的话，那交心就是心灵的互动，互相之间推心。如果我们把心交给别人，却不能让别人把心交给我们，那我们在沟通上就是非常失败的，一种不能对等互动的关系是不会牢固的。

我们常说的"职场如战场"的观念在如今深入人心，有许多人都说职场中不能把心交出去，为什么不能交出去？因为多数是私心。工作中我们会遇到各种复杂的情况，面对各种各样的人，保护我们自己是当然之义，但对于一片公心的同事，对于工作，我们还是要交心，这个交心不是盲目的，而是建立在对对方人格、原则、作风等的正确判断之上的，是理性的审慎的行为。如果我们在团队中，不能与优秀的同事实现在工作层面上的交心，那就说明我们的工作有问题，不论是组织上的问题，还是我们个人的问题，对团队来说，这都不是一种好的状态。

实现交心，我们与同事的合作关系就会进入一种默契的境界，相互支持、支撑，密切配合，才能把工作干得更好。

同心是人际关系中最高的境界，彼此间没有分歧，互相包容理解并全力协

| 心字诀

作，它既需要感情的真诚，也需要理想的一致，还需要思想理念原则的一致，当我们做到诚心、交心之后，我们就离同心不远了。

"兄弟同心，其利断金。同心之言，其臭如兰。"这句至少存在两千多年的名言，恰为我们道出了人际关系的最高境界。

组织成员同心，思想意识高度一致，目标相同，劲才会往一块使，所有的内部阻力全部变成了动力，组织的能力将会前所未有的强大，这是一种理想中的境界，在我们为事业拼搏的道路上，我们要不断地结同心，团结同事，让与我们有共同理想的人越来越多，这样才能最终实现我们的事业。

求同存异，互相包容，推心置腹，我们要用这样的心态来团结同事，争取达到同心协力干事业的境界。

也许我们在工作中实现推心、交心、同心是有难度的事情，但我们还是要向着这样的境界去努力，不努力尝试又怎么知道其不能实现呢？

于同事，讲五语：关爱语、团结语、理解语、真诚语、激励语、暖心语、力度语。打打气，鼓鼓劲，暖暖心

学会讲话，并珍惜你的每一句话，惜语如金，言有所指，所言无虚，不讲错话，言以致用，不浪费你的语言，让你的话都能起到作用。

语言具有很大的力量，可以救人，可以害人，可以成事，可以败事，可以给人温暖，也可伤人之心，有时候一句话可以一锤定音般地确定问题，我们要重视这一点，做一个会说话的人。"良言一句三冬暖，恶语伤人六月寒。"这句对仗并不严谨的诗歌俗语，流传很广，给我们以启迪，让我们在说话时要多多注意。

什么叫关爱语？并不是说出表达关爱的词汇就叫关爱语了，同样的话，由不同的人说出来，我们的感受会不一样，有的人让我们感受到了关爱，有的人却让我们感到只不过是在寒暄，有的人甚至让我们感受到了虚伪，而我们的父母、师长，有时候对我们严厉呵斥，甚至大声责骂，我们却能感受到这些愤怒甚至有点粗的话语里透着深深的关爱。

关爱语就是讲话的人怀着一颗关爱之心，带有关爱之情，真心为听者好而讲出来的话。

在组织里我们还要多说有利于团结的话，少讲那些破坏团结的话。

对立性的，挑衅性的，表达怨恨不满的，抵抗性的，挑拨离间性的，非议性的，这些话我们都要避免说。

职场中，什么样的员工才是最好的员工？

我们的答案是：一个站在最高的角度看待工作；最能够理解组织的处境；明确组织的使命、上司的意图；最善于团队合作的员工，就是最优秀的员工！

理解万岁。这个词语被大家用坏了，因为大多数人强调别人理解自己，却很少去理解别人。在这里的理解，是对别人的理解，而不是要求别人理解自己。

组织里有句话，叫不理解也要执行。在理解的层面上，普通国民想要到位地理解国家战略不太可能，所以不理解也要执行，普通员工想要理解组织的众多决策的因果究竟也不具可行性，所以不理解也要执行，认真执行，完成任务和目标，这就是最好的理解。

而在交往层面，多从理解他人的角度讲话，会更有效地促进沟通，增进和谐。只有理解他人的处境、心情，才能达到更好的谈话效果，甚至理解他人不能很好完成任务的客观原因，并积极找出解决办法，能帮助的就帮助，这才是最好的理解。当然，在组织里，我们强调不要任何理由，做不好工作是不能找任何借口的，无论是客观原因还是主观原因，这是一个铁律，如果我们强调理由和原因，团队就会被搞坏，在工作层面我们是不能原谅任何失败的。但是在人的层面，我们要多些理解，只有理解了才能去帮助，我们要记住，对个人失败的理解只能限于个人感情层面。在感情上，我们互相理解取得温暖，在工作上，我们要克服困难把事做成。

有一颗真诚的心，多讲真诚的话，不好讲的宁可不讲，虚情假意的宁可不说，在工作中要时常把我们团结合作的真诚表达出来。

许多人因为心灵不够强大，没有自立自强的心态，自信心不够，总认为附和别人，说一些言不由衷的话，就能够保护自己，结果恰恰相反，看似自己心里面有了点底，其实别人未必真的在乎你的假话，也不会因你讲了几句好听的就真把你当成自己人，其实，那些讲真话的人，反而更受人尊重，哪怕一时遭到反对，受点嘲笑，却能在团队中长久地立足。

真加上诚，用这样的态度来讲话，是出于一种公心，是为了团队考虑，真诚地为他人考虑，即便有时可能会讲错了，又何罪之有呢？

互相激励，在畏难的时候令我们有勇气坚持，在艰难的时候令我们有勇气突破，**互相激励**，令我们借助双方的力量。相互间的激励令我们高歌奋进，一往无前，取得理想的业绩。

相互激励令我们的团队充满正能量，充满昂扬的精神，充满奋斗的力量。

暖心这个词比较抽象，这本书里提倡的五种语就是暖心语，好的话语就像明媚的阳光，令我们心中温暖，将心里的负能量阴云一扫而空，在组织中，我们要经常做一做语言运动：

打打气、鼓鼓劲、暖暖心。

这种语言运动既是可以为别人做的，也是可以为自己做的，经常自己给自己打打气、鼓鼓劲，常做这种运动，我们的职业生涯必定会是一路高歌向前的。多给别人打打气、鼓鼓劲、暖暖心，也会令我们获得更好的人际环境，可以获得更好的工作配合，对于我们的工作也是一种助力。

我们对别人讲话，总是要表达自己思想，表达自己诉求的，如果我们的话没有力度，那么别人就不会重视我们的想法，也不会重视我们的诉求。

想要让自己的讲话有力度，让别人听得进去，需要具备一定的功夫，对工作深入了解，抓得住关键问题的讲话才会真有力度。有力度的话才能引起重视，解决问题，讲有力度的话才能抓得住客户的心，才能有的放矢，直指本心，直指问题本质，直接快速地解决问题，而不是拖泥带水、反反复复、东扯西绕地浪费工作时间。

于合作，要重视，勤沟通，多理（了）解，细说明

不论是与同事间的合作，还是跨部门的合作，或是与客户的合作，我们都要足够重视才行，尤其是沟通不能少，要勤沟通，一旦沟通不到位，会有很多意外

情况发生，比如工作脱节，各干各的，做了很多功夫，最后忽然间发觉彼此的工作不能对接，即便每个人做得都很好，整体工作却是失败的。

还有经常遇到的情况是，因为沟通少，相互之间产生隔阂，互相猜忌，工作配合不密切，有的会互相抵触，甚至发展到误解、敌对的程度。

还有的情况是，互相间存在工作方法和工作作风的差异，也存在对工作目标认同的差异，还有对任务分配的不同意见，解决相关问题有不同思路，当碰到这些问题时，就要相互间多了解情况，多了解对方心理和需求，互相理解，取得共识。如果遇到复杂的情况，就要有耐心仔细认真地说明，尤其是碰到技术性的较复杂的问题，对方不太了解的，就一定要讲明白，让双方能成功操作，否则就无法做到相互之间成功的协作。

于人际，行五事：互助事，协作事，竞争事，促进事，正直事

没有任何一个人可以在没有别人帮助的情况下成功。没有谁可以说自己是十项全能，即便是十项全能，也没有时间和精力将十项任务同时干起，我们需要别人的帮助。

都说职场无朋友，其实大不然，职场中还是有许多人在互相帮助的，没有互相帮助的组织，注定是没有前途的组织。

在工作中，时刻都需要帮助，我们平常所说的"传帮带"，老帮新，强帮弱，上帮下，是大多数情况，实际上，老人也需要新人的帮助，强者也需要弱者的帮助，上级也需要下级的辅助，互助在团队中如空气一样不可或缺。

搭把手，出点力，帮一帮。有时候互助只是举手之劳，却能让我们的工作关系更加融洽、和谐，有时候我们的一个提示、一个修正、一点帮助，就会解决别人的大问题，当我们能帮助他人时，却冷漠不伸手，我们就会失去一个机会。

协作可以更好地发挥我们的长处，避开我们的短处，协作能节约我们的时间，提高我们的效率，提高工作的质量。

协作本是工作中的基本职责，但是某些员工却人为地将工作分割：这是我的事，你们谁也不能插手，这不是我的事，别想让我多干。这类人在工作中往往破

坏协作，不利配合。工作确实有分工，但工作又随时要求每一个员工能投身到最需要他的地方。

对于组织安排的协作要求，个人无权拒绝，只能接受命令，努力做好。对于同事的协作请求，应认真对待，热情响应，能协作的尽量协作，不能协作的要讲清楚。

我们的工作是与整个团队密切联系的，而不是分割独立的，协作会经常有，良好的协作精神能提高工作效率，增加业绩，而良好的协作就开始于我们认真热情地去协助别人，只要我们认真对待协作，就能与同事形成良好的协作关系，当我们需要协作的时候，就不会有各种障碍。

协作既可以是上级分配的，也可以是同事间自动自发的，同事间互相了解，知道彼此的长项和弱项，在工作中互相搭配，扬长避短，就会形成高效的工作组合。

竞争的谐音是警钟，只有这口警钟才能让我们警醒，不要在工作中睡着了。

协作和竞争是一体的两面，如果只有协作没有竞争，团队就会失去前进的动力，组织成员也会失去上进心，失去紧迫感，从而松懈下来。

竞争是对自己的督促，也是对同事的督促。

国家间的竞争让国家更加强大，组织间的竞争令组织更加强大，团队间的竞争令团队更加强大，同事间的竞争令同事更加强大。

讳言竞争、不敢竞争的人，注定是组织中的落后分子，是妨碍组织前进的人。

在工作中我们要积极竞争，既要与同事竞争，也要与组织的对手竞争，积极竞争令我们进步，令我们取得优势，获得更好的业绩，而消极竞争则令我们萎靡不振，丧失优势，最终在竞争中被淘汰。

对于上级来说，促进下属更快更好地工作是天然的职责，而在一个活力四射的组织，同事之间也会在工作上相互促进，比如前面说的同事间的良性竞争，这就是一种非常有效的促进。而在其他一些细节上，比如催促对方的进度，或因对方的催促而提高自己的效率，同事间互相询问工作业绩、工作情况，都会产生对

他人工作的一种促进作用。

接受别人的促进，同时促进别人，是职场中一种重要的修养。有的年轻员工，具有很强的逆反心理，在自己的工作和业绩方面，听不得别人所说的任何话语，正面激励觉得不以为然，指出缺点就火冒三丈，结果在工作中很难进步。

同事间的互相促进很重要，能在工作上互相促进，说明大家都认识到了在团队中以成绩为先，整个团队有向着一个目标团结奋进的氛围。由于能向着同一个目标前进，认可组织愿景，所以才容不得团队中有落后的事态，当发现同事工作状态不佳时，能帮助调节，当发现同事出现工作错误时，能帮助纠正，当发现同事懒散懈怠时，能督促其认真投入工作。

无论是老员工对新员工的批评、督促，还是彼此间种种形式的促进，都是团队中非常重要的正能量，是员工对组织的认可，一旦同事间冷漠相处，不肯相互促进而是相互拆台，那么这个团队就会走向覆败。

在同事关系之中，我们立身正直，做正直之事非常重要，如果做事不正直，那么我们其他的做法即便有好的目的，即便我们说得再动听，也很难被人接受，我们也就很难拥有理想的人际关系。

只有正直做事，我们才能在团队中真正立住脚。不正直的事做多了，威信也就失去了，同事们也不会再对你付出信任。

那些不讲原则，随便附和别人的错误言行，如打击排挤同事，抱怨组织和团队，抱怨上级或同事，散播努力无用言论，散播公私对立言论，散播悲观失望言论，散播组织不人性言论，散播组织缺陷言论，散播上级缺陷言论，散播同事缺陷言论，散播上级决策错误言论，拉拢别人一起消极怠工，拉拢小团体搞对立对抗……附和这些言行的就称不上正直，在团队中，我们要有独立自信，并不是我们不附和别人就会被冷落了，就会出局了，恰恰相反，只要我们坚持独立性，坚持正直做事，我们就会在组织中站住脚，并且干得很好。

要助安，不助乱，要助真，不助假，要助对，不助错，要助和，不助斗

组织里有各种各样的人，各种各样的关系，各种各样的矛盾，有时可能很复杂，我们身在职场有时会陷入其中，这就要我们有更好的行为原则来指导我们的言行。我们要助安不助乱，助真不助假，助对不助错，助和不助斗，当然，在同时面对这些关系时还要善于针对实际，辩证的思考，有所取舍，这种思考很多时候是不能从语言中学到的，也不方便用语言来表述，而只能在工作实践中去思考和掌握。

团队中的稳定很重要，而混乱足以致命。从上而言，清晰的思路和明确的工作流程、规则、制度很重要，从下而言，遵从、如令很重要，只有绝对遵从、如令，才能做到工序不混乱，一切有条有理，同样，职业技能也是很重要的，只有熟练的操作，才能避免工作中的混乱。

工作中的混乱也有人为的因素，对于那些人为因素造成的混乱，我们要认真地克服，不能随波逐流地助长混乱，而是要想办法让工作更稳定、更有序，做团队中积极的、建设性的力量。

当面对工作稳定的破坏者的时候，我们要有清醒的头脑，保持距离，必要时要勇敢争取，甚至同错误的言行做一定的斗争。

比如以下的言行：出言不逊，顶撞上级，顶撞同事，破坏和谐的工作气氛，对认真工作的同事冷嘲热讽，打击同事工作的积极性，拉拢同事一起阻碍工作，故意推脱责任，故意怠慢工作，耽误同事的工作进度以至造成工作延误和损失，工作中出现丢失、错误、掉链子……

那些对同事对上级对组织有不满，而又不能正确对待工作，任意发泄不满的同事，极有可能破坏工作的稳定，我们要正确对待他们，心中要留意，要有数，绝不可以受影响，被他们的言行左右，更不可以同流合污，要坚定地做团队中的安定性力量，发挥正能量。

任何团队中都会有弄虚作假的现象发生，员工无法绕开这些实质性的问题，当面临真假的矛盾时，我们要助真不助假。

职业 三字经

只有真才能够长久,只有真才能够成事,弄虚作假可以糊弄一时,但终必自食苦果。

工作也分真工作和假工作,真工作是真正地去解决问题,真正地付出努力,真正地拿到业绩,假工作是只管表面现象,出工不出力,说得好听干得挺差,功劳苦劳讲一大堆,但却没有实际业绩。

工作有真办法和假手腕,真办法是实质性地针对问题,寻求解决,假手腕是投机取巧,弄虚作假,企图糊弄过关。

真和假是一对哲学命题,我们不但在生活中要善于分辨、应对真假,在工作中更是如此。如果我们的工作观不正确,如果我们对工作的认识达不到一定程度,那我们就会被困在工作的假象里,永远在虚假的认知中工作,这种工作如果是按部就班服从命令的工作,那还有可能混得下去,但却永远不会有卓越的成绩,而一旦被人误导、引诱、压迫,就会犯错、失足。

别人错了我们不一定能纠正,自己错了却一定要改正。

一件事情其实总有个对和错,要说有些事分不出对和错,这种态度是和稀泥,我们若说有些事不必计较对错,其实只是对持错者的妥协,不愿去纠正,不愿去浪费时间应对而已。

工作流程上,工作技术上,错误的做法一定要纠正,如果按错误的做法做,就一定会造成损失,不论是财产损失还是人身安全,是错误的我们就要改正。

我们要和正确的站在一起,和错误的保持距离。那些有利于团队利益,有利于工作的,我们要支持,那些不利于团队利益,不利于工作的,我们要保持距离,甚至明确反对。在工作上我们不能和稀泥,不能做墙头草,不能做唯唯诺诺的老好人,要坚持原则和风骨,维护团队的利益。

在团队里难免会出现矛盾激化的情况,不论是同事间的还是上下级间的,我们要有正确的态度来应对。不是我们该掺和的尽量不掺和,我们无法避免参与的时候就要维护团结,要助和,不助斗,减轻矛盾而不是激化矛盾。

助和并不是要我们当无原则的和事佬,而是坚持团结协作、共同奋斗的原则来消除不利于工作的纠纷和矛盾。

对于普通员工而言,许多与我们相关的争斗都是鸡零狗碎、鸡毛蒜皮的小事，尤其是女性职员之间，因一句话，一件小事而起的纠纷，导致闹情绪，最后可能会发展到拒绝工作，这样的争斗是完全无益的。

有些人一旦发生纠纷，就喜欢拉拢更多的人站在自己一边，以增加自己的心理优势，企图压倒对方。许多同事因此而被动加入，推波助澜，产生蝴蝶效应，最终很多人都闹得不愉快，严重影响工作。碰到这种情况，我们要坚持助和不助斗，不要支持任何一方，也不要赞同任何一方，要么置身事外，要么明确表达对他们彼此争斗的否定。

那些鸡零狗碎的事情和纠纷，是不应该妄想去解决的，而应该及时放下，人一旦钻入牛角尖就出不来，唯一的办法是不钻，鸡毛蒜皮的小账永远也算不清，如果遇上了，唯一的办法就是不算，为了那些鸡毛蒜皮搞得自己陷入不愉快的状态是蠢人才会去干的。

有时候我们自己可能就是那个引发争斗的人，对这个可能性我们要警觉起来，行为要检点，不要太随意，任何言行都要注意影响，注意后果，不做那些可能引起纠纷的事，也不说那些可能引起纠纷的话。

在团队中最好保持明确的、单纯的工作关系，不要因私交把关系搞复杂搞变质，员工一旦陷入私人关系的怪圈里，就会严重影响工作，甚至结党营私对工作造成危害。

敏于事，拒懒散，慎于言，绝过失。识大体，顾大局，调自我，顺大家

孔子说："敏于事而慎于言。"为什么要敏于事？因为不敏于事就会犯错误，为什么慎于言？因为不慎于言就可能招祸端。当然，孔子的话主要是针对政治环境说的，但对工作环境，也一样适应。

要想在团队中有一个好的工作环境和人际环境，我们就不能懒散，因为懒散在任何一个组织里都是被厌恶的，没人会喜欢一个懒散的人，同样，懒散足以败事，在一个上进的团队里懒散的人只能最后被清除。

什么叫敏，通常说就是勤奋、快速，在现代的语境里还可以带些机敏的意思，这个词最实用的意义就是快速反应，快速应对，放在现代管理学的语境里就

有立即执行的意思。

孔子讲敏于事,是对于君子,也就是古代那些士大夫说的,他们面对的是军政大事,当然要快速机敏而又勤奋,而在如今,任何一个组织中,都需要这种职业素养。

敏于事就要提高效率,拒绝拖延,第一时间做出反应,工作都是拖延坏的,许多事都是反应不够快,失去最佳的解决机会才造成严重损失的,比如组织的危机管理最需要的就是反应快,时机稍纵即逝,千万大意不得。

敏于事是一名员工的基本职业素养,凡是与我们工作有关的事情,我们都要保持敏感,不能习以为常,更不能视若不见,屁股不要太沉,要能动起来,同时我们要保持敏捷和机敏,快速地应对这些事情。

多言数穷,不如守中。

吉人之辞寡……燥人之辞多。

金人三缄其口。

祸从口出。

议论纷纷,徒乱其心。

怎样才能慎于言?一,可说可不说的尽量不说,言多必失,一不小心就可能出错,所以,那些没有必要,可说可不说的,不说也罢。二,杜绝戏言,我们常推崇幽默的力量,许多流行的口才说都强调幽默,但事实上,大多数人掌握不好这个幽默的尺寸,也不可能完全摸透对方的心理,一不小心就触犯了别人,许多玩笑是不能轻易开的,一句戏言有时候会闯大祸。三,考虑不成熟的时候要慎言,尤其是在开会的时候,或者决策的时候,不成熟的意见,或者说冒失的意见会起到负面作用,甚至给工作带来困扰。四,假话要慎讲,尤其是可能带来误解、引起领导或同事的错误认知的假话更不能随便讲。五,风凉话不要讲,风凉话容易引起别人的反感,也降低了自己的品位,所以不要乱讲。六,气话要注意,工作中有不同意见,有争执在所难免,但不要讲气话,气话有时伤人,破坏同事关系,所以要慎讲。七,流言不要传,团队中,流言是最容易激发矛盾,引起团队心理波动的,要做到流言止于我。八,对抗的话要慎讲,在一个组织中工作，凡事为公，不要搞私人对抗，更不宜抗上。九，责骂的话要慎讲，不管是什么原因，互相责骂都会让矛盾激化，有可能让事情不可收拾。十，空话不要乱讲，空话讲多了，会失去信任，说话也会逐渐变得没有分量。十一，不负责任的话不要乱讲。十二，与工作无关的话少讲，在组织中，与工作无关的话讲多了，显得人很轻佻，也浪费工作时间和精力。十三，私事少讲，私人的事，无论是自己的还是他人的，不讲为妙。十四，秘事不讲，有些事关系到机密，或者有些事知道的范围越小越好，这样的事就要避讲、拒讲。十五，议论、指责、抱怨的话要少讲，议论纷纷，徒乱其心，无论是议论同事还是上级，议论组织还是制度，七嘴八舌，讲得人越多就越乱。无论是当面还是背后指责别人，都容易引发矛盾，破坏工作关系。抱怨组织，抱怨制度，抱怨上级，抱怨同事，抱怨只会传染坏情绪，让情况越来越糟。

无论我们多么想说，其实有些话别人不想听，不爱听，但你要说，别人不好意思不听，却在心里反感，只能使你形象变坏，而不可能有什么益处。

工作的团结需要我们识大体，顾大局，组织里的团结就是在一个统一目标下，一个大局下统一配合行动，我们在对待问题时，不能被小我意识蒙蔽，要有大局观念、大局意识，从大局出发，考虑多数人利益，考虑长远利益，考虑整体利益，考虑重大利益，这就是识大局。

何为识大体？首先要明白大体是什么，这就得与得体这个词结合起来领会，我们说一个人在外交上应对得体，这个体指的是规矩，得体就是中规中矩，没有偏差、错误和疏漏。那么何为大体？就是指组织里的主流意识、主流意志、主流的观念、规矩和规则。当我们批评一个人为"不识大体"时，往往是指他小家小气，小心小眼，上不了台面。我们用主流来概括这个大并不很全面，这个大本身有感情色彩，有大气的意思在里面。

体的本意是身体，代指一个整体的事物，延伸出去则代指某种特点、规律、道，在艺术上，书法和诗歌自成一派的，称为"某某体"，这个体就是一种独具特色的艺术之道，得体的含义延伸下去，还有符合客观规律的意思，比如我们说"得其体"，其实就是说得到了某种神韵、某种规律或法则。

所以识大体的涵义要比顾大局的涵义更宽泛也更抽象一些，它指我们要跳出

自我眼界的局限，了解组织的大致情况，知道最重要最关键的部分，服从主流意识和意志，遵守制度和规则，符合于组织主体的要求。

识大体是主动的，如果我们不能认真思考，提高认识，提高境界，就做不到识大体，而顾大局既可是主动的，也可是被动服从的。

要做到识大体顾大局，需要长时间的历练和进步，我们可以从调自我，顺大家开始。

人都有自我意识，这无可厚非，但同世界上所有事物一样，人的自我意识必须有尺度，如果没有合适的尺度，自我意识就会成为我们人生的枷锁。

人进入一个组织中，自我意识就必须做出调节，这是组织对成员个体的必然要求，这个要求越高越严格，自我意识要做出的改变和让步也就越大，这种严格要求会让我们更成功。但有些人的自我意识较难改变，于是经常与团队的主流意识发生冲突，导致难以融入团队，无法顺畅工作。

所以我们要调自我，顺大家，在工作中逐渐地改变，逐渐地与大家交融，让思维模式、语言模式、工作模式与大家协同，步调一致，节奏一致，成为一个强有力组织的一员。

诚于意，正于心，适于言，端于行

中国人凡事都讲心，同西方人凡事都物化的思维模式大不相同，比如西方人讲契约精神，重于契约这种形式，中国人讲诚信精神，重于诚这种心性。但中国人的语言文字用起来非常复杂而且抽象，这导致很多时候我们理解起来会有歧义。

比如说心意，心和意在很多时候是同义词，比如好心好意这个词。因为我们的词汇意思很抽象，所以随着不同语境的变化，就衍生出了许多的含义。

然而推其本源，心（现代语里是大脑）是意之体，意是心之用，心是物质，是母体，意识是心这个物质发生运动才生起的，打个比喻说，心好比鼻子，意就是香的感觉。

简单来说，意就是我们的心理意识活动，或者说思维活动，心就是我们那个能发起思想和感觉的物质载体。

心产生意，没有心就没有意，那为什么诚于意要放在正于心的前面呢？因为意虽然是心产生的，但它同时也是心的钥匙，心的方向盘，我们想要改变心的唯一办法就是利用心的运动。

所以我们首先要诚于意。

我们的心每天有无数次的活动，会生起各种各样的想法，一天之中，正面的、负面的想法互相轮转，我们可能早晨很有激情，下午就变沮丧了，我们可能刚开始想要全力配合对方，但做到一半就厌倦了，我们可能早晨在想一定要按时完成今天的任务，但下午却改变想法要放到明天再完成。之所以我们的想法不恒定，因为我们的心的运动是无一定规律的，是随机的，是千变万化的，是不可捉摸的，它产生显意识也产生潜意识。

在这种情况下，我们就需要给心安一个方向盘，这个方向盘就是意，我们要诚于意。诚于一个意向，就好像对待信仰那样，专一不可改变，不取其二。那么，我们就不会出现上午时想完成任务下午时又推到明天的情况了。

我们可以思维判断分析我们的心理思维活动本身，但却很难推理我们的心是怎样运动的，也就是说，我们的心不可靠，不可用，只有心的产物——思维意识是可捉摸可利用的。所以我们人生的一切，都基于此而展开，我们一定要诚于意，如果我们不诚于意，那我们的心就像没有方向盘的汽车一样，狂野地乱开，我们永远不知道它会带我们去向何方，给我们一个怎样的结局。

当我们诚于意，不断用同样的思想意识反作用于我们的心，令它的运动逐渐变得规律化，常态化，我们就达到了正心的目的。就好像一匹野马被驯服了，可以骑乘，可以随我们的意愿按正确的方向和道路前进。

诚意和正心是一个奇妙的双向循环，但并不是对等的，我们永远都不可能一劳永逸地解决正心的问题，我们必须永不间断地诚意。

何为正于心？不偏不倚不歪不斜称为正，就好像火车行驶在轨道上，心的运动遵循着如法、如理、如实的轨道，遵循着善的轨道，总之，心的运动遵循正道，就算是正于心。

我们诚于意，正于心，都是内在的，是我们自己的事，而这两种运动最终会表现出来，对外界实现影响，那就是我们的言行。

自字诀

莫被动，要自动，莫由他，要自发，心之修，在自觉，事可乐，需自愿。

要自主，不随他，能自立，是为始，求自助，誓自强，能自约（束），善自律，能自制，多自策，常自检，多自省，常自修，多自正，常自警，多自慎，常自励，多自重。

能自励，防消沉，贵自知，莫自大，常自量，莫自满，常自鉴，莫自是，常自比，莫自恋，常自信，莫自卑，常自勇，莫自馁，常自得，莫自失，常自醒，莫自负，常思人，莫自我。

人之贤，贵自知，避我短，不勉强，扬我长，不自失，量我能，不受挫。

　　自觉自愿，自动自发，这是多么难得的品质，当伟大的美好的理想，当伟大的事业，当正义的事业，当为人民服务的事业，却需要种种鼓励、鞭策、推动才能进行，而没有人自觉自愿，自动自发地投入进来，那该是一件多么可悲的事情。

　　当我们有使命感，有梦想，有对幸福人生的追求，却不能自动自发，在懒散，在懈怠中，让生命空过，这又是一件多么可悲的事。

　　当我们见责任而不担，知善行而不为，冷漠而毫无慈悲感，没有担当，没有善行，这又是一件多么可悲的事。

　　当满地货物堆积而没有人主动整理，当顾客产生纠纷而没有人主动解决，当团队任务紧需要加班而成员纷纷起身离去，当新目标制定却没有人挺身而出支持决定，当事务一团混乱我们却隔岸观火，当一个紧急情况出现，面对的人却不能勇于承担，主动解决……

　　团队需要"得令"，更需要"请令"，那些自动请缨解决麻烦的人，才是组织最需要的人。那些自觉自愿，自动自发为团队除困解忧的人，才是团队的骨干，团队的脊梁，团队的核心。

　　为什么我们能够自觉地工作？因为我们有良知。工作赋予了我们拿薪水的权利，也赋予了我们干好它的义务，拿着薪水却不干活是没有良知的行为；工作赋予了我们生命的价值，如果不能好好工作，价值也就难以体现，工作是我们对世界的责任，我们少一分努力，世界就少一分贡献，这就是工作的良知。

　　什么叫自觉，就是由我不由他的主动的觉悟，并不需要外人的提醒，并不需要外来理念的灌输，而是自己就有那种觉悟。

　　我们需要自己觉悟自己，不论是渐悟还是顿悟。

　　如果我们不情愿地去干一件事，那是很难干好的。我们为什么不喜欢工作？为什么对工作没有激情？为什么想逃避工作回到家里？

　　我们要有工作的自觉，如果没有工作的自觉，我们就会被迫参加工作，这种被迫有时是家人逼的，有时是现实逼的，我们不工作要面对生存压力，要面对社会压力，要面对来自自己的心理压力，所以我们很多时候是被迫地去工作，而不是自愿地去工作。

　　究竟有多少人想逃离工作？可能每个人都有过逃离的念头，不论是身体的原因还是心理的原因，如果我们强迫自己去工作我们又如何能干好？我们应该自觉自愿地去工作，自动自发地去工作。

自愿地去工作，我们就不会产生抱怨，不会产生抗拒，不会产生厌倦，因为我们的心灵与工作达成了契约。只有我们的心灵自愿与工作达成契约，我们才能在工作中感到满足和快乐。

当你看到一件事情要解决，你总有两个选择：一，自己行动起来，二，等上级安排，上级不安排，就那么放着。

这两种选择决定两种不同的命运，第一种选择，前途光明，第二种选择，在职场上难有成就。

不能自动自发地工作总是有很多理由的，一，上级不安排不知道该不该办，二，怕别人说闲话，自己不想当出头鸟，三，自己不想多事，不想自己找事干。

不成功的人有无数的理由让自己不好好干，成功的人只有一个理由让自己好好干，自动自发的人一定会走在被动做事的人前面，并且将那些懒虫越甩越远。

自己行动起来，不用被别人催动，自己发起工作，不用别人指令，只有在这种状态下，工作才算得上是自己的工作。

当有一天我们能够自动自发地工作，我们才能发现工作其实很精彩，在工作中我们可以如此地活力四射，如此地掌握主动权，一个被动工作的人就好像是拉车一样劳累不堪，而一个主动工作的人就像驾车一样自得其乐。只是一种状态的不同，我们的工作就可以有天地之差，让我们自觉自愿，自动自发地投入到工作中来。

要自主，不随他，能自立，是为始，求自助，誓自强

年轻人不知过犹不及的道理，很容易把自主搞过头，有些人有了自主的意识后，就开始看组织的规章制度、纪律、行为模式不顺眼，看上级领导的领导方法、做事习惯不顺眼，看同事也种种的不顺眼，忘记了在组织中是有组织层级的，是要服从命令、无条件执行的，而是玩起了很不成熟的反对意见，玩起了对立对抗，这都是因为不懂自主的真实含义造成的。

在工作中，自主就是自己主导自己的工作，但这种自主要建立在业务熟练的基础上，为了能早日自主地工作，我们就需要努力提升工作技能。

自主是工作中的较高境界，如果我们的工作还需要上级或同事的催促监督才能做好，我们就算不上工作自主，如果我们不能把工作及时、完美地完成，如果我们的工作存在纰漏、不足，如果我们的工作不能达到上级的要求，那我们就会失去工作自主的资格。

自主地工作，这种境界不是幻想出来的，不是要求出来的，而是干出来的，只有在较长的工作过程中，按时、按量、按质地完成任务，相关工作范围内的诸多问题都能从容地、迅速而圆满地解决，成为一个随时为组织解决问题而从来不为组织制造问题的职员，这样的人才有资格完全自主地开展工作。

自主地开展工作，看起来好像事事劳心，处处劳作，被工作所困，事实上，这是真正地实现了工作自由，因为这种自由是在按工作规律和规则办事的基础上实现的，这种自由建立在熟练之上，就好像打球找到了手感一样，自主工作的人在工作中找到了自由的快感。

许多职员眼里的自主和自由存在误区，比如以下：

我要按我的想法干，上级不要干涉。——他不知道这种想法是行不通的，在上级看来这种想法很幼稚，因为很多人都走过这条路了，这是失败的路，如果放任他，他将会犯很多错。

我讨厌处处都被人指导监督，我讨厌别人对我的工作说三道四。——他不知道工作中的种种毛病和问题是很多的，在上级看来，如果真不去管他，他很快就会陷入散漫、混乱的状态。

你管我怎么干呢，我只要干好就行。——有这种想法就一定干不好，因为干好工作的办法并不是如他所想的那么简单，干好工作的方法是前人摸索总结出来的，好方法只有有限的几种，他凭什么异想天开？天下哪有那么简单的事。一个职员如果有这种想法，就一定干不好。

这块工作是我的禁区，别人不能干涉。——有这种想法的人一定会以权谋私，对组织造成伤害。任何一块工作都是组织整体工作不可分割的一部分，任何人也不能把组织的业务据为己有，这种私心是组织最为忌讳的，万不可存。

反感工作检查，认为这是不信任。——只有对组织不忠诚的员工才会排斥检查，工作检查是上级了解工作情况，发现问题并做出判断的基础，对工作的检查是控制问题、保障工作顺利进行必不可少的手段，缺失了检查，组织就会被蒙蔽，忠诚的职员会认真主动地配合检查。

工作的自主和自由，是相对的境界，是建立在工作成就的基础上的，那些出于私心的自主和自由，是万万要不得的，那种自主和自由，只会毁掉工作，毁掉自己的前途。

就如年轻人很容易把自信搞成自以为是一样，年轻人也很容易把自立搞成自我孤立。我们生活的这个世界，想要完全独立是不可能的，我们与外界相互依赖，相互制约，因果相连，关系复杂，所以我们强调的自立是相对的，是一定前提条件下的自立。而我们只有充分认识到我们对于其他事物的依赖性，我们才能真正地实现自立。

什么叫自立？就好像你成立了销售部门后，你就不能什么事情都由生产部门或运输部门来安排了，你得有自己的销售安排，你得按自己的意志与其他部门协调工作，你或者配合其他部门或者要求其他部门配合你，总之，你得是自立的，而不是由别人驱使你。同样的，上级给你一个职位，有了相应的职责，你就不能再依赖其他任何人了，你必须靠自己把这个职位干好，这就是自立。

什么叫工作中的自立？就是自己把一切搞定，不用上级为你费心劳神花时间花精力。所以想自立就需要业务熟练，而想要业务熟练就得勤奋刻苦，多学多干。

工作中我们必须要有自立的意志和心态，如果不下决心自立，那就始终摆脱不了对别人的依赖，也就干不好工作，只有自立才能独当一面，为组织撑起一方天地，成为组织中不可缺少的力量。

自助然后天助，自助者，人恒助之。
欲求人时先需求己，欲问道时先需问心。
助人者有力，求助者无力，自助者强，助人者德。

我们一生，求助的时候很多，小时候求助于父母、老师、同学，工作后求助

于上级、同事、朋友,求助是一件很正常的事,也是工作的需要。

我们向人求助的时候,一定不要忘了一件事,那就是自助,只有自助的人,才有可能求得别人的帮助。

为什么我们要强调自助,因为反过来讲,当别人求助于我们时,我们只有在他是个能自助之人的情况下才会帮助他。

何谓自助之人?就是那种愿意付出自己的努力来解决问题,肯自己帮助自己的人。试想,如果一个人自己都不肯付出劳动来帮助自己,那谁会帮他呢?

这个社会总存在一些懒人,不肯自己劳动,而要靠社会救济度日,这样的人谁会帮助他呢?因为他已经放弃了自己的权力——作为解决自己问题的主体的权力。

什么叫自助?就是无论处境有多艰难,始终将自己视为解决问题的主体,自己对自己负责,而不是将外界力量视为解决问题的主体,由外界力量对自己负责。所以自助者无论多艰难,都以自己的努力奋斗为主,外界帮助为辅,他始终不会放弃尊严,不会放弃自己作为主体的权利和义务。

工作中,我们必须要自助,不能过度依赖外人和外力,我们必须记住一点,我们宁做助人者,而不做求助者。

天行健,君子以自强不息。

自强是我们中国人的根本精神,是我们任何时刻都要牢记在心的不朽信念。

国家自强,然后才有国际地位,组织自强,然后才有市场地位,员工自强,然后才有职业地位。

我们不应把骄傲寄托于任何外在事物,而应把骄傲寄托于内在品质上,我们不应把自信建立在任何外力辅助上,而应建立在自我的内在修炼上。何谓自强不息?就是永不间断地进行自我的内在修炼。无论这种修炼指向哪里,是心性修养还是知识素养,或是技术能力,总之,自我的内在修炼是没有边际界限的,是不可停息的,就像日月每天都要升起那样,我们也要自强不息。

就像日新要每天都自新一样,自强也是每天都要更强,如果我们不能每天更强,那我们的工作就像是"逆水行舟,不进则退",哪怕有一日懈怠,我们的事业也必将落后于人。

必须自强，因为我们落后于人，必须自强，因为再强大的人不进步也会被淘汰，必须自强，因为我们是如此渺小，必须自强，因为生命是如此短暂，必须自强，因为我们有所承担，必须自强，因为理想实现不易，必须自强，因为人生的道路没有坦途，必须自强，因为事业只能由强者成就，必须自强，因为我们天生懦弱的灵魂。

自强，当然要克服我们的软弱和畏缩，一步一步，扎实前进，坚决不退。自强，当然要克服我们的懒惰和糊弄，一板一眼，一针一线，毫不含糊，绝不妥协。

自强，当然要面对我们的缺陷和弱点，全力弥补，不断提升。自强，当然要直面我们的错误和过失，虚心承认，坚决纠正，决不再犯。

自强，当然要以最强者为追赶和超越的对象，一日不及，一日猛追。自强，即便已没有对手，也要有更高要求，从而无有休歇，自强不息。

能自约（束），善自律，能自制，多自策

如女子约束身体而见美丽，人约束言行则近道德。

约，有约束、制约的意思，与其让别人约束我们，不如自我约束。人的天性是不喜欢约束的，但人却需要约束才能成为文明社会的一员，从小孩子开始，我们就在努力从对约束的反抗过渡到接受约束，最后成为一个符合基本社会要求的人。

从很小的时候我们就被约束了种种恶行，如打架斗殴、骂人偷窃，我们被约束要理性文明礼貌，没有约束，我们的种种恶行就会滋长。

当我们能够独立的时候，我们基本上已经在父母、老师、学校的约束下，懂得了善恶，顺于理性和文明，但有些时候，我们依然需要约束，可这时我们已经独立，从前的约束方式已经不太适合我们，所以我们必须自我约束。

为什么要自我约束？因为我们心底深处的那些毛病，那些想爆发出来的缺陷，那种自我放纵的欲望，为所欲为的心态，随时会卷土重来，而在我们的组织

中，这些都会产生过失，对组织造成伤害。

约这个字还有什么其他意思呢？在一些语境里它有约定的意思，比如公约、条约，何为自约，就是自己约定自己的言行规则，并去认真遵守。

自我约束使我们的言行更文明，更符合规矩，合于职业操守。有意识的自我约束，能改变我们放纵、随意的不良作风，令我们一言一行更加职业化，更加标准化，令我们的工作作风更端正，更过硬。

女子束其身，由是近于美。
人若约其行，由是近于德。
约束于言语，可以少过失。
约束于行为，有助成事业。

自律是一种能力，可以帮助你做你不想做但又必须做的事情。

在我们人生中的许多方面都需要自律，没有一定的自律能力，我们什么事业也做不成，而且容易滑向罪恶的深渊。

对于一些人来说，哪怕是早晨按时起床这样的小事，都需要自律的能力。

我们面对金钱需要自律，失去自律就会偷窃、贪污；我们面对性诱惑需要自律，失去自律就会犯错甚至犯罪；我们面对蛊惑需要自律，失去自律就会被人牵着走，从而失去正确的立场，做出错误的行为。

工作中我们需要处处自律：不严格按规定办事，需要自律；不严格按流程办事，需要自律；不按最优化的方案办事，需要自律；对工作安排有想法有抵触，需要自律……

只有自律才能帮我们克服个人化、自由化的思想，与组织文化、组织的行为模式相统一。

自律就是要自动自发地合于组织的所有纪律而没有违犯的行为。

自制是一种能力，可以帮你不做那些你想做但又不应该做的事情。

自制力恐怕是人生中最重要的一种能力了，由于我们自制力不够，所以我们才会有很多违背理性的行为，造成过失，自制力的缺失让我们留下许多遗憾。

我们明知不宜发怒却又忍不住大发雷霆，在家伤父母亲人，在组织则得罪同事，我们明知不宜抱怨却又牢骚满腹，导致无法密切协作，我们明知应该早起却又忍不住睡懒觉，有人甚至怕起不了床而定好几个闹钟，我们明知已是上班时间却忍不住聊QQ看视频，我们明知办公室要整洁但却一团混乱，我们明知上级的命令应该立即执行却又一拖再拖，我们明知应严格遵守工作流程却又偷懒违背，我们发誓明天一定要好好工作，结果第二天到来时却依然如故。

我们有好多想做的事，最后都没有做成，因为我们没有足够的自制力。因为我们没有足够的自制力，我们没有更好地学习，没有考上更好的大学；因为我们没有足够的自制力，我们没有把工作干得更好，没有成为团队中的先进分子，因为我们没有足够的自制力，我们的工作出错了，甚至是干砸了。

我们的激情是一时的，但自制力是永久的。如果把激情比喻为一时的兴奋剂，那自制力就是从不间断的体能锻炼。

我们大多数的失误都是由于自制力缺失造成的，想把工作干好就必须有足够的自制力。自制力好比刹车，防止我们因失去控制而撞车翻车，自制力好比方向盘，防止我们自由散漫冲出车道。

自制力，就是要控制我们的情绪和冲动，让每一个错误还来不及发生时就被制住，我们的错误言行一旦发生就会产生后果，这种后果必须自己承受，只有足够的自制力才能避免苦果。控制我们发怒的冲动，控制我们抱怨牢骚的冲动，控制我们打击报复的冲动，控制我们抵抗命令的冲动，控制我们拒绝配合的冲动，控制我们破坏工作的冲动，控制我们攫取私利的冲动，只有控制这些冲动，我们才可以防止因一时负气而犯错。

> 恶习何其多？唯靠自制力。
> 一念需一制，始到自由地。
> 冲动是魔鬼，自制力降之。
> 调伏归理性，安然无过失。

职场中我们经常提及伯乐与千里马这个话题，许多人认为自己是千里马，遇到伯乐便可脱颖而出，那么，究竟是良马还是劣马？有一个标准可以作为参考：

 职业 三字经

良马：不用扬鞭自奋蹄。劣马：牵着不走打着倒退。

职场中许多人需要上级鞭策才能干好本职工作，不合格的员工连上级的鞭策也不起作用，而优秀的员工并不需要上级费心鞭策，因为他在上级扬起鞭子之前，就已经奋起前进了。

为什么良马不用鞭策，因为他"志在千里"，一匹志在千里的马，时时刻刻想要在道路上飞奔，体验速度带来的快感，它当然不需要别人的鞭策。

一个千里马式的员工，有充足的动力在工作中奋斗，他不需要马鞭，也不需要胡萝卜，因为事业才是他的动力。

如果我们没有"志在千里"怎么办？至少我们不能做劣马，我们最少也要成为良马，良马也不需要鞭子，因为良马懂得自策。

良马比劣马多了耻辱感，工作落后于人是可耻的，落后于千里马式的员工也一样是可耻的，良马可能一时落后于千里马，但他时刻在追赶，时刻在努力缩小差距，他时刻自我鞭策，要追赶，要超越。

劣马即便鞭子抽在身上很疼，很没有面子，也不肯扬蹄奋进，因为它忘记了自己奔跑的天性，落后的员工奖不动罚不动，因为他拒绝承认工作是自己的职责和义务，良马式的员工懂得这样一个道理：做好工作是自己的本分，完成任务义不容辞，所以，他对工作，无论是数量还是质量，都有着卓越的追求。劣马式的员工未完成任务，会拖到明天后天甚至更远，而良马式的员工如果下班前没有完成工作，无论加班到多晚也要完成，劣马式的员工如果上午完成了任务，下午就会彻底放松，而良马式员工上午完成了任务，下午就会马不停蹄地为下一个任务做充足准备。

自策式的员工有着充分的工作自觉，他明白自己来到组织就是为了工作的，一切与工作无关的事都应废除，因为时时自我鞭策，他不会浪费工作时间，所以才能取得更好的工作成就。劣马需要胡萝卜和鞭子，因为它没有奔跑的自觉，劣马式员工需要惩罚和奖赏，没有这两点刺激就一动不动，因为他没有工作的自觉，良马式员工的眼界已经超越了胡萝卜和鞭子，因为他有工作的自觉，工作不是他的负担，而是他的需要。就像阳光、空气、水是植物成长的需要一样，工作是我们成长的需要。

能自策的良马一定可以超越不自策的千里马，这个道理就像是龟兔赛跑一

样，因为龟害怕兔子的速度，所以只能一刻也不松懈地前进，结果它赢了。能自策的人因为充分认识到对手的强大，所以有极强的紧迫感，他抽在自己身上的鞭子，远远比上级抽过来的鞭子更重更密集，他不敢有一时的松懈，因为他知道，哪怕打一会盹都可能会落后于对手。

古人善于自策的，"头悬梁，锥刺股"，强迫自己不打盹，我们要学习这种自我鞭策的精神，说得现代一点就是："对自己要狠一点，再狠一点。"

对自己不够狠，就是对自己的前途不负责任。自策，就要勇于狠下心来对自己，想让自己舒服就别想做出业绩，也别想有前途，自策，就是要自我严格要求，比上级的要求更严格，就是要自我鞭策，比上级的鞭策更有力，一个自策的人，是不肯让上级的鞭子落到自己的身上的，这是千里马和良马的风骨，也是千里马和良马的自尊，更是千里马和良马骨子里的骄傲。

千里马不是天生的，更不是伯乐一句话捧出来的，卧在槽前享受着胡萝卜成不了千里马，千里马是千里万里跑出来的，良马不忘自策，千里万里的跑多了，就成了千里马。

常自检，多自省，常自修，多自正

用高标准要求自己，用高标准检验自己。
自己检查自己的工作，自己纠正自己的问题。

工作中我们常会被检查，上级来检查我们的工作，发现我们的懈怠、错误和过失，从而督促我们勤奋工作，纠正我们的工作错误。

我们有些人不拨不动，拨一拨动一动，让上级很无奈。这些人是永远没有上进可能的，只能被团队淘汰掉。

靠别人来检查我们的工作，是被动地前进，只有我们拿起自检这把武器，我们才能主动地前进。

每天都检查我们的工作数量和工作质量，数量和质量不过关的一定要过关后才结束工作，检查我们工作中出现的问题并及时改正。

组织中有明确规定的要求，我们一定要自检并达到，组织中要求没有那么高

的，我们也可以参考其他组织里更高的要求来严格要求自己，如果我们对工作进行过认真思考，那我们就会对自己的要求有更高的标准，拿这些标准时常检查自己的工作，我们就会杜绝懒散，杜绝工作失误，杜绝落后，杜绝退步，自检可以帮助我们更快地进步，更快地出业绩，自检就是主动地检查并督促自己，自检就是一种自动自发的强制驱动力，自检可以让我们的事业始终处在正确的、高效的轨道上。

当然我们自检的内容不应只局限于工作的数量和质量，还应包括更多方面，比如工作的协调性，在互相配合方面我们做得好不好，我们有没有错误的言论发生，工作中有没有做错事，这些也都是我们需要认真自检的，只有主动地认真地自检，我们才能真正发现自己在工作中存在的问题，能反省并做出总结，然后才能有效地改正。

吾日三省吾身。
静坐常思己过，闲谈莫论人非。常思己过善则日增，莫论人非过则日减。
自省就是自己对自己进行问难。

人最怕的就是不知道反省自己，那样的话错误就永远得不到改正，本来正确的言行习惯也会丧失，错误就会变本加厉，到最后以错误为荣，不可救药。

究竟是什么心理让我们不能反观己过呢？每个人都有不同的原因，在这里尝试梳理出一些较有代表性的原因，供读者参考。

最根本的原因是对自己没有高标准的要求，对自己的品行、事业没有高标准要求的人，对人生没有高要求的人，就不会有自省的意识。唯有怀揣理想，对自己的人格有较高要求，对自己的事业有严格要求，对人生的境界有不懈追求的人，才会有深刻自觉的自省意识，才会把自省当成一回事，认认真真地进行。

不求上进的人也不会进行自省，"我就是这样了"是我们常听到的、令管理者无可奈何的一句话，这种死猪不怕开水烫的态度，要让他自我反省是不可能的，只能通过组织里的各种处罚手段来改变他。当一个人知道要追求上进时，才会感觉到自己的种种不足，以消极落后为耻，这时就会有自省的内在动力。

没有正确的是非观也就无法自省，如果我们从小就在家庭中或社会上接受了许多错误的言论，导致思想里缺少正确的观念，那么，即便犯了错误也认为是正确的，自省也就无从谈起。这样的情况就需要我们重新进行足够的学习，要多读书，读好书，读好书才能明事理，同样的，我们要接触正确的人，接触正确的人才能听到正确的言论，才能学会判断是非，才能看到自己的不足和错误。一个人认识到自己的错误越多，才会越有自省并改正的紧迫感。

有些人会因自己的错误受到严厉批评而改变行为，但内心里却并不服气，因为他并没有认真反省自己的错误，他即便改正错误也是临时的，这种人一定要切实吃几次亏才懂得自省。

难道我们一定要在受辱、受责、受挫之后，才知道自我反省吗？我们为什么不把这个顺序反过来，通过自省来避免受辱、受责、受挫呢？

如切如磋，如琢如磨。

我们找出了自己的毛病就要进行自我修理，这是一个战胜自我的过程，老子说："自胜者强。"那些战胜自我的人才算得上是强者，战胜自我首先就要修正自我。

说修理可能不太好听，但我们大多数人其实是一身毛病欠修理的，父母爱我们，所以舍不得修理，上级要顾虑到我们的感受，所以不能放手修理我们，同事更自觉没资格修理我们，所以能认真并全程地修理我们的只有自己。

汽车有毛病了就不能上路，要修理，而我们在工作中其实存在很多毛病，但不修理也在工作，这样工作效果当然不理想，没有人会对我们的命运和结果负责，所以我们只能自己修理自己。

每个人都有每个人的行为方式，但这不代表每个人的行为方式都是正确的，都是好的，都是高效的，都是最完美的。孔子说君子"如切如磋，如琢如磨"，我们对自身的修正就好比是雕琢一件完美的艺术品那样，需要细细地雕，细细地刻，细细地打磨。

用心来修正自己的品德，让自己的行为更加端正，让自己的努力更加高效。在工作中的每一个细节，我们都要认真打磨好，不断地修改我们的错误，修补我们的不足。

职业 三字经

我们都强调要先把人做好，但我们常常对别人强调，却很少有人对自己强调，事实上，这句话应该对自己多强调一些，我们必须要做到自正，然后才可以正人。

我们在哪里实现做人？首先我们要在组织中实现做人。

工作中难免会出现有所偏离正轨或正道的现象，这种现象有时是自己的问题，有时是团队的问题，但不论是哪儿的问题，我们要学会自正。

正如世界上没有完美的人一样，也不可能有完美的组织，任何团队里都难免会存在不正的风气，我们能做到的就是不受这种风气的影响。如果我们不能自正，我们就不可能干好工作，团队中存在的不正之风有很多，比如抱怨组织、同事、上级，比如自由主义，违反纪律和规定，比如贪污，占组织便宜，比如利用团队资源谋己利，比如拉帮结派排斥异己，比如制造矛盾和纠纷，比如懈怠工作，比如视错误为正常不知悔改，比如制造团队中的对立对抗……这些不正之风一旦左右我们，我们就无法干好工作，随波逐流不是一个优秀人士的选择，优秀人士在面对任何复杂的环境时都会选择自正。

我们不应该找借口说是因为环境的问题让我们出了问题，问题既不是上级造成的，也不是同事造成的，最大的根源还在自己，我们为何不能及时自正？

堂堂正正做人，端端正正做事，这从来不是靠外力达成的，而是靠自己实现的。

有正的觉悟，时常自正，一身正气，把我们放到哪里都是正能量，放到哪里都能干好工作，放到哪里都能带起端正做事的风气，改变不正之风。

常自警，多自慎

人的心理很容易认同一件事物，不管是对的或错的，有益的还是有害的，应该的还是不应该的，一旦认同之后就会习以为常，对它的危害毫无察觉，直至泥足深陷。

学生玩游戏，就是在放松警觉时渐渐上瘾的，等到不可自拔的时候，就算无数人提醒、指责，他也生不起丝毫的警觉，就这样耽误学业。

工作中的种种坏毛病，小到迟到早退，大到贪污浪费，都是失去警惕后才产生的。

金钱、财物、名利、权利，这些都在职场中存在，无时无刻不诱惑着我们，使我们放松警惕，慢慢地接受，然后变本加厉，从犯错误到犯罪，最终毁了自己一生。

在警惕种种诱惑的同时，我们也要警惕种种游说。那些强大的游说力量比如说传销，可以将错误的事说得冠冕堂皇，可以将对你的欺骗和欺压说得推心置腹，可以将你的损失说成是长期赢利的必要条件，许多人面对这种狂轰滥炸式的游说时，失去了警觉性，在思想上缴了械，成了别人精神的俘虏，从而干起了传销。工作中也会有这样的种种游说在我们身边发生，动摇我们正确的工作意志，结果站到破坏工作的那一队列里去。

工作中我们要自警，警惕各种行为的正当性，不正当的事坚决不做，不正当的话坚决不说，不随错误的思想言行起舞，不轻易被他人蛊惑，坚守正确的方向，坚持正确的言行。

我们要警惕那些阻碍工作的人，防备他们的破坏和拉拢，我们更要警惕自我的思想意识，不要让它变坏变腐朽。

要做到自警不容易，别人好心给我们提个醒，我们还有可能当成是对我们的责难，对自己的问题不想承认，何况是自警。由于角度不同，别人看我们的问题会更清楚更客观，而我们自己看自己的问题就难免会主观了，而且对自己的问题，我们会因为我们心理上的种种弱点，或潜意识逃避，或潜意识漠视，或潜意识地选择拒绝承认……

我们要成为一个重视工作修炼的人，只有我们真正有提高自我境界的紧迫感，有成就事业的使命感和紧迫感，我们才能够意识到那些给我们造成困扰的问题是多么迫切地需要解决，我们才能提升自己的警觉性，随时警觉这些问题，杜绝错误发生。

在工作中，对我们不能把握的任何事物，我们都需要慎重，谨慎行事才能避免过失。自慎是发于自我内心的一种谨慎，不是靠别人警告而有的，自慎的内容有很多，可参看本书的慎字诀部分。

常自励，多自重，能自励，防消沉

如果一个人总是寄希望别人鼓舞自己，靠物质来激励自己，这个人是没有什么希望的。人的成长源于内在的驱动力，人的成功则源于使命感和自我价值实现的需要，这种内生的动力才是根本，如果没有这种内生的动力，外界的力量是根本靠不住的。

人生如登山，充满辛苦和艰难，若是不懂自励，我们如何度过那些艰苦的日子？

善于自励，我们就能治疗外界给我们的伤害，善于自励，我们就能缓解工作的压力，善于自励，我们就能拂净心理的阴云，善于自励，我们就能充实自己的幸福感。

自励是我们聚集心灵力量的方法，自励让我们心中沉眠的正能量苏醒过来，自励让我们心中分散的正能量聚集起来，自励让我们心中的正能量不断产生裂变和聚变，释放出我们想象不到的能量，不断产生更好的效果。

自励很简单，用那些正向的、健康的语言暗示自己，并排除一切负面言辞，从而在心中生起正向健康的念头、积极进取的念头、勇敢坚强的念头，随着我们心理日益变得强健有力，我们的抗压能力和心理调节能力将会变得更强。

能自励然后能励人。

当我们习惯自励后，我们就会在不知不觉中励人，团队里面常常存在许多负面言论，给团队造成困扰和损失，而一个能自励的人，在思想意识中他已消灭了那些负能量，那他自然而然就会散发出正能量，一个人自励有成，就会转而励他，从而成为团队里的正的风向标，散发正能量言论，给团队增加一份正向的力量。

何谓自重？我们平常会理解为自我珍重、自我尊重的意思，当我们说别人"请自重"的时候，往往是告诉对方，他的言行轻浮不堪，需要反省注意。

重与轻是相对的，中国人崇尚厚重，如"厚德载物"的思想，老子说"重为轻根"，认为重具有踏实、稳固、不可动摇的意蕴，重是轻的主宰，是轻的根本，我们在做人做事时，都是从重而避轻，这样才会拥有厚重的德行。

轻则易辱，重则难撼。如果我们的思想和言行浮滑轻薄，那么，就非常容易被嘲笑、轻视，甚至被戏弄折辱，而我们思想和言行厚重，就没有人敢于轻视我们、挑衅我们。

工作中行为轻浮，必然失败，工作中厚重沉稳，则可成就事业。轻浮的工作言行，是不成熟的表现，是心态不端正的表现，也是不重视工作的表现，更是不了解工作规律的表现，学会自重，经常反省自己的言行，会让我们在工作中变得更有力量。

贵自知，莫自大，常自量，莫自满

老子说："知人者智，自知者明。"自知比知人更难，因为知人只需向外看别人，自知却需要向内看自己，我们从小都是向外看的，已经习惯了向外看，于是眼睛和思维都是向外看和向外思考的模式，所以我们想要自知就需要下特别的功夫。

为什么人要贵自知？因为不自知容易让我们浮躁、盲动，做出不切实际的行动，从而导致失败。

能准确地衡量自己是一种很强的能力，许多时候我们做事不成功，就是因为对自己的情况没有一个准确的估量，结果做出了不符合实际情况的决定并采取了行动。

自量不是要我们放弃担当，放弃责任，而是要量体裁衣，根据自己的实际情况决定工作的策略和方法。

量一下自己的身份、位置、层级、资历、贡献，姿态就能摆正了，话也能说对了，无论是对上级、客户、同事，能正确衡量自己，摆正自己的位置，事情就好办了。

我们要自知自己的优势、弱项，碰到事情时，还要充分自量。自知是静态的了解自我的大概，自量则是反复据量，希求更准确地断定自己的实力。自量，既然是量，就需要一个标尺，这个标尺是从客观环境中总结出来的。我们自量的标

尺越周密越细致，越能反映客观事实，我们的自量就越有效果，越准确。

自量包括方方面面，自身能力方面比较抽象的，如自制力、执行力、专注力、思考力，比较物理的，如体力、年龄、学历、工龄、职位、业绩，介于抽象与物理之间的，如从业经验、在团队内的及对客户的影响力和亲和力、上级或同事或客户对自己的认可度与支持度。

自量需要与客观现实紧密结合，不与客观现实结合就没有自量，因为我们的衡量标尺就是来自于我们的工作经验。技术上的标准是容易衡量的，因为有准确的技术参数，这些都是通过科学方法制定出来的，而更多无法用数据显示的标准就需要我们自己来制定。

在实践中，最好是把你的标准定得高些，再高些，细些，再细些，然后不断修正这些标准的具体内容，我们要让那些抽象的东西变得可量化，只有量化后才能算是一种标准。

自量是看不见的战斗，是看不见的工作，切不可轻下结论，而是需要反复地思考，反复地对比，反复地掂量，反复地修正标准，反复用实践检验，自量是一项永不会结束的修行，只有不间断地自量，才能有效找出我们真正的短板，才能深刻认识我们的不足，才能增加我们上进的紧迫感和驱动力，而不自量的人，只能对自己茫然无知，浑浑噩噩，盲目进取反而容易成为笑柄。

常自鉴，莫自是，常自比，莫自恋

不贵照人，而贵自照。

工作或生活中，总是别人给我们照镜子，或者是我们给别人照镜子，很少有人自己给自己照镜子，找问题。其实，自己给自己照镜子才是最有效果的，原因有二，其一，别人给你照了照，发现你的脸有很多不完美，但人家未必肯说出来，比如女同志脸上有眼屎或鼻屎未净，如果被人知道了会很不愉快，我们工作的缺陷、做人缺陷就更是如此了，人家照出了你，却无法开口告诉你。其二，人是护短的，尤其是护自己的短，别人指出了我们的问题，我们总会觉得不自在，"他这么说是什么意思？""他对我有意见""他比我好哪去吗？""他找我的茬吧？"我们在面对批评和指正的时候，各种各样的心理都会出现，丢面子、不平衡等负面心理客观存在。有时候，他人给我们的善意批评反而会引起我们的逆反心理，起到反效果。

所以，我们还是自己照照自己，有丑早知道，不用担心没面子，知道后就能改正了。别人照出我们的丑，指出我们的丑，我们可能不以为然，但我们自己照到了丑，毕竟是亲眼所见，印象深刻，我们就不能等闲视之了。

自己的丑越早照出来越好，因为你自己照出来了，修改了，就不会在别人面前出丑了。

人不怕丑，怕不知丑，人不怕不知丑，怕知丑不改，人不怕知丑不改，怕以丑为荣。符合后面这两条的人，大概是不可救药了，当然，一个有上进心，有羞耻心的人，是没有后面两条的，他只有第一条，生怕自己的丑自己不知道，愿意照出自己的丑并加以改进。

我们要时常照自己的脸，不然恐有不雅观，我们更要时常照自己的思想和言行，不然恐有不正派，恐犯大错误。

不怕不识货，就怕货比货。不比不知道，一比吓一跳。

比上不足，比下有余。自己主动地去跟那些更优秀的人比一比，才能更深刻地认识到自己的不足。

至于怎么比？请看本书《比字诀》那一节。

常自信，莫自卑

职场中最常提到的就是自信心，甚至有的组织把"相信自己，我一定行！"当成了口号，每天都要集体大喊以励志。

还有的组织把"我是最棒的""我是最优秀"的，当成提高自信的口号来喊，实在让人哭笑不得。

相信自己是最棒的、最优秀的，这就是自信了吗？这只是一种错误的心理导向。时间久了，我们会错误地认为自己真是个了不得的大人物了，可能本事没长

多少，坏脾气长了很多。

正确的恰当的自信才是真的自信。

什么叫自信？就是信自己，可重要的是弄清信自己什么，自己真的是自己的神吗？自己真的是个人物吗？自己真的卓越不凡与众不同独一无二吗？自己真的能拯救自己吗？自己真的是最棒最优秀天下第一吗？

我是最棒的、最优秀的；我一定是那个最努力的、最刻苦的、最勤奋的，哪个是真正的自信？我选择后者。

我一定会坚持到底，把事干成，这是一种自信，这种自信肯定能给我们带来成功，而我是最棒最优秀的，却东一榔头，西一锄头的，啥都看不上啥都干不好，这种自信只会让我们一事无成。

我们的自信应该指向我们的行为，这样的自信会切实有力，而不应该指向对自我的评价，因为这样的自信虚浮不实。自信心指向自己的行为，会让我们更强健有力，指向我们的评价，则会让我们狂妄自大。自信心指向我们的评价，会让我们心浮气躁，所谓的评价最终只能是水中月、镜中花、空中楼阁，终不可得。自信心指向我们的行为，则让我们的意志坚定，虽不求评价而好的高的评价随着我们的用功自然到来。

我们的自信指向何方，我们就会收获什么样的果实。

相信自己能够坚持到底，相信自己能够面对困难并克服，相信自己无所畏惧，相信自己不会被挫折打倒，这样的自信让我们拥有毅力，坚定信念和理想。

相信自己能够自我审视，自我纠正，自我完善，这样的自信令我们不断进步，不断提高。

相信自己能认真学习，相信自己能深入思考，这种自信能让自己不断接受新任务、新挑战，为组织做更多的事。

相信自己能够勇于担当，勇于负责，勇于面对任何问题，这样的自信能让我们在工作中承担更多任务，能更快更好地锻炼自己。

相信自己能够克服自己的各种弱点，相信自己能够融入团队进入工作状态，相信自己能够调节自我，这样的自信能够让我们避免自身因素造成的困扰。

我们的自信要指向我们的行为，这样我们才拥有真正的强大的自信。

我们为什么能够信自己？因为我们有自己的信念，若无信念，我们自己就是最不可信的人，这种状态下还轻言自信的人，就完全属于自是。

我们的信念必须是正确的，如此才可以自信，如果我们具有法西斯那样的信念，我们就是最不可信的自己，因为我们完全是错误的，这种所谓的自信就完全不是自信，而属于自误。

什么样的自己才是可信的？有善良而智慧的心灵，接受了正确的人生观和世界观，有美好的恰当的品质，化解了欲望的纠缠和束缚，认清自我，找到了自己人生的使命和方向从而不再迷茫，做好准备不断地进行人生的修炼，这样的自己才是可信的，这样才能算一个自信的人。

人若不自信，则无可信者。
信我之可为，莫言我便是。

常自勇，莫自馁

什么叫自勇，就是不依赖别人的鼓励和支持，不依赖别人的鞭策，靠自己的内心，战胜自己心中曾有的脆弱和畏惧，勇于面对现实，并获取胜利。

要战胜工作中的一些困难是不容易的，尤其是要战胜自己的厌倦心理、排斥心理、畏难心理、偷安心理、懒散心理，更加不容易。

只有自勇，才能战胜我们天性中的诸多弱点，才能做好工作，克服工作中的种种困难，其实，困难是现实存在的，但这两个字只出现在弱者和懦夫的字典中，对于一个自勇的人来说，任何困难都是可以克服的。

所谓的自勇，不是血气之勇和冲动之勇，不是抗上逆反之勇，而是战胜自我心理诸弱点之勇，凡人大多都是天性脆弱的，所谓的强者只不过是不停地修炼自勇，在战胜种种心理弱点的过程中炼成的。

我们应该相信，没有什么困难是最终不能克服的，没有什么工作是不能干好的，我们应该在不断修炼自勇的过程中成长。

勇气越大，进步越大，事业的成功就是不断用勇气战胜自己的过程。

外界的诸多事件、组织和团队，及周边的环境，造成的现实的工作难度，都会刺激我们的诸多心理弱点，天下不会有永远一帆风顺的组织和团队，也不会有

一成不变的顺利境遇,外界的困难必会阶段性地刺激我们的心理,真正的成功就是在这种时刻能够做到自勇,先克服自己心理的弱点,克服恐慌、畏惧、担忧等诸多负能量,有决心,有毅力,有办法,去克服种种困难,做成我们的事业,而在困难面前轻易就逃跑的人,必定是一事无成的。

自勇,就是要一次都不能退缩。

每一次的困难和压力都是我们修炼自勇的好时机,没有困难和压力,我们何从磨砺自我?而每一次战胜我们的畏难情绪,我们的心灵就比过去强大一分。而每一次我们勇敢行动起来,我们的执行力就会强大一分。

天下无难事,只怕有心人。

心中常自勇,懦弱碎如尘。

常自得,莫自失,常自醒,莫自负,常思人,莫自我。人之贤,贵自知,避我短,不勉强,扬我长,不自失,量我能,不受挫

自是就是盲目地自以为是,不以客观真理为标尺,而以自己的想法为标尺,这样思考的人就得不出正确结论,并坚持自己的错误观点。有时候,上级的多次纠正、劝说都不能令自是的人改变错误观念和错误做法。

自大容易成狂,自大的坏处很多,一招人反感,因为没有人会喜欢自大狂,所以他没有好人缘,二败事,自大的人想干成事比较难,一是他容易错误估计形势,高估自己,低估别人,高估能力,低估困难,二是没有人愿意辅助配合他。

自负的人听不进别人的正确意见,不能正确估量问题和工作的难度,认为自己的才能足以处理好任何事情,从而忽视或有意漠视工作中的客观规律和客观实际,固执地按自己的想法推进工作,不懂得变通的道理。

自恋在职场中也是一大毛病,自恋的人过度表现彰显自己,结果总是适得其反,不但不能得到同事的肯定和认可,相反会被看成不成熟。自恋是自信心不足的表现,将自己的一点优点无限放大,时刻宣扬,在工作中属于画蛇添足,完全是要不得的。

凡事以自我为中心,不顾他人的感受,不顾团队内的各种规则和习惯,不

顾团队和同事的利益，不顾后果，只图自己痛快，这种缺点一定会给团队带来损害，如果不加克制，必会影响自己的职业生涯。

职场里自满也要不得，我们既不能小胜则骄，更不能躺在功劳簿上睡大觉。昨天的成就永远属于过去，今天的问题需要重新面对。对工作而言，我们的能力永远不够，成绩永远不高，只有这样才能进步，而稍微的自满就会令我们固步自封，一不小心就会落后于人。

工作中自卑也要不得，只要我们堂堂正正做人，认认真真工作，我们有什么可自卑的呢？无论我们先天条件有多差，只要勤奋刻苦我们就是好员工。

工作中受到挫折或遭遇失败我们不能自馁，自己不能泄自己的气，诸如"工作太难了""自己能力实在不行""自己实在坚持不下去""他都不行我就更不行了"……这样的想法不可有，我们需要的是自己给自己打气，工作虽难，但一样要努力做下去，能力不行，可以提升，他不行不代表我也不行。克服自馁的习惯性思维，变成自励的习惯性思维，将自己的斗志鼓舞起来。

生活中有时候我们会感觉迷失了自己，在工作中我们有时也会有迷失感，这种感觉太强烈的时候就会严重影响我们的工作。工作本来是为了让我们实现自己价值而存在的，结果我们却在其中迷失了，这难道不是一件很可笑的事情吗？

尽字诀

事无终,求极尽。好员工,有三尽,一尽责,二尽力,三尽心。由尽职,到尽责,到尽力,到尽心。

不尽责,必淘汰,不尽力,难成功,不尽心,难卓越。

尽责任,无过失,尽力量,无愧疚,尽心意,无遗憾。

职业 三字经

事无终，求极尽。

什么叫尽，词典里解释说是用完，完毕，达到极端，全部用出，达到极点和最大限度。在工作中，以用而言，尽是指无所保留，尽力就是没有保留力量，没有任何保留，全部付出，这样才可以称为尽，以程度而言，尽是极致之境，是永无止境的追求。

事无终，求极尽。好员工，有三尽，一尽责，二尽力，三尽心

尽忠，尽孝，尽职，尽责，尽心，尽力……为什么中国人强调一个尽字？这个话题说起来实在是言之不尽，可以说，一个尽字，尽得中国文化的精髓，也尽现中国人的优良品性。

什么叫尽？一点没有了才叫尽。一点多余的力气也没有了，叫尽力，你若还留着力气，就不能叫尽力；再说尽孝，如果你还有地方没有做好，做得不够孝，就称不上尽孝，只有以你的实际情况，你再也没有可以为父母尊长做的事情了，你才能称之为尽孝。简单地说，这个尽字，就是要求我们该做的都做到，能做的都做完，再也没有可做的了，这样才能称之为尽。

中国人为什么喜欢用这个尽字？因为这是对自我的高标准的要求，是要求我们竭尽全力做到一种完美，按这个要求来指导自己，就可以成为一个完美的人，至少是一个杰出而优秀的人。不按这个要求来，你就不能说是做好了。所以，这个尽字的意义很重大。

祖先们怎样才能做到尽忠？怎样才能做到尽孝？而在今天，我们又怎样才能做到尽职？怎样才能做到尽责？我们需要做到两件事，一是尽心，二是尽力。在为国家，为组织尽忠这个要求前，如果我们尽心尽力了，那么忠诚也就尽了，在对父母尽孝这个要求前，我们做到尽心尽力了，那么孝道也就尽了。同样，在对国家，对组织尽责这个要求前，我们做到尽心尽力了，那么责任也就尽了。

有一句古话："子欲养而亲不待。"儿子赚到钱了，想要孝敬父母了，可是父母却已作古，所以许多人很伤心，留下了一生的遗憾，为什么留下了一生的遗憾呢？因为我们所说的没有尽孝，很多时候是没尽心，父母生病了，没用足够多的时间陪，后悔的时候就会想，如果那天我克服劳累，就可以多陪他一晚，这就是没有尽心。还有一种情况是没有尽力，有的人后悔没给父母买一套新家具，没给父母装个空调，那一年没给父母买新衣服……本来他们想第二年手头的钱宽裕了再给父母置办，可是父母未必等儿女到第二年，其实当时就装得起空调，可是没装，这就是没有尽力。在孝道上，只要你没有尽心尽力，你就会有后悔，就会有遗憾，以后的日子你就会自责。

我们的工作也一样，因为当时没有尽心尽力，结果总是让我们充满了遗憾，充满了后悔。

只有当我们回过头来，看几年前我们的工作的时候，我们才会感慨，我们没有做好，没有尽心尽力，不管是任何（多少）原因导致我们没有尽心尽力，不论是组织的原因，上级的原因，同事的原因，客户的原因，只要我们有事业心，最终我们都会自责，工作没干到理想的境界，真正主要的原因还是在于我们没有尽心尽力，如果我们尽心尽力了，其他的一切都不是问题。

所以我们这本书强调尽心尽力尽责，实际上就是在推行一种态度，一种高标准要求自己，让自己凡事都做到最好的态度，也是在推行一种方法，让自己对社会对组织做出杰出贡献的方法。尽责任是最基本的职业操守，尽力量是最佳的职业状态，尽心意是最好的职业境界。做到了尽心、尽力、尽责，工作中的事就都做到了。

对我们的祖先而言，对工作的标准和要求就是个尽字。用得多的有两个词，一个是尽忠，一个是恪尽职守，职守的意思就是我们现在讲的职责。尽忠其实是个非常高的要求，恪尽职守就包括在尽忠里面。可以说，我们祖先对自己的要求中，恪尽职守只是最基本的要求，尽忠则是意义广泛的要求。

祖先做人做事，讲究尽，对社会国家讲究尽忠，对父母尊长讲究尽孝。一个尽字，尽得中国文化的精髓，也尽得人类精神力量的精髓。

那我们现在在单位里，在组织里做事，我们该讲究什么呢？我们讲究尽职尽责，尽心尽力。就像古人讲的恪尽职守，包含在尽忠里面，所以古人常讲尽忠一样，尽职的意义包含在尽责里面，所以我们现代社会讲三尽，尽心，尽力，尽责。

让我们来看一下，尽心尽力尽责在工作中的区别在哪里：

用心：创造性地额外地完成任务。

尽心：超标准地创造性地额外地完成任务，能想到的都想了并尝试了。

用力：高标准地完成任务。

尽力：最高标准地完成任务，能去做的都做了。

负责：完成任务。

尽责：更好地完成任务，完成更多的任务。

可以说，做到了尽心、尽力、尽责，工作中的事就都做到了。

如果我们尽责了，那么社会，组织就能保持正常运转，如果我们尽力了，组织就会更健康更有力地运转，如果我们尽心了，组织就会超出我们意料地向着创造性的新方向极其良好地运转。当我们觉得我已经做好了我的事，我已经负责了的时候，我们就已经沦为平庸之辈了，当组织要求员工只是做一个负责任的员工时，组织就已经沦落为普通的组织了。

我们不只要负责，更要用力，用心。我们不只要尽责，更要尽力，尽心。只有这样，我们的组织和员工，才能成为第一流的组织和员工。

仔细推究这几个尽字，就会发现尽心尽力这两尽很重要，它是其他所有"尽"的基础。只有尽心尽力了，才能算是尽职尽责了，才能算是尽忠尽孝了。尽忠尽孝，尽职尽责，分别是古代和今天评价我们人生的标准，而尽心尽力，则是评判我们是否尽职尽责，尽忠尽孝的标准，就这一点而言，它是标准中的标准。

一个人，不肯尽心，就不肯尽力，不肯尽力，就谈不上尽责。一切从心开始，我们首先要具备的是尽心的觉悟和精神，只有以尽心为基，尽力、尽责才可能实现。即便一个人把职责之内的事情全都做好了，但是没有为组织、为国家尽心尽力的觉悟，他也只能是一个普通的员工，无法达到优秀员工的境界，更达不到卓越员工的境界。

尽心是思想和欲望层面的东西，它是我们一切行为的原动力，而尽力是行为，尽责是结果。心、力、责分别对应着欲、行、果。组织对员工的要求，必须一开始就站在尽心这一高度上，从根本上塑造员工的职业精神和职业行为。

一个人，一旦有了尽心尽力的觉悟，他就会从此与众不同，思想境界高了，行动给力了，渐渐地，他的能力会越变越强，素质会越来越高。

组织需要尽心尽力的员工，我们更需要成为一个尽心尽力的员工，需要成为一个尽心尽力的公民。

组织要求员工尽责，员工往往有抵触心理，有一些员工即便尽责了，也未免有些勉强，但员工一旦对工作用心，对组织尽心了，他就会产生真正的归属感，他真正把自己当成组织的一分子，把组织当成自己的组织了，这样的员工，已经不需要组织管理人员督促着尽责了，也不用时常自我提醒要尽责了，尽责成了自然而然的事情。这还仅仅是用心，还没有做到尽心的程度，一个员工们都很负责的组织，竞争力是很强的，可如果员工们都对组织尽心，这样的组织只能用"可怕"来形容。

我们在谈责任的时候，只尽责是不够的，我们应该尝试进入更高的职业境界，为组织尽心尽力，这样，我们自己和我们的组织，才会更上一层楼。

如果我们希望我们那些合格的员工能再进一步，成为优秀的员工，我们就不能仅用尽责来要求他们，而是要求他们能做到尽心尽力。

组织对尽职尽责的员工是非常欢迎的，他们是组织的基础力量，但组织一旦发现尽心尽力的人，就会重点培养，提拔他们，他们往往是组织的中坚力量，或者成为领导、成为管理人员，或者成为重要部门的骨干人员，执掌着重要的事务。

也许只强调尽职尽责，在市场经济年代，已经足够了，因为那时市场的复杂程度还不够高，但是在现在这样一个市场情况越来越复杂，经理人的精力越来越不够应对众多的不断变化着的市场信息的情况下，只要求员工尽职尽责，已适应不了千变万化的市场情况，现在的组织要求员工不仅能尽职尽责，更要尽心尽力。

由尽职，到尽责

重承担，讲责任、重责任、负责任。

责任重于泰山。

负责到底。

是我的任务一定完成。

职业 三字经

负责任地说话，负责任地办事，负责任的工作，负责任的生活。

尽职就是我职位里的事我全部解决。

尽责就是作为组织的一员，凡是需要我解决的事我都要争取解决。

百分百负责任，绝不打折。

责任无疆。

责任比能力更重要。

走到哪里，就负责到哪里。

如果明天凌晨一点我会离开，那么我会负责到今夜十二点。

如果离开后还有属于我的责任，我依然要负责到底。

尽职是相对来说比较简单的，因为你要做好的就是你所在的职位所涵盖的事情，比如你是大门口的保安，那你只需要把大门口看好就行了，只要大门口没出事，从你的大门口没放进去坏人，你就尽职了。如果从组织后面的围墙上翻墙进来了坏人，那就不是大门口保安的问题，而是巡逻的保安的问题。

可是讲到这里，有一个问题出现了，如果看大门的保安，去后院的厕所，忽然发现有一个贼从围墙翻了进来，他应不应该抓贼呢？他应该抓贼，不要说他是一个保安，如果是一个文员，哪怕是个文弱的姑娘，她也要大喊，把贼吓走，或者是往回跑，叫人把贼赶走，我相信，没有哪个员工会不负这个责任的。

到了这里，责任就不是单个人的职责了，而是所有人都应负的责任，组织的每个员工都会有这样的觉悟，我们的责任绝不仅仅限于职位（或者说岗位）的明确责任，还有许多共同责任——这些责任往往无法明文规定，无法说清，但任何人都知道，一个高素养的员工都会勇于承担起这些责任。

什么叫作尽责？组织的事就是我的事，只要是组织需要我做的，我都去努力负责任地做好，这样子才算是尽责了。

我们一生其实有很多责任，对自己的，对家庭的，对社会的，对组织的，对他人的，我们只有对这些尽责了，才能算是一个真正负责任的人，有些人，将自己的责任尽量往小里缩，成了一个只顾我自己的人，这样的人会怎样呢？他被社会抛弃了，被团队抛弃了，被朋友抛弃了，因为他对公家对别人都没有什么益处。有些人,将自己的责任尽量往大里扩,成了一个对团队对组织对社会负责的人,这样的人会怎样呢?他为社会,为组织所容纳,所接受,并委以重任。

员工可分为三种类型:

先知先觉型。这种人是在为自己工作,他认为工作是生命成长的一部分,他把工作当作享受,而不是糊口的工具。

后知后觉型。这种人把工作当成谋生的手段。认为自己落入了工作的痛苦漩涡,奔波劳碌。

不知不觉型。这种人工作麻木机械、缺乏热情、任劳任怨。不知为何工作,浑浑噩噩地虚度年华。

从上面我们就可以很容易地看出,最具发展前景的,是先知先觉型的员工。因为他具备强烈的责任心。

责任就是对工作的出色完成;责任就是严格坚守自身标准;责任就是人性的升华,在工作中勇于挑战自己,面对失败。

具备责任心,能够让一个人达到最佳的精神状态,精力旺盛地投入工作,并将自己的潜能发挥到极致,迈向辉煌的成功。

尽心尽力尽责

"心"是广阔无边的,"力"是用之不尽的,"责"是没有界限的,三者皆无尽,而我们则要追求尽之。

无一事不尽心,无一事不尽力。

时时都要尽心,事事都要尽力,处处都要尽责。

心里装着组织,时时想着组织,事事向着组织。

不尽心,难卓越,不尽力,难优秀,不尽责,难持久。

把心打开,把心用到,把心尽到。

对组织的事情上心,对组织的问题操心,对组织的麻烦忧心。

成为一个管理者后,我常常思考组织如何才能实现快速发展?我时常与其他老板及经理们探讨,组织为什么很难打破发展瓶颈?为什么在运营中存在种种问

题，着手解决时又常感到力不从心？探讨出的诸多原因之中，有一个最重要的而且亟待解决的问题是：员工为什么不能成为高效高能的员工？

深刻思考这一问题，我发现有一个非常重要但却容易被我们忽视的要素：员工有没有尽心尽力尽责的觉悟，组织有没有尽心尽力尽责的风气。在这个思路下，产生一个最直接的问题——组织有没有提倡过尽心尽力尽责的工作精神？

组织不能超越平凡，不能跨过瓶颈，不能强过对手，不能领袖市场，是因为缺少尽心的人。

组织业绩平平，效率不高，不能快速发展，是因为缺少尽力的人。

组织经营困难重重，问题多多，是因为缺少尽责的人。

领导者、管理者感觉孤独，感觉孤立无援，感觉似是在孤军奋战，感觉身陷十面埋伏，无数问题令自己应接不暇，是因为组织中缺少尽心的人。

领导者、管理者感觉处处乏力，感觉好多事情总是差了一线，差了一把火，处处差强人意，总是跳不过某个坎，不能够破茧而出，是因为组织中缺少尽力的人。

领导者、管理者感觉处处都有问题，处处都是阻力，处处都需要克服困难，精力被内部人员耗尽，无暇思考更重要的问题，是因为组织中缺少尽责的人。

组织都是尽心的人，领导者和管理者的许多麻烦会自动有人解决，他将可以集中精力思考最重要的问题。

组织都是尽力的人，领导者和管理者的意图就会实现，想要达成的目标就会最快最好地达成。

组织都是尽责的人，领导者和管理者最害怕的问题就不会出现，不会后院起火，不会自己把自己打败。

组织都是尽心尽力尽责的人，就能够实现真正的自我管理，领导者和管理者就可以垂拱而自治，无为而成功。

组织的成功，系之于人；人的成才，本之于心。以此而论，组织运营的中心就是人心，而人心的高度境界就是尽心。所以本书中特别强调尽心工作，这一点应该引起广大公司、事业、行政单位管理人员的重视。

如果一个组织，没有能为组织尽心的员工，这个组织将会出现多少漏洞？将会面临多少麻烦？员工不肯尽心，管理者就会时刻操心，就会每日提心吊胆，最终心力交瘁，疲于应付各种层出不穷的问题。

如果一个组织，没有能为工作尽力的员工，这个组织要实现一个目标将会有多难？员工不肯尽力工作，管理者就会忙得焦头烂额，甚至要亲自披挂上阵，带头冲锋，就连这样都未必有效率。

如果一个组织，没有尽责的员工，组织何来发展之说？没有尽责的员工，组织将无法正常运营，上级不仅会面临经营困境。还会蒙受种种损失。

对工作不尽心，就不会产生工作的热情和创造的激情。

对工作不尽力，就不会提高工作效率和工作成绩。

对工作不尽责，就不会杜绝问题和完成任务。

一个员工不肯对工作、对组织尽心，结果会如何？他对工作无法投入热情和喜爱，不会过多付出，不会思考如何干好工作，更不会创造性的工作，不会发挥自己的主观能动性，把自己的工作智慧扼杀在不肯尽心的状态之中，把自己的工作潜能也扼杀在无心工作的状态之中。不尽心的员工只会得过且过，这样的员工没有任何前途。

一个员工不肯对工作尽力，结果会如何？他手里的工作永远不可能干出色，总是离上级的希望差了点，离优秀员工的水准差了点，与同行业的竞争对手相比差了点，与同事相比差了点。这差了的一点，最后造成他永远比别人差。

一个员工不肯对工作尽责，结果会如何？他的不负责任一定会给组织带来损失，一定会给同一"战壕"中的同事带来包袱，成为累赘，组织如果不开除不负责任的员工，组织就会受伤害，所以组织最后只能抛弃他。

尽心的觉悟，是工作的原动力，是根本动力，它好比是事业的心脏，是努力工作的充足血液。

尽力的觉悟，是带动工作稳定运转的齿轮，是推动工作快速前进的车轮。

尽责的觉悟，是保证工作正常进行的轨道，是控制运转的机械不会散架的铆钉。

只有尽心工作，才能达到别人不敢想象的境界，实现梦寐以求的创新，创造事业的奇迹，达成飞跃般的突破。尽心就是听从心灵要求卓越的呼唤，发挥自己最高智慧和才华的内在动力，是一种实现最好的自我的内在动力，是一种实现最完美自我的内在动力，是一种对自我良知的最高责任感。

职业 三字经

只有尽力工作，才能有更多的成果，才能有更高的效率，才能超越眼下的平凡，做出更好的成绩。尽力就是一种遇事就全心全意付出，只求做好的行为习惯，是一种对人对事竭尽所能所有来服务的高尚境界。

只有尽责工作，才能避免工作中的种种过失。尽责就是以一种外在的标尺和标准，以一种内在的强烈的感情和认知，来要求并约束自己。

尽心，是事业的强化剂；尽力，是事业的催化剂；尽责，是事业的防腐剂。不尽心，事业将会损坏；不尽力，事业将会停滞；不尽责，事业将会落入平凡。

尽心的觉悟，好比汽车的方向盘，用了心，方向就不会错，就不会撞车，不会开到沟里，也不会绕远路，走错路。尽力，就好比汽车的发动机强劲，轮胎质量好，能够快速开动。尽责，就好比有好的刹车，有效的反光镜，响亮的喇叭，可以将意外事故控制到最低。

尽心尽力尽责的精神，在组织中如同空气一样不可或缺。这三种精神，作为组织的一员，我们必须具有；作为组织的管理者，必须大力提倡。当组织具有了尽心尽力尽责的组织文化，当员工具有了尽心尽力尽责的品质，还有什么组织目标是我们不能实现的呢？

让我们呼唤这三种觉悟的回归，让我们弘扬这三种宝贵的精神。组织和员工携手做好"尽心尽力尽责"这三种宝贵事业驱动力的建设，让员工成为尽心尽力尽责的员工，让组织成为有着尽心尽力尽责之文化的组织。

尽心的人有这样三个特点：对组织的事情很上心，对组织的问题愿意操心，对组织的忧患感到忧心。

因为他心里面有着组织，时时想着组织，事事向着组织，所以他的行为就与那些对组织没有足够认同感的人不同，因为心里有着组织，所以他自发地做事，而不用任何人提醒他，只要他认为对组织有利的事情，他就会不怕嘲笑地去做。你看，他时时刻刻以组织的立场作为自己的出发点，即便是一点一滴的小事情，只要有利于组织的，他都会责无旁贷地全心投入，尽心做好，以此作为对所在组织的报答。

为什么在每一个组织里面，我们都能见到一些受过良好的教育，才华横溢的

| 尽字诀

员工，却不被领导欣赏，得不到重用，不能被提升？唯一的原因在于他们没有为组织尽心，为什么许多聪明人却被上级排斥在骨干员工之外？因为他们或许为自己想了很多，凡事都为自己而做，但却没有为组织尽心尽力。

一个没有为组织尽心的觉悟，没有为组织尽力的意向的员工，你能指望他会积极主动，办好组织需要做的事情吗？不肯为组织尽心的人，凡事都要主管或上级交代清楚，甚至交代清楚的事情也未必认真完成，他们总是在一种被迫和监督的情况下才肯工作，这样的人怎么可能干好工作呢？怎么可能获得晋升的机会呢？

现在的年轻人过度追求自我，他们往往在还没工作的时候，就已经确立下"组织是组织，我是我"的信条，这种信条导致他们每天茫然地上班，下班，月底或月初领薪水……他们被动地应付工作，机械地完成任务，组织成为他们不想来却又不得不来的地方，工作成为他们不想做却又不得不做的事情。他们无法进行创造性的工作，不能自动自发地工作，陷入工作的苦闷中无法自拔。

因为不愿为组织的事情尽心，或者说，没有为组织的事情上心的习惯和觉悟，他们发现不了工作中的机会，也看不见那些需要他们去做，而且一旦做了就会令他们与众不同的事情，他们看不到那些看起来很小，但只要做了，日积月累就会成为巨大职业优势的事情，他们抱怨自己干的是平平常常的工作，很容易就产生厌倦，他们抱怨薪水太低，工作没意思，没有发展前途……

在经营过程中，组织会产生各种各样的问题，如果没有为组织尽心的人，这些问题都会让上级一个人头疼，同样的，小到一个单位，一个部门，如果没有肯为组织尽心的人，那就只有部门领导一个人为这些问题头疼。

组织并不只是上级一个人的，而是全体人员共同的工作地点，我们应该持有共同负责的心态，共同为组织尽力，有问题共同操心，共同为解决问题努力，虽然，有些问题并不在自己的职责范围之内，但对于那些就在我们身边，没有别人关注到，也没有人出面解决的问题，我们就一定要想办法去为组织解决，不能让问题从我们的身边溜过，继续给组织造成损失和阻碍。

一个为组织尽心的人看到问题后绝不会视而不见，反而是想尽一切办法解决，组织的问题不解决决不罢休。可是那些没有尽心觉悟的人又是怎么样的呢？

第一，因为没有尽心工作的觉悟，他们不去寻找组织的问题，于是在他们眼

皮子底下,问题将会存在一辈子而不被提出。

第二,因为没有为组织的问题去操心的觉悟,当问题被发现时,他们会视而不见,或者本能地认为这不是问题,于是,在他们的工作中,问题永远也不会解决。

一个人因为愿意为组织的问题操心,所以他可以只用一个月就看到了其他人几年也看不到的问题。一旦我们工作尽心了,就会从此与众不同。

在组织里做出卓越业绩的人,都懂得尽心做事的意义,他们做什么事情都积极主动,他们主动去发现问题,解决问题,他们主动去做那些没有任何人交代他们,没有任何人分派给他们,但却对组织有益的事情。他们并不是为了要求提升薪水才去做这些事,而是因为他们是有心人,愿意尽心尽力地做一些事情出来,他们关心组织的发展前景,关心组织的正常运作,能够急组织之所急,主动为组织创造更多的效益,给领导交出更高的成绩。

没有尽心的觉悟,就会对工作敷衍了事,采取应付的态度,这其实是在敷衍自己。仅仅干好你职责中的事,仅仅干好上级交代你的事,其他时候则无所事事,不用心不动脑,不去为组织多想想,这样的员工是不会有前途的,工作是我们的锻炼机会,无论是否有额外回报,我们都应该让自己拥有尽心工作,为组织着想的职业素养。

只有尽心工作,才能脱颖而出,只有做事尽心,才能与众不同。

我们身为组织的一员,是组织重要的组成部分。我们不能单纯地将自己的工作做完就万事大吉,我们还要学会为我们的组织忧心,组织的成败直接决定着我们的成败,我们与组织永远是"一荣俱荣,一损俱损"的关系。所以,为组织的忧患而忧心就是我们义不容辞的责任,也是我们不能推卸的使命。

而我们身为组织的一名员工也是一样,我们也要时时刻刻都具有忧患意识,为组织的忧患而忧心,至少,我们可以做好一些小事:下班的时候要记得将组织的窗户关紧,否则,半夜的暴雨可能将你辛辛苦苦准备了好久的资料都毁于一旦;下班的时候还应该将电脑,饮水机等电器的电源都关掉,否则,可能引起火灾,我们都将受到损失……

只有我们所有员工都对组织的忧患具备忧心的意识,我们的团队才能更加团结,而团结就是力量,只有团结在一起的筷子才能经受住考验而不被折断,当一个员工能为组织的忧患忧心的时候,他就已经融入组织这个大家庭之中了,他真

| 尽字诀

正对组织产生了感情,有了归属感,为组织尽心尽力地工作。

谁对组织最尽心?我们可能会不约而同地想到上级、总经理、经理、我们的直接上司、组织的骨干员工,可是我们想到过没有?还有一种人对组织最尽心,那就是未来的上级、总经理、经理、部门领导、骨干员工。所以,应该对组织最尽心的恰恰是我们自己,因为我们可能就是未来的上级、总经理、经理、部门领导、骨干员工。

既然我们认为上级对组织最尽心,那我们就应该学习像上级一样对组织尽心,这是提升我们职业素养和工作能力的最好方法。

所以,对组织最尽心的人,就该是我们自己。组织的发展关系到全体员工的发展,为组织做好工作对任何一个员工来说都是责无旁贷的。当我们接到一项新的工作任务时,有效执行,拿出成果是第一位的。对于组织的任务,我们要站在上级和组织的角度,想上级之所想,急组织之所急,只有如此才能出色地完成任务,为组织创造较高的效益。而想上级之所想,急组织之所急,就是要求我们像上级那样,为组织尽心尽力,对组织的事情上心,对组织的问题操心,对组织的忧患忧心。我们要学会多站在上级的角度思考问题,从组织发展的整体利益着眼;我们要弄明白组织现在最需要做的事情是什么,理解我们的上级为组织想什么、对自己要求的是什么。弄清了这些,我们就能明白上级交代给自己的任务,其价值之所在。为了实现这一价值,我们一定要尽全力去思索完成任务的一切方法和可能性,把责尽到,把力尽到,更要把心尽到。

在工作中,一个对组织尽心的人会这样思考:我对组织和工作的认识是否有不足之处?我做事的方式是否恰当?我要如何面对组织中存在的浪费现象,为组织做出节约?我应该如何让自己犯的错误变得更少甚至不再犯错?我的言行举止是否符合组织的要求,是否有损于组织的形象,是否已造成了不良的影响?我目前的工作是否还可以再优化一下,工作方法是否可以改良?有没有更好的方法?

组织的管理者们,都有一种尽心尽力做好事的内在需求,他们也都希望员工能够像上级那样对工作尽心尽力,只有具备尽心尽力品质的员工,才会以理解的心态和奉献的精神为组织做事,才能最大限度地为组织赚取利润。尽心尽力的员工会在工作中不断提升自己的价值,成为上级所倚重的员工。只有尽心尽力的人,才会有未来。

"像老板那样思考"中的词汇THINK被翻译成"思考",其实,这个词用"用心""尽心"来表述,更符合中国人和中国语法的实际情况,"用心"和"尽心"包含了"思考"的所有内涵,同时,它更加强调主动奉献的积极含义。东西方文化的差异性,决定了"像上级那样思考"的提法,不如"像上级那样尽心"更具实际的号召作用。

从很大程度上来说,组织的发展是由员工的工作决定的,只有拥有时时处处替组织利益着想、为组织尽心的员工,组织的效益才能稳步上升,组织才能像一个不倒翁一样在市场中站稳脚跟。

像上级一样为组织尽心,做对组织最尽心的人,这是每一个优秀员工必须具有的觉悟。

现实中,每一位上级为了成就一番事业,都在竭力寻找自己最需要的人才。而那些想上级之所想、急组织之所急,能去做组织最需要他做的事情的员工,才是上级身边得力助手的不二人选。那些肯为组织尽心的人,因为对组织有着深刻的了解和热爱,也对上级有着深刻的理解和爱戴,故而在工作中总是能够高效高质地完成上级交代下来的任务,给出上级想要的结果。他在服从上级决定的同时,还不时地献计献策,俨然上级身边的"小诸葛"。

尽心尽力的人,有一点好处就是,在上级还没有吩咐之前,他就已经将上级想到和需要的一切都打理得妥妥帖帖,且不居功自傲,这样的员工,相信没有哪个上级能抵挡得住他的魅力。真正优秀的员工就是这样的人,他不仅能够坚决完成组织分配给自己的任务,还能认真思考,事事上心,主动为组织做事。不要以为组织只是上级一个人的,把工作做好只对上级有好处,要知道,组织的发展同样决定着每一个员工的前途和命运。归根结底,我们做事是因为我们需要工作,而不是工作需要我们。为组织尽心尽力,站在上级的角度为组织着想,急组织之所急,忧组织之所忧,不但能解决组织的问题,也能提升我们的绩效,更让我们自身得到极大地锻炼,最终成为组织的管理者或其他不可或缺的人才。

所以,最应当对组织尽心的不只是上级,更应是我们自己。

对于尽责、尽力、尽心,大多数人的理解如下:
尽责就是实现了自己所处职位的基本责任。

尽力就是，为一件事做了所有自己能做的事情，再没有可做的了。

尽心就是，赋予自己无限多的责任，凡是组织需要自己做的都去做，凡是能为组织着想的都去想，能为组织争取的都去争取，时时想着组织，念念为着组织，忧组织之所忧，急组织之所急。

在日常的管理中，我发现有一个很大的问题，那就是对于责任，每个人的理解都不尽相同，即便领导和管理者不停地强调责任，员工中也会存在这样一种现象："你说的是你理解的责任，我履行的是我心中的责任。"对责任的不同理解，造成标准不同，员工觉得自己负责得很好，领导却认为他不够负责，甚至根本称不上是一个负责的员工。

责任的标准，要以组织的解释为准，因为组织从董事长或总经理的职责开始一级级往下分，直至具体每一个员工的职责。除了个人不同岗位的职责外我们还有共同的职责，在组织里，下级的责任都是上级定义并赋予的，个人本来没有按自己的喜好定位自己职责的权利，但事实却是，一些员工不愿按照组织的标准来衡量自己，而多数组织也没有提供一个明确的标准。于是，对待责任，员工不能做到自觉自愿，更加不能自动自发。大多数时候，责任是一种约束，在员工的思想里它是有重量的，对一些人来说，它与压力划上了等号。

组织强调尽职尽责，这始终是一种外力，一种压力和约束力，组织期望这种压力会转成动力，但它不可避免地会有反弹，我们最需要的其实是解放员工的力量和积极性，让他们有内在的动力，这就要提倡尽心尽力。做事尽力，做人尽心，对工作尽力，对组织尽心，尽力是一种做事习惯，尽心则是一种思想境界。

以前作为一个员工时，我有这样的经验，当我提醒自己要负责的时候，我是担心自己不认真做，不好好做，会有损公家的利益，这样自己的品行就会有污点，就会有不足之处。当我提醒自己要尽责时，是因为我感觉自己做得不够好，想做得更好一些。但无论怎么提，都好像是外来的要求，是制约自己的主观欲望，令它不损害组织利益的，是约束自己的行为不去损害组织利益的。

但当我们强调尽力就不同了，尽力是自主自愿的事情，组织要求员工尽责，是强制性的，要求员工尽力，则是请求性的，员工自我要求尽责，是约束性的，自我要求尽力，则是激励性的。

所以我们要求自己工作尽力，这是自我工作积极性的解放，是让自己产生

更强烈的工作欲望,一个尽力的员工,所能做到的事,远比一个尽责的员工要多许多。

工作有三重境界:第一,从开始工作,知道什么是自己的岗位职责,懂得负责任,到能够尽责,这是完成了第一重境界,是一个合格的员工了。但是,我们要说,合格的员工只是具备了基本的职业素养,在实际的工作中他们总会存在种种不足之处。

第二,从做好岗位职责开始,懂得自己还有超越岗位职责的更多的事情应该去做,自己完全可以做到更好,知道在工作中不该疼力气,更不该藏力气,知道工作只有尽力才能做出精彩,从努力工作到尽力工作,这是完成了第二重境界,是一个优秀的员工了。

第三,从尽力开始,懂得在组织中,心最重要,只知尽力工作不够,还要对组织有心,对组织上心,忧组织之所忧,急组织之所急,时时想着组织,念念为着组织。只有尽心工作了,才懂得只有尽心,才能尽力,只有尽力,才能尽责。这样就实现了第三重境界,是一个卓越的员工了。

很明显,组织需要尽职尽责的员工,更需要尽心尽力的员工。

当我们在一件事情上,可以对自己说:"这件事我尽心了。"这是一件多么令人满足,多么令人感到荣耀并具有成就感的事情。在这个世界上,那些不曾对人对事尽心尽力的人,永远都不能体会到,对一件事情尽心,是一种何等幸福的境界。

我们在职场上的差距在哪里?就在于这里,哪怕一份看来最简单的工作,也能将我们职业素质的高低明确地区分开来,我们不能只是完成任务就算了,还要尽力,不只要尽力,还要尽心。因为一旦我们有了尽心的觉悟,我们就会变得做事更尽力,肯卖力,一旦我们做到了尽心尽力,我们会发现,我们能承担更多的责任,做更多的事情,实现更多的业绩。

如果一个员工对组织肯尽心,他就会发现,他有许多事情可作,有许多东西可学,他的工作有巨大的空间,可以非常地有意义,他会认为他的前途无限光明。

尽心,永无止境,是对我们职业素质和能力的最高要求,也是我们从进入组织,开始工作的第一天起,就应当具备的职业觉悟。只要我们具备了尽心这一觉悟,那么,我们就能具备其他一切的职业素养,因为在所有的职业素质要素中,尽心是根本,它是唯一自内而发的,热烈而又持久的职业觉悟。

组织最好的、最有效的管理是什么?是员工能够自我管理。而员工怎样才能自我管理?当他们具备了为组织的事用心、尽心的觉悟之后,他们就能有效地进行自我管理。

在事业上,为什么你觉得自己用心了,却还是在原地踏步?
在工作上,为什么你觉得自己努力了,却没有取得理想业绩?
在组织里,为什么你觉得自己负责了,却还是不能脱颖而出?
因为你没做到尽心、尽力、尽责。

对待工作用心、努力、负责还不够,因为用心的不如尽心的,努力的不如尽力的,负责的不如尽责的。如果说你已经用心,努力,负责了,但工作成绩还是不理想,只能说明你还没有尽心、尽力、尽责。

从用心、努力、负责到尽心、尽力、尽责就是从优秀到卓越的一个过程。卓越的人都是做到尽心尽力尽责的人。这是一个质的飞跃,只有尽心尽力尽责,才能缔造完美工作。

对待工作,归纳起来就是要有"心"、有"力"、有"责",有心——开心、用心、安心、尽心;有力——努力、全力、尽力;有责——负责、担责、尽责、超责。优秀员工会用心、努力、负责,但是卓越的员工往往是尽心、尽力、尽责。

尽心、尽力、尽责就是为了精益求精,就是对完美结果永无止境的渴求,就是为了把工作做得尽善尽美。这样的人永远也不会满足,对于他们来说,没有最好,只有更好。当他们尽心、尽力、尽责时,无疑是在表达这样一种信念:我做得还不够好,我还可以做得更好,在一切之上都可以加一个"更"字。因为"心"是广阔无边的,"力"是用之不尽的,"责"是没有界限的。只有怀抱着尽心、尽力、尽责的态度去工作,我们才能在一切之上加上一个"更"字。更好、更美、更成功、更伟大。就像一条没有尽头的路,永远没有终点,比永远更远。

从用心、努力、负责到尽心尽力尽责的跨越,就是将问题从做事的层面上提

到了做人的层面上。一旦提到了做人的层面上，就永远会从做人的角度出发去看问题，这样一来，不仅仅是对待工作尽心尽力尽责，对待其他所有事情都会做到尽心尽力尽责。

一般来说，组织的员工分三类：合格员工（普通员工）、优秀员工和卓越员工。合格只是组织聘用你的最低标准，组织更需要优秀的员工，更需要卓越的员工。组织当初聘用你，是看到你的可塑性，希望你从合格开始走向优秀，走向卓越。而不是从普通走向平庸。你可以平凡，但是绝对不能平庸。

合格是什么？在《新华字典》中，合格是指"符合标准"。"合格的员工"也就意味着员工符合组织规定的标准，能够完成组织交给的任务，做好自己的本职工作。如果你仅仅用"合格"来要求自己，那么你永远都有被解雇的危险。

对于合格员工的理解，有人会认为：只要准时上班，准时下班，不迟到不早退，完成自己的工作任务，不被上级批评，不被上司追究，不被别人指责，就是一名合格的员工了。

要明白，合格是组织聘用员工的最低标准，你没有被解雇，说明你还是合格的，但是这并不意味着它可以与认可、信任、青睐划等号。"努力做事能把工作做完，用脑做事能把工作做对，用心做事能把工作做好。"合格的员工就是在"用力做事"，而非"用脑做事"，更非"用心做事"。所以，合格员工的工作态度永远是被动的、消极的。毋庸置疑，这样的员工很难被上级认可。原因是你的表现只属于合格，而不是优秀，更不是卓越。"只要在上班之前到达组织就可以了；只要把今天的工作做完就可以了；只要上级没有说什么就可以了；只要……"带着这样的想法和态度工作的人，永远无法赢得上司的信任和青睐，也永远无法争取到加薪和升职的机会。

身在职场，若想取得成功，永远不要觉得自己做到"合格"就可以了，一定要让自己尽心尽力尽责。只有那些不安于现状、追求完美、精益求精的人，才有可能成为最大的胜利者。

一个小细节的疏忽可能造成巨大损失，一件小事没做好可能前功尽弃。我们必须事事都要尽力，只有做好每一件事，才能积累足够我们成功的力量。

每一件事都做到尽力为止，否则称不上做好。

工作不能留心眼，干活不该藏力气，吝惜我们的力气，就是拒绝我们的机会。我们要不断地尽力而为，将这种品质永远保持下去。

力气是可再生资源，哪一天不用，那一天的力气就浪费了。用了力气，也许不能立即就换来金钱，但它总要产生价值，会在未来的某一天得到回报。

一个将力气与金钱划上等号的员工，是再也不会有前途了。

工作永远不会一帆风顺，也没有马到功成，只能是水到渠成，这个水就是我们在工作中付出的努力。

我们要有眼力见儿，知道哪儿有活需要自己干。我们要肯卖力，工作中不能藏力气，惜力气，那样会浪费我们的时间，错过机会，我们要自动自发地去工作，奋力向前，超越平庸。

我们要相信，力量从行动中产生，想法多不如卖力多，我们要全力以赴地工作，完成任务不打折扣。

凡是我们责任内的事情都必然做到好，凡是我们经手的事情都一定做到位，我们要相信，努力的赶不上尽力的，我们要做尽力工作的人，用最高的标准来衡量自己。

我们做事要得力，用出去的力气要有好结果才行，我们尽力做事，做好事，把最佳的结果带给上级，把最好的业绩留给组织。

职场人士总结出一句话：今天工作不努力，明天努力找工作。今天我们拥有一份工作，就应该好好珍惜它，积极工作、努力工作。不必等他人的安排，自动自发，自觉而出色地把工作做到位。

高效率的员工就是要在限定的时间内完成自己的工作，当我们能在短时间内做更多的事时，我们就离成功很近了。

如果有一件事你能够去做但一直没做，那么现在就去做它。

信字诀

讲诚信，重承诺，
守信用，保信誉。

维护诚信本身就是一项有着非凡意义的事业,维护诚信本身也是一种不能间断地修养。

中国人讲的诚信与西方人的契约精神有异曲同工之妙,但又有所差别,诚信,诚在信前,没有诚就没有信。只有本心是诚的,信才能不假外力就能达到,诚是内因,信是结果,如果心怀虚假,那么,就只有靠法律等外力的作用来实现信。从这一点上来说,诚信是一种修养,是自动自发的要守诺践约,如实无欺,是一种人格力量的体现。而契约精神则是依靠外力,依靠契约这种外在形式来实现的。

人与客户不讲诚信,则失去商机,人与同事不讲诚信,则失去同事信任,人与朋友不讲诚信,则将失去友谊。诚心是一种人格,更是一种力量,无论多艰难,我们都应该坚持诚信。

诚信是对社会有责任心者的一种义务,利益不应取代美德,欺诈不应取代诚信,在这个社会上,诚信是需要我们维护的。

诚信无处不在,在团队中,诚信不只对客户而言,同事之间要讲诚信,上下级之间也要讲诚信,组织和组织成员之间也要讲诚信。

组织也需要诚信,因为这是一种无形资产,没有诚信,组织就会失去客户,社会也需要诚信,没有诚信就会失去正常的生产生活秩序。

人一旦失去诚信,则欺诈日甚,无所不用其极,最终发展到道德败坏,人人痛恨。

诚易信难,人立诚心容易,但实现信,却既要我们的努力,还要外界环境的配合,很多时候我们诚心办好事,但最终办坏了,我们好心答应了某事,但最终办砸了,于是我们失信了。所以我们要重承诺而不轻易允诺。

或许我们答应了的事情,最后办起来有点难,但如果办不成我们就会失信,所以我们还是要努力去克服那些困难,把事情办成了。

在组织中我们有天然的承诺,那就是我们有义务去实现组织交代给我们的任何一项任务,自从我们进入组织,我们就等于做出了这种承诺。所以,尽最大努力干好自己的工作,完成自己的任务,就是诚信。

| 信字诀

　　信用是一个商业用语，主要是指金钱往来，比如按时结账，按时还款，按时发货，一切都按双方的合同或契约来办事，不能有丝毫出入，这就是商业信用。

　　信誉则是守信用形成的一种结果，我们说某个组织有信誉，是因为它坚守商业信用，所以形成了良好信誉，这个信誉是其他商家给予的一种高度评价。

　　信誉虽然是抽象的，但却是由组织里的成员共同维护才产生的，信誉是组织的财富，维护组织信誉是每一个职员义不容辞的责任，只有每个职员都干好工作，按时完成，把好质量关，把好服务关，才可能维护好组织的信誉。

爱字诀

在组织,有六爱,爱工作(岗位),爱组织,爱团队,爱同事,爱自己,爱客户,能六爱,则快乐。存六爱,有归属,心得安。

人之本,重情义,推根源,要感恩:组织恩,团队恩,领导恩,同事恩,下级恩,客户恩,顾客恩。由感恩,去怨意;知感恩,能报恩,肯施恩;恩相施,至和谐。增和谐,多体谅,能交心。

从善言,行善行,赞(随)善举。

职业 三字经

在组织，有六爱，爱工作（岗位），爱组织，爱团队，爱同事，爱自己，爱客户，能六爱，则快乐。存六爱，有归属，心得安

有爱总胜过无爱。

爱用得好，就是甘霖，用得不好，就是毒药，把握爱的尺度，正确运用之。

爱一定要是发自内心的。

在组织，找到归属感。

不热爱工作的人不可能干好工作。

不热爱组织的人不可能优秀。

不热爱团队的人不可能成功。

我是组织的一分子，我是团队的一分子。

工作是我们的立身之本，工作是我们的饭碗，工作是我们实现人生价值的工具。以上这些观点，都是我们理性的认识，但我们的思想感情中，还有感性的一面，那么，我们该如何看待工作呢？我们要爱工作，而不能恨工作烦工作。

我们可以把爱给父母、子女，可以把爱给一辆车，一只狗，一棵花，那我们为什么不能把爱给工作呢？

我们常听到这样的话：因为爱，所以从此不同。这句话不但适应于恋情，也同样适应于工作。如果我们热爱工作，那组织就是我们的天堂，如果我们厌恶工作，那组织就是我们的地狱。如果我们爱工作，那么再苦再累也甘心，我们就能举重若轻，工作就好像蜂蜜美酒一样可口。如果我们厌恶工作，那么再优越的工作条件也换不回我们的心，也不能让我们满足，工作就好像在泥泞中负重前行。

只有爱工作，我们才能坦然地承受工作中的艰辛，并最终感受成功的喜悦，因为爱工作，我们才能淡定地经历工作的曲折，并坚定地走到目的地，只有爱工作，我们才能安然地等候，直到事业花开，果熟。只有爱工作，我们才能对工作投入更多精力，我们的工作也才会更有成效。只有爱工作，我们才能在工作中得到充实，虽身体辛劳而精神愉悦。

只有爱工作，我们才会体验到工作的乐趣，才能愉快地工作，只有爱工作，我们才会产生激情和动力，我们才会自动自发，才会积极主动，才会尽心尽力。

只有爱工作，我们才会珍惜并把握住属于自己的机会。爱是一种神奇的力量，这话对工作同样适用。

组织这个词许多人比较陌生，我们熟悉的称呼是单位、组织、厂里、机关，而这些统称为组织机构，组织就是我们所归属的地方。

个人的力量是极为有限的，所以要依赖一个组织才能生存，我们和组织的关系就是鱼和水的关系，任何一个个人，从董事长到普通员工，都离不开组织。

热爱我们自己归属的组织，就如同爱自己的家一样，热爱自己的组织是一种最基本的美德。一个不爱自己组织的人，放在哪里都是不安定因素，而一个爱自己组织的人，放在哪里都是建设性的力量。

只有爱自己的组织，才可能有归属感，才可能有集体荣誉感，才会对组织目标和文化有认同感，才能够真正融入组织，成为名副其实的成员，才会与同事一道为组织的进步而努力。

团队，是与我们每个人的距离最贴近的，我们同组织的关系，与同事的关系，与客户的关系，都通过团队来体现，团队是我们与整个组织及与社会联结的纽带。

一个组织有一个大团队，然后又会有许多小团队，我们的所有的工作活动都在团队中展开。

热爱我们的团队，因为它是我们的基本力量，有时甚至是唯一可以依靠的力量。

我们的小团队与我们的关系是最密切的，我们的大多数时间都是在这个小团队里工作，我们与团队的同事打交道的时间比家人更长一些。如果我们不爱自己的团队，我们该如何度过这么长的时间？

我们必将与我们的团队一起经历风风雨雨，感受苦辣酸甜，我们抱团取暖，互相支撑，我们从团队中汲取力量，也将自己的力量奉献于团队，我们与团队同甘共苦，同荣共辱，我们的艰辛，我们的欢笑，我们的成就，无不与团队息息相关，只有深爱着这个团队，我们才能与它一起脉动，让团队的力量成为我们的力量。

热爱我们的团队，与同事一起将它建设成一个强大的团队，一个在竞争中夺取胜利的团队，一个团结的团队。

热爱我们的团队，维护团队的信誉，以自己的团队为荣，积极参与团队的事务，与团队步调一致，全力与团队一起完成任务。

多一个朋友，少一个敌人。

在职场上我们容易陷入误区，把同事看成纯粹的竞争对手，只有竞争没有信任，这是一种狭隘的观念。

爱和竞争并不完全对立，是可以共同存在于一体的，有爱的竞争才是有风度有气度的竞争，才是良性的竞争，同样，有爱的协作才是有境界的协作，才是完美默契的协作。

同事不应变成冤家对头，而应变成亲密战友，同事不应互相拆台，而应互相协助，如果我们的同事关系尚不理想，那就应当从我做起，去爱同事，用爱来改变关系，来促成协作，用爱来做润滑油，避免摩擦和矛盾。

客户或者说顾客，某种意义上是我们的衣食父母，我们同客户之间，既可以是纯粹的商业关系，也可以变成朋友，从感情上来说，我们彼此之间都是人，所以也都需要爱，爱我们的客户，让他们感受到我们的真诚和热情，建立起良好的私人关系，这将更有助于我们业务的开展，当然，爱要有尺度，私人关系也要有尺度，要爱，但不是泛滥地去爱。

怎样才算爱自己？为自己争取小利，处处为个人考虑，那称不上是爱自己，真正的爱自己一定要在一个高水平上，爱惜自己的名誉，爱惜自己在上级和同事心中的形象和地位，爱惜自己在团队中、在组织中的影响力，爱惜自己的业绩，爱惜自己的工作品格，爱惜组织给予自己的每一个学习机会和锻炼机会，爱惜自己的每一次任务，爱惜组织给予自己的一切，这样才算是真正爱自己。

| 爱字诀

人之本，重情义，推根源，要感恩：组织恩，团队恩，领导恩，同事恩，下级恩，客户恩，顾客恩

人的一生，恩恩相联，因蔓不断，只有恩才能造出正能量，前人栽树后人乘凉，前人挖井后人饮水，总之，如果细数我们一生中所接受的恩情，那真是数不完的。而我们常说的俗语"吃水不忘挖井人"，就是劝我们要铭记恩情的。早在春秋以前，诗经里就有"投之以桃李，报之以木瓜"的诗歌，后来演变成了"投之以桃，报之以李"的谚语，我们老百姓总是说"恩欲报，怨欲忘；报怨短，报恩长。"就是要淡忘仇怨，铭记恩情，是一种成熟的人生态度，章回小说里常说到"知遇之恩，永世不忘"，也是古代知恩报恩思想广泛存在的证据。我们后来说的"滴水之恩，当涌泉相报"则是极其厚道仗义的思想，忘恩负义，在我们这个国度是为人所不齿的，一个人一旦忘恩负义，那就再也没有人肯于接纳他了。

人在相处的过程中产生了感情，由于人要依赖于社会关系而存在，所以在生命过程中，我们无可避免地要接受别人的恩情，有些我们认识到了，有些我们没有认识到。

推本溯源，与我们有联系的许多人，都是我们需要感恩的对象，我们的生命和生活，我们的幸福和快乐，离不开他们。

人若不知感恩，就成为一个无情无义的人，一个内心贫贱的人，一个为人所不齿的人。

组织于我们有恩，因为它为我们提供了工作的平台，我们因此有了收入，有了安身立命之所，有了机会，有了成长进步的空间，我们靠组织的资源才有了生存的所需。

团队于我们有恩，因为在这里我们进行学习，进行协作，我们靠团队的力量才能取得成绩。

领导于我们有恩，因为我们要在他的带领下才能取得成绩，他以丰富的经验、技能、头脑，带我们战胜困难，获取业绩，我们的许多智慧都是从领导身上学来的。

同事于我们有恩，因为我们需要他的关怀、协作和帮助，而默契的同事关系，是我们人生宝贵的财富。

下级于我们有恩,因为许多事要靠他们卖力才能完成。

客户于我们有恩,因为我们要依于客户才能取得业绩,顾客于我们有恩,因为他们的购买我们才有收入。

由感恩,去怨意;知感恩,能报恩,肯施恩;恩相施,至和谐。增和谐,多体谅,能交心

知道感恩我们才懂得付出,我们也才能体会到人与人间互相关联的真谛。

感恩是一种认同,一旦不知感恩,我们就变成了负心人、白眼狼,被钉在道德审判的耻辱柱上。

感恩之心首先是一种分别之心,我们不能将他人为我们所做的视为理所当然,那样的话我们就会失去感恩之心,并且会更加贪婪且过分地索取,到了这种境界,他人就会抛弃我们,避我们如蛇蝎,曾经的亲情、友情、提拔之情、帮助之情,都会烟消云散,并变成厌恶。

当一个人知道感恩了,他就能报恩,并且肯施恩于别人,人与人之间,互相施恩,这样的关系才能称得上是和谐的关系。和谐了,就会互相体谅,就能够互相交心。

感恩之心是我们人生中的阳光雨露,是我们品质尊贵的必需,没有感恩也就失去了美好,心灵因此蒙尘,工作变成了苦旅,同事间变成了利益的争夺者。

感恩是一种哲学,是一种智慧,是对人与人间关系的深度把握,是学会做人的支点,也是完善人格的支点。感恩说明我们对自己与他人和社会的关系有着正确认识,报恩则是一种积极的、高尚的情怀。

恩情需要铭记,许多子女可以和父母激烈地争吵,因为在那一刻他忘记了恩情,也有子女弃父母而不养,因为在那一刻他只记住了仇恨。同样,背叛组织,背叛领导的人也忘记了恩情。没有感恩的人生是残缺的,是不正常的,铭记恩情,我们才会在一些纷争中保持头脑清明,能够平心静气,不做过分的出格的事情,不恩将仇报,不被自己的贪婪和欲望所左右,从而保住那份难得的恩情。感恩令我们严于律己宽以待人,让我们正视错误互相帮助。

从来没有人可以自己完成一切,人生的道路上总是有人对我们伸出温暖的

| 爱字诀

救援之手,或者为我们出点力,或者在财物上有所帮助,或者为我们提供精神的动力。

从善言,行善行,赞(随)善举

在组织中,我们的目标是出成绩,但在我们出成绩的路上还有各种各样的风景,善就是最美的风景。如果我们在出成绩的时候忘记了善,那我们就成了业绩机器。

那些美好善意的语言,那些好心的建议,那些有利于组织,有利于社会的话,那些正能量的语言,我们要附和、听从。善言是团队里的一种正能量,可以压制团队里的混乱错误言论,我们要从善言,发善言,不能让组织里的正能量失声。

善行可以让人变得更美好更纯粹,对于组织来说也是这样,善行多了,组织就会更纯粹,更有凝聚力,我们每一个组织成员,都应该行善行,赞善举,让善行善举在组织里开花结果,让组织变得更美好。

一个没有善行的组织是没有存在意义的,一个没有善行的人也同样没有存在意义。

坚字诀

　　坚理想，坚信念，坚志向，坚决心，坚立场。坚理想，志高远，坚信念，不可动，坚决心，不畏缩，坚立场，不摇摆。
　　有压力，要调节，承受力，要增强，
　　做事业，贵坚持，能坚持，事必成。

理想是一种比较完美的境界，会在现实中不可避免地发生各种怀疑和动摇，所以他比志向更难坚持，理想是人生最宝贵的财富，是前进的动力，理想是纯粹的，是精神的支柱，一旦失去理想，人生就会陷入低俗。理想，令同样的事情有云泥之别，就是因为理想是一种更高的精神境界。

用理想做支撑的事业将会走得更远，用理想做支撑的人生将会更加丰富多彩。

曾经有一个年轻人谈起他的志向，是游遍全世界。其实这不能算一个志向，而是一个愿望或者说向往，说得庸俗点就是欲望，就好像吃遍全世界的美食或者玩遍全世界好玩的地方算不得一个志向一样。

志向首先是一个褒义词，它的词义指向是不凡的事物，是伟大的愿景，这样才称得上是志向。

信念是我们的脊梁，如果没有信念的支撑，我们难以挺胸做人，信念是我们的双足，没有信念的依托，我们不可能走更远。

信念，将理想落实到意志、思想里，令理论化的理想变成了实质性的念头。我们的事业心就是一种信念，信念令我们认准正确的操守和行为而不动摇，让我们无论面对任何困难都会坚决走下去，让我们无论面对任何诱惑都不会舍弃，让我们轻轻拂去那些浮华喧嚣的云翳，让我们的眼睛始终注视着我们的理想和目标。

人的一生中，最强大的力量就是信念，没有信念，坦途上也会跌倒，有了信念，绝壁也可攀登。没有信念的人，走一步也会喊累，有信念的人，行万里也不觉远。

那些没有信念的人，一顿饭就能收买，有信念的人，金山放在眼前都不动心。

没有信念的人，三言两语就能拐骗，有信念的人，费尽心机也不能扰乱。

信念是人生最好的汽车，可以为我们提速，可以为我们负重，可以为我们指引方向，可以为我们照亮黑夜，有了这样一部汽车，我们又有什么目标不能达到呢？

如果有挫折，我们用信念战胜，如果有阴影，我们靠信念走出，如果有坎坷，我们靠信念迈过，如果有黑暗，我们用信念照亮。

当我们有信念时，我们就能全身心地投入到工作中去，我们的精神才能高度集中，我们才能对事业全神贯注，我们才有可能成功。

让决心坚定再坚定。
下定决心不动摇。

下决心容易，保持决心难，下决心是一时的事情，而将决心推行下去则是长时间的事情，如果没有坚定的决心，那么在碰到现实中的种种变化，种种不利因素的困扰时，我们就会向困难妥协，我们曾经的决心也就烟消云散了。

每个人都曾有过决心，要干好工作，并干出个样子来，但许多人的最终结果是什么都没干出来。职场不是阳光大道，也不是独木桥，而是什么地势都会遇见，工作不是观光旅游，工作是长途跋涉，没有坚定的决心，战胜自己的畏难情绪，战胜自己的退缩和放弃的念头，我们的目标就不可能最终实现。

上级派下来的每一个任务，都需要我们坚定决心完成，我们想要达成的每一个目标，都需要坚定决心才能实现。审视我们的决心吧，每天都要加固它，不让它在不知不觉中逐渐减弱，以致我们最后在职场上变得脆弱不堪，恰相反，我们的意志要历久弥坚，一路走去，所有的障碍都会被我们粉碎。

我们在任何时候，对任何事，其实都有一个立场存在，可能有时候我们茫然不觉，但它却对我们的工作起着决定性的作用。

有时候我们的立场形成久了，我们就察觉不到它的存在，因为它已经成为了隐性立场，这种隐性立场才是最重要的。当我们的立场不知不觉滑出正确的轨道，而我们却浑然不觉它对我们工作的深刻影响，这才是最可怕的事情。

对工作中一件我们习以为常的事，我们可能按习惯就处理了，比如公款吃喝，大手大脚，我们说这是为了工作。究竟是不是全是为了工作呢？是不是全是为了组织呢？我们的立场究竟在哪儿呢？

我们把组织里的一件事交代给一个熟人，我们付出的费用比其他人更高一些，这时候我们的立场又在哪里呢？我们可能有各种原因，或者图方便省心，或

者顾面子，但这时候我们的立场去哪了呢？

同事犯了点小错误，替他圆场，找借口，甚至替他隐瞒，我们可能是为了"和谐"，为了"友谊"，但是立场呢？

在组织中，我们的立场毫无疑问应该是向着组织的，毫无疑问在任何时候我们都要采取一个工作的立场，只有这个立场才是正确的立场。

对我们的工作而言，任何私人的立场都是错误的。只要私人的立场与组织的立场发生了矛盾，我们就必须舍弃私人立场，回到工作立场上来。

对我们采取的任何一个行动，我们都要扪心自问，我们是不是为了组织的利益？我们的立场站对了吗？只有如此，才能不断修正我们的立场，也才能坚定我们的立场，不会在做事时偏离了我们该有的立场，从而避免错误的发生。

守字诀

守法律,守纪律,守秩序,
守规则,守规矩,守本分,
守道德,守原则,守秘密,守机密。

守的意义

人必须要守住一些东西，否则就不能安身立命。就好比军队守不住阵地就会溃散、国家守不住城池就会灭亡一样。

那些我们不能失去的东西是我们人生幸福的前提条件，人若不能守住父母子女爱人间的亲情（如那些自私的人），心灵就会在孤独中煎熬，人若是不能守住工作和积蓄（如那些赌博的人、懒惰、纵欲的人），就会在贫穷中煎熬，人若是不能守住做人的基本原则（如那些没有操守没有底线的人），就会在欲火和欲望的不能实现及实现后的不良后果中煎熬，还会在社会、组织、上级、同事、朋友、亲人的否定和排斥中煎熬。当人因为不能守住这些东西而犯罪，还会进入监狱中受煎熬。

人生和工作都需要我们积极进取，但在积极进取的同时，也有许多需要我们坚守的东西。守和攻是军事哲学中的一对命题，看似截然相反，实则相辅相成，不可分割。如果我们失去了一定的人生操守和职业操守，那无论我们如何积极进取最终也会失败。

守与攻是相对的，守住一定范围不让敌人攻入，是守，比如守城、守土，而守住一定范围不让自己逾越，也是守，比如守家、守德，守字诀的守包括这两种含义，而以后一种含义分量更重。

守字从指向实物而转化为指向一些抽象的概念时，守的意义主要就是不逾越、不违备、不超过、不失去，守就是要自我克制，使自己遵守一定之规。工作中，对于那些重要的，必须坚持做到的，我们要守而不失，这就是守字诀的意义所在。

与守有关的词汇有：遵守、坚守、守住等，遵守是正常状态下我们在做的事情，我们按平常的做法去做就做到了，坚守则意味着遇到了一定的困难，需要靠坚定的信念来坚持遵守，守住则强调结果，如"守住道德底线"，是在强调守的结果。

守住那些必须守住的东西，可以保证我们在事业的航道上不会翻船不会落水，守住那些必须守住的东西，我们才能保持人性的光辉，才能让我们的事业既成功又保持美好。

守法律

工作中要坚守法律，法律不可违犯，违犯了必被追究。如果我们违犯法律去做成一些事情，那么即便一时做成了，过后也会被法律推倒，徒劳无功而反获其罪。守法意识必须在我们心中根深蒂固，违法的事坚决不碰，即便能获得不小的利益也不可动心。

偷窃组织财物，非法挪用资金，出卖商业机密，贪污浪费，打架斗殴，造谣中伤，损坏公共财物，出卖组织利益，这些非法的事情要坚决不碰。

其实大家想加强守法意识不难，面临冲动的时候常想想罪犯的待遇如何就可以了。

守纪律

任何一个组织都需要靠纪律来约束成员的家思维和个人习惯，一个纪律散漫的组织将无法成功运转，而一个纪律散漫的员工也终将会被淘汰。

凡是纪律所不允许我们做的，我们就不能碰，碰了必被惩罚。

为什么要制定纪律，就是为了防止我们犯错误。

对纪律增进了解有助于我们的成长，因为纪律本身就是工作规律的一种体现，它是人们根据日常工作的实际情况总结出来的行为准则，通过对纪律的学习和思考，能让我们更好地理解工作，更好地把握工作。

纪律在人类历史上可谓是源远流长，在国家，纪律就是我们现在所谓的法律，如《左传·桓公二年》："百官于是乎戒惧而不敢易纪律。"在佛教，则有经律论的三藏，戒律就是佛教的纪律。在军队中，纪律就是军纪，如苏轼《王仲仪真赞》："转运使摄帅事，与副总管议不合，军无纪律。"

可见在任何一个组织，都不能没有纪律，毛主席《关于正确处理人民内部矛盾的问题》中说："在人民内部，不可以没有自由，也不可以没有纪律。"

纪律就是约束我们错误的、不好的行为的，凡是有上进心的人，都会乐于遵守纪律。

军纪严明的军队才可能打胜仗，纪律严明的团队才可能做出像样的业绩。没

有纪律就不能保证工作的正常进行，纪律是组织不可缺少的保障，纪律是我们工作不可缺少的工具。

不遵守纪律就是损害大家的共同利益，是不道德的行为。一个具有职业修养和道德修养的人，必定也具有较强的纪律性，能自觉执行纪律、维护纪律。

纪律需要我们带头遵守，而不是违犯。凡是纪律要求我们做的，坚决做到，凡是纪律禁止我们做的，坚决不做。

我们要视纪律为我们的良师益友，而不是敌人。纪律给我们良好的工作秩序，良好的工作环境，能够养成我们良好的工作习惯，保证我们正常、高效的工作，保证我们创造出理想的业绩。

被迫遵守纪律，纪律就好像悬在我们头上的利剑，逼我们好好工作，自觉遵守纪律，纪律就好像拿在我们手里的利剑，帮我们更好地工作。要乐于遵守纪律，自觉遵守纪律，而不是不情愿地遵守纪律，这样，我们才能工作得更快乐。

将纪律意识融到骨子里去，养成纪律性，从被迫接受纪律进步到严格自律。

要严格遵守时间纪律，严格上下班、请假销假。

要严格遵守组织纪律，服从人事调配、上级指挥、保守秘密，接受管理和监督。

要严格遵守岗位纪律，完成劳动任务，履行岗位职责，遵守操作规范。

严格遵守协作纪律，在不同工种部门之间、工序之间、岗位之间、上下级之间按命令和规章进行连接配合。

严格遵守安全卫生纪律，在劳动安全、劳动卫生、环境保护方面的规定要遵守，不能视为小事私事而疏忽。

严格遵守品行纪律，在廉洁奉公、爱护公共财产、厉行节约、不骂人不打架、不浪费等方面的规定和规矩要严格遵守。

守秩序

任何组织的日常运营都会有一定的秩序，秩序决定了先后次序，不至于颠倒混乱，而是条理井然各安次序地运转。

秩序令我们的工作保持稳定、持续、一致和确定。遵守秩序，工作就会更顺

| 守字诀

畅地进行,在我们安全、熟悉的状态下,不会出现意外事件。

守规则

任何一个行业都有其游戏规则,甚至在任何一个组织里也存在着这种规则,我们可以称之为游戏规则,也可以称之为作风做派,或组织风格,或行为模式,当然,游戏规则可能更形象更好理解一些。在定义上,游戏规则可能更偏重于那些大家不愿出口,但共同认可心照不宣的层面。在行业里,游戏规则更偏向于对竞争规则和淘汰规则的概括,在组织里,游戏规则的含义也有这种偏重,我们不能不按这些规则来干事,因为游戏规则在某种层面上就是对我们的行为模式(主要是竞争模式)的一种限制,让我们不得越出雷池半步。

游戏规则摆在那,谁触犯了,那么就会"Game is over",失去继续玩的资格。组织的规章制度是有明文规定的,容易掌握,但游戏规则只能自己领悟,需要一定的时间才能掌握,如果在这方面没有悟性,那就别指望被领导层认可,也别指望被同事们认可。

游戏规则也可以上升到行业和组织的运行规律的层面,整个行业或我们身在的组织是由这个规律来决定自身的兴衰成败的,而我们也由这个规律来决定自己工作的成败。作为一个个体,没有制定这种规则的能力,那就只能按已经成为规则的玩法来玩这个游戏,否则就会出局,这就是我们强调要守规则的原因。

守规矩

古人说,不依规矩,不成方圆。规和矩是尺子和圆规,属于物质工具,后来词义引申,就变成为一个人给另外的人订立的(或一些人共同订立或默认的)必须遵从的条条框框(行为准则),就是规矩。有时候规矩是一种惯例,比如说"按老规矩办",这时的规矩就是指约定成俗的惯例(这依然是一种经大家认可的行为准则)。

父母给儿女定规矩,上级给下级定规矩,强者给弱者定规矩,大家在一起互相磨合时间久了共同形成规矩,这些规矩没有以法律法规的形式确立,不是组织

行为，属于个人行为，但却依旧有很强的约束力，要求我们去遵守。

守本分

本分这个词，听起来有些模糊，但却很实用，广泛流传在我们老百姓中间，是我们广大老百姓本性善良淳朴的体现。

啥叫本分？说简单点就是知道自己是谁，从不去要自己不应得的，从不去想自己不应该想的，从不去议论自己不应该议论的，从不去做自己不应该做的。

只要我们守住了做人的本分，我们基本就一切都守住了。

知道自己是谁听起来简单，其实做到不容易，所以守本分听起来简单，实现起来不容易。

在组织中，知道自己是谁相对容易得多，那就是安守岗位职责，明确这个岗位应该干什么，不应该干什么，把本职工作干好，也就做到守本分了。

万事万物都有其本分，安于本分则一切都正常运转。守本分不是"傻"更不是"窝囊"，而是明智。守本分不是不思进取而是懂原则有方法，是知所攻知所守，凡事都把握好分寸。

团队里强调守本分，其实就是各安其职，把本职工作做好，所有成员按照组织对各个职位的职权设定来办事，互不逾越，也就少了很多矛盾纠纷，政令清明，权责清楚，行动目的明确，执行起来条理有序，组织运行起来自然就高效。

守道德

我们常说，要守住道德的底线，这个要求实在是太低了，我们要守住的是道德的高地，而不是退无可退的底线。

道德对一个人的重要性而言，可以是轻于毛发的，也可以是重过性命的，而我们应当选择后者。

职业道德虽然是无形的，但实际上对我们的工作起很大的作用，没有职业道德，也就没有任何事业前途。上级领导都是看重我们的职业道德的，职业能力反而是其次。

守原则

原则有很多，做人的原则，做事的原则，这都是比较笼统的原则，工作中我们说讲原则就要具体化，不具体的原则就没法让更多人遵守。比如组织利益在前，个人利益在后，下级服从上级，老规矩服从新规矩，有些原则组织中有明文规定，成为了规章制度，有些则是职场中通行的原则，没有形成明文规定但被主流意识认可，这些工作原则我们都要坚守。

工作中要做好人，但不能当没有原则的老好人，对谁都说好，对什么都说是，这就是没有原则的老好人，这种老好人是团队最看不起的，因为他的无原则风气对团队没有什么正面作用。

守原则需要信念坚定，那种怕别人不高兴，怕得罪人的心态要不得，只要是违法违规违背组织利益的，坚决不能配合，不开绿灯，自己这一关一定要把握住。

守原则就是要自我克制，自己不能怀疑，不能动摇，不能违备。

守秘密

君不密则失臣，臣不密则失身。

每个人都会有自己的小秘密，不愿让更多人知道，我们如果偶然知道了，那么要替别人守住，这是一种道德。对于那些一旦泄露出去，会给当事人造成困扰和痛苦的，我们就更不应该泄露了。

替别人守住秘密也是维护关系的重要基础，一旦我们泄露了会令他人不悦的秘密，我们也就破坏了相互间的关系。

有些事不讲没有坏影响，一旦讲出来了就会对我们的工作造成困扰，我们要记住一点，千万别拿别人的小秘密来炫耀，来交换，来换取别人的一时高兴，更不要以为泄露一个人的秘密可以增进与另一个的关系，要记得泄密是一件不道德的事情。

守机密

机事不密则害成。

什么是机？就是机要的、关键的、起决定作用的。机是一种物体，古汉语中有枢机这个词，机就是机关的意思，是开启一件物品或关闭一件物品的东西，所以机的词义后来演变为决定一个事物状态的关键。

所以商业机密就是决定一个商业决策成败的关键信息，国家机密就是决定国家兴衰的关键信息。机密的重要程度自然要比秘密大得多，所以我们就要更加慎重地保守。

任何一个组织都有自己的机密，一旦泄露就会造成损失，甚至有的机密泄露会令组织覆灭。

国家有国家机密不可泄露，公司有商业机密不可泄露，保守组织的机密是每个成员的义务和责任，泄密会被追究，有的泄密会违反法律，会受到法律的惩罚。

我们对机密的认识可能有些不够清楚，不够深刻，并不是那些明文规定的重大机密才算机密，也不是领导表示这是机密的才算机密，当一项任务、一个项目还没有完成之前，关于这项任务和这个项目的一些决策、计划、方法等，都算机密，包括自己的一些工作情况，比如与客户的谈判进展，客户资源和资料等，都不能轻易泄露。

机密绝不能向竞争对手、客户透露，也不能对同事透露，也不能向家人朋友透露，守机密的原则就是对谁也不能泄露。

我们不但要保守自己所知道的机密，同样，还要对同事、其他部门的一些机密做到不打听，不传播，不乱议论，好奇心和八卦心是不成熟不稳重的表现，肯定会带来负面效果，在工作中是要不得的。

化字诀

　　有诸化,需做到:具体化、职业化,专业化,标准化,规范化,制度化,正规划,现代化,程序化,流程化,好办法,常规化,好事情,常例化,好模式,常态化,好行为,习惯化。

　　要超越,一深化,二细化,三优化。求规律,深入化,务繁杂,精细化,物理事,精准化,熟知事,高速化,抓关键,简易化,一切事,最(更)优化。

思想心态职业化。

言行举止职业化。

操作标准化。

结果追求精细化。

（行为）规范化——将组织的每一个要求都做到。

一切追求最优化。

最优的方案，最优的支持，最优的行动。

通常讲的职业化、专业化，都是对组织的，很少有对个人要求的，而在本书中，所有这些对组织的要求，都强化为对成员的要求。

优化是本篇的核心，无论是标准化，还是规范化，专业化，本质上都是一种对工作的优化。

对于三化的提炼，我是费了好些功夫的，原先是把精细化，规范化排在最优化前面的，经过仔细思考，最后，还是认为职业化，标准化，最优化，这三化最具代表性，最具概括性，也最重要，最迫切。可能对一些生产制造型组织来说，他们会觉得精细化、流程化更重要，对于一些高技术含量的创新型组织的人士来说，他们或许认为精准化更重要，但事实是，最优化这个概念，是可以指导所有的"化"的，无论是精细化还是精准化，还是流程化，都需要做一点，那就是不断优化，最终实现最优化，甚至于，包括职业化和标准化，都要按最优化的要求和标准来制定来实行。无论是组织的管理，还是员工个人的工作行为规范，都需要记住一点，实现最优化。

有诸化，需做到：

具体化

具体是具有实体的意思，具体化就是将看不见的转化为看得见的，将模糊的变成清晰的，将笼统的变成详细的，将纲变成目，将大体上的变成整体完备的，将猜想的变成实证的。

目标和任务，要具体化之后才有可能落实，尤其是纲领性的目标和任务。我们自己制定自己的工作目标时，也要注意将之具体化。

当我们在工作中进行沟通的时候，听者总会要求讲得具体一点，只有具体的讲，才能让听者正确并详细地理解。

完成一件工作需要具体的步骤，越是具体，可操作性就越强，成功的可能性就越大。

我们工作越是具体就越有实效，具体就是落实，具体就是认真。

职业化

职业这个词，有两个字根组成，一个是职，这是岗位的意思，一个是业，这是事业的意思，职业就是职位和事业的意思，职业化，就是要使自己的思想、言论、行为，适合自己的职位和事业，符合职位和事业的特点，带有职位和事业的特征。

职业化在不同的职位上有不同的特征，如管理人员就是要发号施令的，发号施令得当才算职业化，而被管理人员则是要接受命令的，受命执行没有偏差才算职业化。生产部门的员工，职业化更多体现在生产制造上，销售部门的员工，职业化更多体现在如何销售上。

职业化在不同的行业上有各自的鲜明特点，甚至差距极大。比如服务员是为客人服务的，其言语行为就有服务性的特征，是谦和甜美的，处处为客人考虑，令客人宾至如归的，绝不会有攻击性行为。而警察、法官、律师，则是审察犯罪，制止犯罪的，其言语行为就应以怀疑、质问、审讯为特征，如果他们说软话，说客气话，那就是不具备职业素质了。

总之，职业化就是加强职业素养，让自己的思想、言论、行为更加符合自己的职务和行业的各种具体要求，具有职务和行业的鲜明特点。具体地来说，职业化就是使我们在知识、技能、观念、思维、态度、心理、语言、行为等诸多方面符合职业规范和标准。它可以概括为三个大的方面：职业化素养（职业道德、职业意识、职业心态）、职业化行为、职业化技能。其他的辅助内容如职业礼仪、职业形象、职业装备等。

职业化不仅在工作过程中有全程的各个方面的表现,而且在非工作时间也会表现出来,比如有些老师喜欢教训家人,这时候职业化就形成了职业习惯。

职业化是我们在职场飞速前进的保证,我们想要最快的从职场菜鸟转变为职业精英、行业先锋,那就必须让自己职业化。职业化程度的高低,基本决定了我们在职场的前景。

职业道德是职业化的前提,我们不可想象这样的情况下一个人还可以称为职业化:小偷小摸、迟到旷工早退、充满欺骗、喝酒误事……实现职业化必须遵循职业道德,像诚实、正直、守信、忠诚、负责,没有职业道德就没有职业化可言。

职业化最重要的是严格遵守行业的行为规范和组织的规章制度、纪律,违背这些,就永远不能实现职业化,永远也不可能在这个行业和组织内得到认可,也永远别想出人头地。

当我们日渐职业化之后,我们做事就会很有章法,应变迅速,解决迅速,而且有条不紊。我们做事的章法、套路,要靠长期的工作经验积累而成,也得益于认真学习掌握组织的制度要求、工作规范。

加强我们的职业化素养,令我们看起来更像干这份工作的样子,做起工作来有章法可循,而不是杂乱无章,技能娴熟地解决问题,而不是笨手笨脚、手忙脚乱地解决问题。

专业化

专业化和职业化一样,一般适应于对组织进行要求,但实际上,个人更应该做到专业化。对于个人来说,专业化就是我们提升专业素养和能力,成为某个领域的专业人士的过程。

专有很多种意思,一是集中一处,专一不二,如专长、专心致志。二是独自掌握和占有,如专有、专利。我们平常说专家就是指对某一事物非常精通,或者说有独到见解的人。专业人士则是指对某个领域比较熟悉或对某项技艺有较高的造诣,有自己擅长的技能,或者有全面专业知识的人。

相较职业化,专业化更偏重于本专业的职业技能,要求我们的工作符合这个专业的工作原理和操作规范、专业标准。

许多工作尤其是技术性的工作必须有专业水准才能胜任，专业水准要求我们有足够专业的知识和技能还有实战经验，专业水平决定了我们的职位，在某种程度上，专业水平就是我们的能力。

熟悉我们的工作，变得娴熟，不断地深入钻研，掌握更多工作规律和技能，提高解决问题的能力。

追求专业化，这是一条永无止境的前进之旅，不断提高我们的知识结构、专业技能，向行业最高的专业标准不断接近，术业有专攻，只有实现专业化后我们才可以算是有一技之长，才可以成为不可或缺的人才，没有实现专业化之前，是称不上人才的。

标准化

标准的原意是标靶，就是目的，但它的词义延伸得很远，意指用来判定技术或成果好不好、达不达标的根据。从哲学上来讲就是衡量事物的准则，或者是一种参照物，比如本身合于准则，可供同类事物比较核对的事物：标准音、标准像。以上是从行业和协会的角度来看标准的定义，而从员工个体来说，标准化中的标准依然是其原始的词义，就是我们在工作中要实现那些个特定的目标（按标准制定的），换一个表达方式就是按已经制定出的标准来工作。

对于行业或协会来说，标准化是建立技术标准的过程，而对于员工来说，做的事情符合行业标准，符合组织规定的工作标准，这就是员工工作的标准化，也许不像科技标准那样有数据作为依据，但员工追求工作的标准化一样有着重要的意义，它是员工成为行业内精英人才的必由之途。而且个体追求标准化，更多指向一些并不经由协会制定，而是现实存在于行业和组织内，已经运行但还没有形成书面文字的潜在标准，这样的标准化有更重要的意义。

协会或行业在科学上制定标准，是为了在一定范围内获得最佳秩序，标准是对重复性事物和概念所做的统一规定，它以科学、技术和实践经验的综合为基础，经过有关方面协商一致，由主管机构批准，以特定的形式发布，作为共同遵守的准则和依据。

职业 三字经

标准化是制度化的最高形式，可以用到生产、开发设计、管理等各个方面，是非常有效的工作方法，组织想要在市场竞争中取胜，就必须做好标准化，同样，个人想要在组织中有所成就，也必须实现标准化工作。

如果说我们的时代是一个讲究标准的时代，这一点也不夸张。标准化是科学管理的基础，各种科学管理制度的形式都以标准化为基础。在我们的工作中，力求达到标准，就可以节约管理成本，更加有利于协作、对接，保持高度的统一和协调，可以提高效率。标准化可以避免我们的重复劳动和无效劳动，可以缩短设计周期，只有标准化才能保证产品质量，维护消费者的利益。

不符合标准的产品是不合格的产品，因为它无法广泛地推广应用，同样，不符合标准的工作就是无效的工作，因为它不会给出组织需要的结果。按标准操作，还可以保障我们的身体健康和生命安全，不会发生安全事故。

因为标准化对我们的工作中的诸多环节和细节都有了明确的规定，所以我们可以更精确更准确地做好工作。如对工业产品的设计、生产、规格、质量、等级、安全卫生、生产、检验、包装、储存、运输、环保等都有统一的技术要求。而对其他业务的抽象的标准化，则是比较难以掌握的。

作业标准化就是对在作业系统调查分析的基础上，将现行作业方法的每一操作程序和每一动作进行分解，以科学技术、规章制度和实践经验为依据，以安全、质量效益为目标，对作业过程进行改善，从而形成一种优化作业程序，逐步达到安全、准确、高效、省力的作业效果。组织标准化是以获得组织的最佳生产经营秩序和经济效益为目标，对组织生产经营活动范围内的重复性事物和概念，以制定和实施组织标准，以及贯彻实施相关的国家、行业、地方标准等为主要内容的过程。

无论是何种标准化，都是为了让我们更高效工作的。

以生产为例，标准化就是按照标准的流程在标准的时间内按照要求达到的标准完成工作指标。其他的工作也可参考这一标准。

按标准化的要求工作，我们就不会违备操作规范，不会违反作业程序，不会破坏工作流程，不会达不到质量标准，不会随心所欲没有章法的工作，而是在一种精密的控制之中完美的工作。

规范化

规是尺规的意思，范是模具的意思，规、范合起来，就是表示对物、料的约束器具，延伸的意思就是对思维和行为的约束规则。

现实中规范我们言行的，有法律、规章制度、纪律、学说、主义、理论、概念、伦理等。规范与标准是互为补充的，那些因为无法精准地定量而形成标准的，就可以形成规范，对我们的工作实现约束。比如说道德规范里讲的心灵美和语言美，还有在这本书中讲的暖心语，都只能形成规范。因此，规范化和标准化是互补的。

从管理的角度来说，规范化是指根据事物的发展需要，合理制定组织规章和基本制度及工作流程，以形成统一、规范和相对稳定的管理体系，通过对该体系的实施和不断完善，达成井然有序、协调高效的目的。

从个体的角度来说，所谓的工作规范化就是让我们的工作符合一定之规，纠正我们随便率性的毛病，杜绝低效的、不规范的操作，避免不必要的失误和错误。这个规范既可以是组织订立的，也可以是我们自己认可的，比如说我们遵循同行业中优秀组织和优秀人才所遵循的工作规范。规范化本身是不断进化的，就是要向更好的规范看齐，用更好的规范来约束、改进、提升自己的工作。

制度化

制度化是一个反映组织职能的概念，对于我们的工作来说，就是遵守组织制定的规章制度，以制度为准绳，约束自己的行为。

正规化

正规化是指符合正式规范与特定标准的模式或状态，也可指为了达到规定标准、实现正规目的而采取的一定措施和相关活动。所谓正规其实就是一个比较高的标准。因为被视为正规操作的大多都是行业的领跑者，所谓正规的标准也是根据他们的标准制定出来的。

正规军和杂牌军的区别是什么？武器精良，接受最先进的知识，受过系统的科学的训练，严格按照军事标准来打仗。正规军挖个坑都与杂牌军有明显的差别，所有环节和细节上的差别累加起来，那就是巨大的差别了，这就是我们要追求正规化的原因所在。

工作中我们在行为上在操作上要注意正规化，与国内、国际最先进的经验接轨，让自己的工作得到更多认可。

现代化

现代化是一个很大的概念，但对于我们工作来说，现代化就是指我们要掌握现代先进的技能和方法，按现代先进的标准和规范工作，在思想认识上也保持与现代先进的工作观念一致，不要让自己的工作落后于时代。

程序化

程序是指为进行某项活动或过程而规定的途径，从字面上来看，就是工作过程中的秩序。有了办事的秩序，我们就更加明确事情该找谁办，该怎么办，不会没有头绪，严格遵循程序办事，我们就能够高效地协调。有了程序，我们的工作在整个团队中的定位就会明确，然后与组织整个工作的交接点也会明确，弄懂了程序我们就弄懂了工作的内在逻辑关系，从而更清楚该如何展开互相关联的工作活动。

程序是为了避免错误和让工作更加有序，更好地实现工作目标而设立的，凡事要走个程序，就是为了堵上工作中存在的漏洞，可以说程序是整治细节最好的工具，严格遵循程序，就不会在细节上出错。

按程序办事让我们的行为更加规范，能够更有效地支配自己的资源，能够更自主地安排自己的工作，程序让我们知道自己的具体任务、职责和权限、方法及工作步骤。我们要严格按程序办事，不能越权，从而避免工作中发生混乱。同样，程序中属于我们的那一块，我们要坚持负好责，把好关，拒绝推诿和扯皮，不能等别人来处理自己的事情，而是要自动自发地把工作做到位。

| 化字诀

严格执行程序,我们会最大限度减少重复劳动,减少因工作方法不当而造成的损失,同时也能降低劳动强度,提高工作效率。

流程化

凡是工作的人都知道有流程这件事情存在,却不一定真正理解它的确切定义,同本书中的其他概念一样,对流程的定义也有很多,国际标准化组织在"ISO9001:2000质量管理体系标准"中给出的定义是:流程是一组将输入转化为输出的相互关联或相互作用的活动。《牛津词典》里则这样解释:流程是指一个或一系列连续有规律的行动,这些行动以确定的方式发生或执行,促使特定结果的实现。

工作流程化,就是要注意我们个人的工作与组织整体运行之间的关系,实现更好地协作,我们是整个工作中的一个工作环节,一个步骤,一道工序,任务交代给我们,我们从其他部门或其他环节手中接到工作指标,然后完成它,并传递到下一个环节,然后再接受一个工作指标,如此循环下去,从而实现有序地完成工作任务。

因为我们身处流程之中,所以要重视工作的流程化,坚决不能因自己而耽误下一个环节的工作。同样,如果交接到我们这儿的工作不合流程的标准,那我们一定要弄清楚原因,不符合工作要求的决不要放过。

好办法,常规化,好事情,常例化,好模式,常态化,好行为,习惯化

常规是大家经常实行的规矩或规定,也就是通常的、一般的日常奉行的规则。

常例的意思就是平常做事都效法的例子,也就是惯例。

常态就是平常情况下、正常情况下会一直保持的状态。

习惯是指我们积久养成的生活方式或工作方式,已经变成潜意识里会自觉去实行的事情。

职业 三字经

无论我们在一个强大的组织里工作还是在一个小规模的组织里工作，我们都会不断进步的，我们的工作方法也会不断进步，一旦发现了或学到了好的工作方法，我们就要将之常规化，逐渐变成我们自己的工作规范。

好事要常干，这是我们每个人都懂的道理，但在组织中却不一定坚持下去，想要工作进步，就必须将好事情常例化，坚持成惯例了，自然也就不再有继续不下去的问题了。

我们工作中的好行为为何会昙花一现？优良的工作作风是如何形成的？

其实很简单，把那些好行为不断地进行，一遍又一遍，直至成为习惯，我们的优良工作作风就形成了。

工作中我们会逐渐摸索出更好的模式，或者说我们对比出了最好的模式，那我们就要将它常态化，一直保持，直到成为我们的工作习惯。

坏习惯总是在不知不觉中形成，而好习惯总是在努力培养的过程中形成，在工作中出现的好行为，值得我们认真地坚持下去，直到培养成习惯。好习惯决定我们能否成功，也决定我们能否幸福。

我们一定要在思想上多认同，多重视好的工作行为，因为有什么样的思想就会有什么样的行为，有什么样的行为就会养成什么样的习惯，而习惯决定命运。

最后，我们要记得辩证地看待一切问题，我们在形成好习惯的时候还要记得慎思、自省，因为习惯了我们就会失去警觉，讨饭三年懒做官，我们要不断进步，我们的习惯也要不断重新审视，也要不断改进。

要超越，一深化，二细化，三优化。求规律，深入化，务繁杂，精细化

任何方案，都可以继续深化、细化、优化，任何工作也同样如此，可以继续往深处挖潜力，往细处增完美，凡是存在可改进的地方都坚持优化，这样我们的工作才会更上层楼。

深化就是使我们的工作向更深的阶段发展，让工作实现的程度不断地加深。

我们对工作不但要深化，而且要持续深化，不能停止地深化，为什么要深化，因为如果不持续深化，我们的工作就会落后于人，工作流于表面，流于肤

浅，抓不住要害，做不到比竞争对手更好，工作不能深化，更深层面的问题就意识不到，也就解决不了，一旦这些问题爆发，由于毫无准备，就会手忙脚乱，失去解决问题的机会，从而导致工作失败。工作早深化一天，就早主动一天，就能更早抓到主动权。

要深化工作就要不断地思考，不断地改进思维模式，不断地创新思维模式，不断挖掘问题，不断发现工作中的不足，不断寻找工作方案、工作方法、工作模式中的缺陷，改进之甚至是革新之，完全按全新的思路来办事。

真正的危险往往隐藏在我们忽视的地方，隐藏在我们想不到的地方，会以我们想不到的方式出现。如果我们不深化我们的工作，就可能看不见主要的或重要的矛盾，看不到其实很严重的问题，从而找不到一条解决问题，长治久安的思路。

人类对工作规律的总结从未停止过，谁掌握了工作规律，谁的工作就会更成功，谁掌握了更好更新更重要的工作规律，谁就能脱颖而出。而想要掌握更深层次的工作规律，就需要我们不断地深化工作，深入实际，深化研究，深入实践。工作到了一定层次，就要比谁钻得更深，谁掌握得更深。

细化就是将工作变得更细致更详尽更周密，能够对应更多的细密的情况。

简单来说细化是指将工作思路落到实处，落到每一个细节上，通过每一个细节的完美实现，来组合成组织伟大目标的实现。细化适应于我们工作的方方面面，管理思维因细化而更加缜密，设计因细化而更加精细准确，操作因细化而更加精准、合格，保证质量。

农业讲究深耕细作，深耕细作才能提高亩产量，工作更要落实到细节，如果细节完成得不到位，整个工作就受影响，甚至失败，细节对科学技术类的工作的影响尤其重要，细节的错误往往是致命的。细化的功能分两面，一面是避免错误，一面是提高质量，精益求精，工作的整体完美需要每一个细节的完美组合而成。

细化就要对工作的具体组成部分——明确、具体，细化的过程，就是我们对工作的认识不断完整、不断深化的一个过程，只有我们对工作的认识不断完整深入，我们才能科学地细化我们的工作，也只有我们能科学地细化我们的工作，我

们对工作的把握才能更完整，更立体，才能更好地认识工作的全局。

细化的过程有助于我们更好地分析工作的结构，工作的各种头绪，工作中各个因素的相互联系和因果关系，这样我们对工作的把握就会更清楚，更条理。

我们要不断地思考如何将工作做得更细更深入，这样我们的工作质量就会大幅提高，业绩就会有长足的进步。

不同的工作有不同的内容，不同的形式，不同的特点和规律，但所有的工作都需要认真细化。细化的角度不同，内容也有差异，可细化的地方有很多，在力所能及的情况下要抓住重点，细化的方向与角度，可以用最优化的原则来确定。

细化要准确，不准确的细化会失去意义。

细化要有针对性，对因粗率而造成问题的要优先细化。

细化要有必要性，要考虑费效比，考虑工作的时间和精力，考虑细化能带来多大好处。

在最重要最紧要的地方细化。

通过细化的累积来形成竞争力，细化要与最优化等其他工作原则相结合来进行。

优化这个概念是个补充性的概念，优化可以是工作深化的补充，也可以是工作细化的补充。比如每一个深化方案，都可以进行优化，每一个细化方案，都可以进行优化。

我们工作中的每一个方案，每一个设想，每一个技术参数，每一个制度和规章，每一套工作流程，甚至销售的每一套话束，甚至是办公室的形象，办公物品的摆放顺序，我们工作中的所有一切，都存在优化的空间。

工作如何才能进步，业绩如何才能提升？就从一个又一个的优化开始。每一个优化都能提升我们的工作效率，众多小的优化积累起来，就能形成巨大的优势，工作实践将会证明，我们的每一个优化都不会是无用功，无论大小，只要行有余力，都值得我们认真去做。

我们的工作要不断地优化，在工作中的各种选择，我们要选择最优化的那一个。

当我们拥有最优的方案，最优的支持，最优的行动，我们如何会收获不到最

| 化字诀

优的结果呢?

物理事,精准化,熟知事,高速化,抓关键,简易化

工作中有一些地方是属于物理范畴的,可以用物理和数据来制定标准,比如制造业的工作,都要求操作精准化,准确无误。

对于我们已经非常熟悉的事情,那些常务性的不用思考就可以熟练进行的操作,我们就要求高速化,越快越好。

简就是简单,易就是容易,简易化可以说是工作中的很高的境界,这种境界举重若轻,理烦若简,是高度精业的境界。不过简易化也可以通过慢慢地锻炼来实现,我们一开始可以实现一定层面的一定程度的简易化。

简易化建立在对工作胸有成竹的基础上。对工作的整体把握得越清楚详尽,对工作的内容了解得越透彻,对工作的规律总结得越深入越契合实际,对工作的关键概括得越准确,对工作的内在条理、环节之间的相互影响把握得越明晰,那么,我们就越能把看起来挺复杂、挺困难的工作化繁为简,提纲契领,以点带面,环节互动,非常简单容易地就做好。

一切事,最(更)优化

用最优的思维,最优的方法,执行最优的方案,展开最优的行动,获得最优的结果,这就是我们在工作中所要追求的最优化。

什么叫最优?就是相比其他所有的同类事物而言最好的。

工作中我们追求最优化就是不断地淘汰不够好的自己,让自己没有最好,只有更好,在工作中实现不断的进步。

最,是相比而言的,在众多方案中会有一个超越其他所有方案的方案,这就是最优的方案,在众多方法、措施中会有一个超越其他所有的,这就是最优的方法措施。这里的最优,既是从自己所能想出的诸方案中对比出来的,也是与同事、上级所能想出来的众多方案中对比出来的。所以我们追求最优化,既要淘汰自己,也要淘汰他人,只淘汰自己,容易闭门造车,只淘汰他人,不能激发自己

的创造性。

对于个人的工作而言，我们不可能像"最优化"学科中那样运用计算机技术和数学方法来对自己的工作进行最优化，我们应该从自己的实践经验为基础，找到我们工作中最高效的路径，实现最优化的目的。

在我们工作中的任何一个细节，任何一个环节，都存在着更优化的可能，而我们应该做的就是找出目前为止最优的办法，来实现最优的结果。

实字诀

人一生，求真实，不实者，不可得。
一唯实，二求实，三如实，四务实。
　　心踏实，行真实，事落实。
出实策，鼓实劲，近实际，办实事，
讲实效，说实话，报实情，报实绩。

职业 三字经

人一生，求真实，不实者，不可得

实事求是，注重现实，崇尚实干，排斥虚妄，拒绝空想，鄙视华而不实，追求充实圆满。实实在在，踏踏实实，结结实实，扎扎实实。

大家都懂得务实的重要性，口号也都喊得震天响，但真正认识到怎样才算务实却需要时间，需要经验教训，需要认真反省，认真思考和实践。我们的诸多错误认知和习惯导致我们明明想要务实却就是不能务实，所以许多时候，我们是在惨痛的教训中才真正学会如何去务实的。

一唯实

事莫明于有效，论莫定于有证。

唯实是一种重要的工作态度，更是我们人生哲学不可缺少的支柱。做不到唯实，我们的人生和工作就不会是圆满的。只要我们不是与真理同行，我们就是与错误同行，那样我们就会得到坏的结果，个人得到坏的结果，是工作不成功，组织得到坏的结果，是组织陷入困境或倒闭，国家得到坏的结果，是灭亡或衰落。

对这个"实"字，我们要怀着敬畏的态度，唯以实为至上，封建迷信不实，则迷信的结果为荒诞无稽，宗教信仰不"实"，则为邪教，为邪信，为无智慧。如果我们的工作思想不"实"，则我们就会务虚，务假，务空，我们的事业就会成为水中月，镜中花，空中楼阁。

只有"实"，才会坚固，才会长久，才会靠得住。

许多人对工作的认识是华而不实的，没有认识到工作的那些较根本的特性，为自己的主观愿望、主观认识、流行的工作概念、他人的肤浅理念所影响，有些达不到实际层面，更不用提达到实质层面了。

工作中有很多人自以为是，在虚假的认知中持着不够好的工作态度，做着不够成熟的事情，浪费着光阴，看似很有想法，很有见地，却到老也不可能实现自己的目标。

实字诀

放下我们的主观臆想不容易，放下我们的一厢情愿也不容易，认识到自己的错误更不容易，但我们必须要放下，否则就找不到正确的工作规律，就建立不起正确的工作哲学，我们必须要让我们的认识符合客观实际，必须要承认错误，承认这个实际，以这个实际为唯一标准，也就是唯实，在这个实际上寻找工作规律并建立我们的工作方法，这样才是有效的，才会最终达成我们的工作目标。

二 求实

百闻不如一见。

实事求是。

操千曲而后晓声，观千剑而后识器。

人类的进步不容易，一直都是在对错误的不断纠正中前进的，我们的思想认识水平决定了在某个阶段我们可能是错误的，我们没有看破虚假的表象，没有看清事物的真实状况。

在工作中也是这样，很多人自认为正确高效的方式方法，实则是低效的甚至根本上是错误的。

不断地用实际结果检验自己的工作，努力去发现实际情况，掌握实际情况，总结分析出正确的结论，是我们每个工作者都要做到的事情。

抓住真实不容易，所以容不得我们轻视，实事求是，要去深求，不能浅尝辄止，如果不能把那些表面化的、容易误导我们的假象一一甄别、剔除，我们就抓不住真实。

事物的真实规律也是有层次的，我们不能满足于掌握了浅层次的规律和道理，我们可能掌握了比较有效的工作方法，但不是更有效的，也不是最有效的，这就需要我们去探索，去不断学习总结，求得真实。我们可能掌握了一定的工作规律，但不是更深的，不是根本的规律，这就需要我们不断地去求实，只有这样才能真正地不断地进步。

工作的真实情况需要我们认真细致地观察，需要我们深入地去调查，不深入进去，就不能掌握更多更细的情况，我们得出的结论就可能是片面的。

三如实

闻之而不见,虽博必谬;见之而不知,虽识必妄;知之而不行,虽敦必困。

如实的意思就是跟真实的一样,没有差别,这叫作如实,如,本是一个佛教用语,就是和某某事物一般无二的意思,所以我们要注重如实,向领导反映情况要如实反映,具体来说就是讲实话,报实情,报实绩,不弄虚作假,让上级掌握真实的情况,而不是在错误的信息上做决策。一个团队如果弄虚作假成风,那这个团队离分崩离析也就不远了。弄虚作假的风气,一旦发现就要坚决制止,同时,对于职员个人来说,要始终坚持"实"的精神,践行"实"的品质,杜绝虚假之风,克服自己的侥幸心理、虚荣心理,不要怕面子不好看,更不要担心自己业绩不太高,实际的较低成绩,远比虚假的"高"成绩要踏实得多。

做到如实并不是一件容易的事情,一是主观上要有如实的觉悟,二是客观上要有如实的能力。人类的智力想如实地反映客观现实不容易,对于自己了解、清楚地那部分,向上级如实汇报容易,如果是自己不太清楚地,就要认真去调查研究,让自己做到清楚明白,对自己职责范围内的情况了如指掌,这样才能做到如实。想做到如实既要工作努力,也要讲究方法,多学习,多研究,突破现在的能力,更加如实地掌握更多的情况并向上反映。

有时候,一些事情没有有效的清楚可执行的标准,所以我们会在团队内看到一些现象,干得好不好不算,要人家说好不好才算,这个说好不好的人,一定要有能力如实地反映真实情况,如果他的判断不明白,不正确,那他也就不能如实地反映真实情况,而如果他怀有私心,不肯如实反映情况,就会在团队里造成不公,也会影响决策层做出正确的判断和决策,所以,提升我们如实反映客观问题的觉悟和能力,是我们职业素养的重要组成部分。

四务实

名必有实，事必有功。

临渊羡鱼，不如退而结网。

古人学问无遗力，少壮工夫老始成。纸上得来终觉浅，绝知此事要躬行。

务就是做、干的意思，务实也就是干实事的意思，但是这种解释有点肤浅，也不符合务实的本意，务实这个词的务字，与务农、务工、以某某为务的务是一种用法，务就是业，务农就是以农为业，同样的，务实也就是以实为务，以实为业。这种理解就把务实给升华了，实就是我们的事业，所以我们唯有务实，有这样的思想认识，有这样的重视程度，我们还会不务实吗？

务实就是要抓住最关键的问题，而不是回避。次要问题解决很多，重要问题没有解决，算不得务实，枝节问题解决很多，根本问题没有解决，算不得务实。

别人看得见的问题先去解决，别人看不见的问题不去解决，算不得务实。

想要理解务实，就必须从它的对立面去看，我们祖先给我们留下的古老哲学，是立体的、多层面的，单从一个角度去解释，就不可能解释清楚，单从一个层面去理解，也不可能理解透彻。

我们说春华秋实，实与华是相对的，《国语·晋语六》："昔吾骤事庄主，华则荣矣，实之不知，请务实乎。"所谓务实就是放弃那些表面风光的事，而追求实际。古语中的华就是我们现在的花，实的语义则没有变化，还是果实的意思，从这一个用法里，我们可以推究出务实的本来用法，那就是做有结果的事，为结果而做，不为做而做。王符在《潜夫论》里说："大人不华，君子务实。"也是一样的用法，实与华是相对的，可见古人重视结果，务实的本意就是追求结果，只是花儿开得鲜艳，却没有结果，这是不可取的。

实还与虚对应，是一对哲学的命题，就这一层面而言，务实就是致力于具体的、实在的、较切近的事情，而不是遥远的、想象的、理论上的、纸面上或言语上的事情。

实与虚的对应还有更深的层面，如我们常说的"这步棋走实了"，一步棋怎

样才算走实了呢？首先这步棋起到了作用（结果），而不是一步废棋，第二这步棋占了实地，存活下来了，而不是占在虚地上，不能存活，第三，这步棋开拓了局面，可以带动后面的几步棋甚至更多步棋。而我们说一步棋走虚了，则指这步棋毫无用处，相反，可能带来更坏的结果。所谓走实了，就是走好了，走在了关键点上，因此带来了好的趋势。

上段所讲的虚与实，已经接近军事范畴里的虚与实，兵法里讲的虚与实，则更加实用一些，给我们的工作启迪也更深刻。兵法里的实，指的是实际力量，兵法里的虚，指的是佯动、显露出来的表象，是我们判断里的不实成分，打仗需要先弄清敌人的虚实，然后才能打胜，工作也要先弄清工作的虚实，怎样做才是指向实际，怎样做才能发挥实际力量，取得实际效果，哪些因素是决定工作成败的关键，如何运用好这些关键因素，这都是我们每一个人在工作中必须考虑清楚的，考虑不清楚，无论是董事长还是清洁工，都不可能干好自己的工作。

实还与名相对应，也是一对哲学命题，如王守仁在《传习录》中说"名与实对，务实之心重一分，则务名之心轻一分。"务名为什么不可取呢？因为它远离实际，抓不住关键，抓不住工作的主要矛盾，避实就虚，避重就轻，只图好听、好看，追逐于空头理论和概念，做表面功夫，结果是必然失败。在名与实这个哲学范畴里，实就是实体，名就是名称，打个比方，一棵树，是实体，有花有叶有根，名就是树这个名词。但树这个名词是无法反映树的全部的，尤其是树的生长，水分、阳光、土壤肥料等，城市里面好多小区的草坪、绿化带存活不了多长时间，为什么存活率很低呢？不是其他原因，是园艺工人的原因，园艺工人并不专业，所以无法务实，他们不去研究草坪的生长规律，而是要单一地满足物业的要求，片面追求草的平整，于是不断的修剪，把草的生机都给剪断了，于是草不断地死掉，最后草坪消失了。在这里，平整（看起来草坪很好看，整齐划一）就是物业和园艺工人所追求的，就是务名。这种务名没有反映工作的关键问题：草坪的存活率。平整和草坪的成活率是一种工作矛盾，但存活率却是根本，没有存活也就会失去平整，园艺工人在实现平整这一目标时，忽视了存活率，他们不知道平整的高度与存活率密切相关，只要高度适当，那么平整与存活率就会兼得，但他们只追求平整（也许他们根本不考虑存活率，因为那与他们的工作无关），于是并不要求剪的高度，结果残害了草的生机，导致最后草坪消失。

名称不只与树这种实际物体对应，名也与组织、资本主义这些抽象的事物相对应，所以我们引申开来，名就是名称、概念、理论，"玩概念"这个名词我们已经不陌生，玩概念也有较少玩得好玩成功的，但不是因为务名才玩得好，相反是因为务实才玩得好，因为它的概念准确反映了实际需求，与实际需求紧密结合了起来，所以他的概念成功了，而那些失败的大多数，就在于真的务名了，我们要知道玩概念其实玩的是概念（名）所指向的实际需求（实），如果名实不符，那就必然失败。所以我们的目标、纲领、宗旨、计划，尤其是我们的创新概念、工作理念，都要与实际相契合而不能离题万里，也就是要名实相符，只有这样才能算得上是务实，我们要从实际出发来制定属于理论、方法等指导层面的东西，并随着现实条件的变化而进行调整。这是决定我们工作成败的关键一步，也是第一步，第一步就迈错了，那就别指望自己的工作能够在某一天脱颖而出，如果我们是初入职场，或者困在职场许久依然迷茫，那我们就应该重新审视我们的职场观、工作观、职业观，这些看似理论层面的认识，实际上对我们的工作至关重要，如果我们对工作的认识不切实际，那我们就无法务实，当然也就干不好工作。

我们天天喊务实，但找不到一个务实的标准，每个人对务实都有自己的看法，而且从个人的角度看务实，一个团队内会有多种对务实的理解，这些不同的理解导致矛盾和冲突，在工作中，建立务实的标准是非常重要的。笔者在网络上没有搜索到关于务实的标准这方面的内容，其他渠道也没有获得这方面的资料，只好尝试从日常的工作经验中总结一些标准出来，以供参考，也算是抛砖引玉，希望广大读者也思考研究这一问题，相信会出现更多更好的思路。

务实是相对的，有层次之分。

第一，从目标上看，目标决定一个组织和一件事情的成败，一个务实的目标，更容易让我们实现，一个务虚的目标可能致我们于困境，比如一个年轻人梦想成为一个伟大的作家，写出一部惊天动地的作品，这个目标就很虚，在三年内写出一部好的作品，这个目标就实一点，在三年内写出一部什么类型的作品，题材确定，就更实一点，三年内写出来并在哪一类杂志上发表或者出版，这个目标就更务实一点。我们的目标要具备可操作性，要明确，还要有具体的效果（发

表、出版），考虑对组织或自我的影响，我们的目标越明确，可操作性越强，效果越好，对组织或自己工作的影响越好，那就越务实。

第二，从经验上看，举例而言，在农村里，有一个年轻人梦想成为伟大的作家，于是在家写作，村里所有的村民都认为他是不务实的，用村里人的经验看来，村里还没有人靠码文字取得成功，文字是换不来钱的，不能当作饭碗，不能养家糊口，不能盖房子娶媳妇，所以这个想法是很不切合实际的。不管是种地还是打工，还是自己做点小本生意，都能实现上面所说的那些目标，所以都是务实的做法。

第三，从效果上看，靠写作而能谋生的人确实非常少，而靠务农务工经商谋生的人非常多，所以写作是不够务实的一件事情，大多数人最后都放弃了写作。而同样是写作，一个人在家里闷头写作，随心所欲，闭门造车，和加盟一个文化组织，借助团队的力量，在明确的市场要求下进行定向的写作，显然是后者更务实，更容易成功。

第四，从结果上看，无论是务工还是务农，都有固定的收入，至少也可以解决温饱，但写作却没有固定的收入，如果三年写出一部作品却无人问津，那么，对个人来说，三年都是亏损的，所以相对而言，写作是很不务实的一件事情。

第五，从行动和方式方法上看，一个人确定了写作的目标后，如果不认真写，不够努力，每月的写作成果自己也不检验，那他就是不务实的，同样，如果他没有明确范围，今天写点小说，明天写点散文，今天写这部小说，明天写那部小说，那他就是不务实的，如果，他踏实地写一部书，认准一个目标，但是没有认真研究这本书能否发表，没有认真研究它究竟有什么价值，也没有联系好相应的出版商，那他就是不够务实的。如果他前面的工作也做了，但在写作过程中没有跟相关出版商密切沟通，没有多听取出版方的意见，结果写出来了不能出版，那他依然称不上务实。

第六，不怕不识货，就怕货比货，务不务实，可以对比着看，结果更好的，效率更高的，自然就更加务实一些。我们要多找几个更强的竞争对手，看看人家是如何务实的，对我们自有启发。

第七，从重要程度上看，从费效比上看：做了很多努力，却收获甚微，这算不上务实，做了很多边边角角，最重要最核心的部分却没有进展，这也算不上务实。

第八，从价值和影响力上看，三年写一部作品，如果因作品的问题不能发表，不能被人阅读，那就没有产生价值和影响力，就不如干其他的工作三年，可以产生价值，获得薪资，改善生活。如果作品发表并产生了很大影响，那就有了双重价值，金钱效益和社会价值。我们是不是真的在务实？要看我们的努力所产生的价值，要看我们工作的影响力，实就是果实，果实就是结果，我们是否务实，要由结果来判定。盲干蛮干不算务实，实现想要的结果，这才算务实。

第九，从存在方式上看，务实就是实打实，做的是实实在在的事，看得见摸得着，能量能算，具体存在，这样算务实。而捕风捉影，龟毛兔角的事情，千万不能当真。当然理论上的建树和精神文化上的影响是不能用物理尺度来衡量的，但也有它衡量的标尺，我们就是要掌握这种标尺，来认真衡量我们的工作是否务实。

实打实就好像是凿石头，石头是我们的目标，这是实的，凿子就是我们的工具（方法），这是实的，锤头就是我们的努力，这也是实的，一锤子下去打不着凿子，那就凿不了石头，用把小锤子，打在凿子上毫无作用，也凿不了石头，锤子够大，用力也猛，也打在了凿子上，但凿子没有对准需要凿的部位，反而会把石头打坏了。必须是有力的锤子，准确地打在凿子上，而凿子对准了需要凿的部位，这样的工作才能称之为实打实的工作。实打实，只有一个实是不够的，虚打实，实打虚，都干不成工作，只有实打中实，工作才能真正干好。

单从现实经验上务实还远远不够，人类的进步都是从对事物规律的认识上获得突破开始的，对于工作也是如此，我们必须从事物发展的客观规律和我们的工作规律这个层面来重新审视我们是否够务实，是否还有待更进一步，是否还有更重要的工作规律我们没有领悟，是否还有更重要的工作内容我们没有发现。务实不是静态不变的，而应当是一个动态的发展，是需要不断深化不断进步的，只有这样才算真正务实。

心踏实

当我们推着一辆车,从有一段距离的泥泞中艰难走出来,走到水泥地上时,或者我们攀过一段铁索桥,然后走到地上时,我们就能体会踏实是什么意思了,踏实就是踏在实地上,而不是一脚踏空万劫不复的那种感觉。我们说心里很踏实,就是心里很安稳,很有安全感的意思,而我们说这个人很踏实,是指他讲实际,不好高骛远,不好大喜功,能本本分分,安安稳稳地干好自己的事情。

干任何工作都怕不踏实,不踏实就会有一脚踏空的危险,踏实则恰恰相反,每一步都能踩在实地上,因此能稳稳当当地工作,稳稳当当地干工作就能不断前进。

行真实

我们做事不要有水分,一分就算一分,不要多算,有什么是什么,从不弄虚作假,从不掺沙使水,把事情做得清清楚楚,明明白白,这就是最好的工作态度。

做事对上级对同事不隐瞒情况,不隐藏问题,不假意应承,不曲意逢迎,做到的才答应,做不到的不能先答应了再推脱,一是一,二是二,工作的事情要分得一清二楚,公私要分明,干干净净地做事,真真正正地进行工作。

事落实

把事情落到实处,不再悬着,不再是方案,而是实际行动,对上级而言,这就算是落实下去了,对下级而言,接受了任务,就必须围绕任务开展有效的行动,用实际行动来完成任务。对接受任务者而言,落实其实就是办成了,实是结果,只有办成了有结果了才能称得上是落实。

如果下级不把事情落实,那上级就没有落实可言。把事情落到实处,不敷衍塞责,不马虎大意,态度认真,行动得力,在规定日期内把事干成,这就是落实,这也是我们每个工作者的价值所在,不能把我们的事落实,我们在组织中也就失去了价值。

出实策

讨论一万个问题,不如出一个实策。

每个员工都会对自己的工作有想法,提出自己的合理化建议,这是一种积极的工作态度。

但我们要记住出实策,建议多了,意见相左甚至互相矛盾的都有,肯定不能都实行,只有最契合实际的建议才有机会被采纳。

实,就要结实、充实,不能空洞无物,不能瘪瘪的、干巴巴的,要有内容,指向的问题要实际存在需要解决,给出的办法要有针对性甚至创造性,只要应用了就会产生实际效果,而不会是一个无效的方案。

我们出谋划策的时候,一定要认真观察过认真思考过,我们要给团队一个成熟的方案而不是似是而非的不成熟的方案。

在有些人的眼里,组织到处都存在问题,而他的最大爱好就是到处议论这些问题,殊不知,讨论一万个问题,不如出一个解决方案。

只有一心向公,为团队着想的员工,才会费心思为组织出实策,好的策划会为工作带来改进,这是组织非常欢迎的,而我们个人也会在观察和思考中得到进步。

鼓实劲

气可鼓而不可泄。

为什么气会泄呢?因为不够充实。

我们常说要鼓足干劲,这个劲头很重要,如果干劲瘪下来了,那工作也要落后于人了。想要气不瘪,干劲不瘪,就得鼓实劲,不能鼓的是一股虚劲,虚劲再足,没几天也会瘪下去。

实劲一定是建立在坚定的工作信念,和工作中锻炼出来的抗压能力、自制力等坚实基础上的。激情是我们渴望的,尤其是工作的激情,但如果没有实劲打底,激情很快就会消退。

不断地坚定我们的工作信念，不断地锻炼自己的能力，要耐得了寂寞，下得了狠心，士气要凝而不泄，干劲要鼓而不松，只有如此，才能在事业的道路上一往直前。

近实际

实际离我们有多远？可以说很远，即便对于那些相对实事求是的人来说，离实际也还是有一段距离，近实际对我们来说永远都是一个进行时，实际永远没有止境。

只有不断地贴近实际，我们的工作才能更有实效。

比如要写一个关于农村工作的报告，有人是坐在电脑边完成的，他的工作报告都是别人讲的东西，究竟是真是假，他也不知道。许多研究生的论文都是靠电脑上的资料写完的，这些资料究竟离实际有多远，他们也不知道。

有的工人操作机器，只需要按开关机的按钮就行了，开机之后只要坐着，走着，或者睡个觉都行。他从来没想过这机器工作的原理，他从来没去观察一下这机器的运转情况，机械的构成情况，出问题时都是哪儿的问题，哪怕他操作这台机器一辈子，他对这台机器的理解也近乎是零。如果他能向实际走得近一点，把时间用到学习和研究上，他可能会成为关于这种机器的专家，至少也能成为优秀的技师，解决很多相关问题。

实际存在于我们身边的任何一个角落，如果我们有贴近实际的欲求，我们就会发现我们的机会其实无处不在，无论是任何一项工作，都有其未知的实际等待我们去发现，只要我们一步一步靠近，我们终将会发现一片新的天地。

办实事

我们办事了，但究竟是不是办了件实事，还要看效果如何，标尺就是相关方面是否满意。

比如说为人民群众办实事，那一定是群众需要的，群众不是很需要的，就不能说是为群众办了实事。任何工作都是这样，下级的工作必须是组织满意、上级满意，然后才能说是办了实事。销售让客户满意，客服让顾客满意了，这才算是办了实事，否则不能算办了实事。

讲实效

不看广告看疗效。
任何工作都要讲实效！
讲实效是我们要认真修炼的能力。
事情总要如实讲，讲的技巧有不同。

比如说在前面的如实反映情况这一点上，升级一下，如实反映也要讲实效，我们之所以有时候不能如实反映情况，除了我们的私心需要克服外，有时候不敢说也是一个原因，其实有些情况我们不太敢说的时候，就要讲究技巧，善于用语言包装一下，这样，情况就如实反映了，把握好如实反映的时机，把握好汇报情况的方式和角度，用正确的语言包装，让情况引起重视，达到如实反映情况的目的，这都是讲实效的思维和行为方式。

工作中我们要讲求实效，做一件事情，不能想当然地去做，而要用最具实效的方式去做。要克服自己的行为惰性，如果有一种更高效的工作方法出现了，那我们就要去实行，哪怕我们用了几十年的老方法，习惯根深蒂固，也要更改。

务虚、做表面文章、求数据好看，工作报告写得很好看……这种干法是出不了实效的；学习和改进停留在口头保证阶段，不能深入工作，不能扎扎实实地提升工作效能，是出不了实效的；找容易攻克的问题去攻克，定容易实现的目标去实现，绕开工作的关键问题，绕开工作的主要矛盾，讳言业绩，讳言实质问题，避重就轻，这样的工作是出不了实效的。

讲实效不是图热闹，不是表面看起来风风火火，讲实效不是讲过程，讲实效是盯着效果，而不是盯着工作本身，那种只要干了就行的态度是要失败的，干是为了出效果，没有效果的干就是白干。讲实效就要甩开膀子干，解决必须解决的问题，直面业绩，真抓实干，用实打实的干法，交出实打实的结果。

治病的方子有很多，但对症的不多，最有效果的只有一个，即便这个药方

比较复杂，治疗起来比较费劲，但为了治好病，我们还是要选它；工作的干法很多，但最有效的也只有一个，可能这个干法我们不适应，难度大，但为了实现更好的效果，还是要实行。

讲实效要排除各种干扰，首先我们自己要动起来，要从不适应到适应，先把自己战胜了，然后再去战胜各种问题，排除各种干扰，这样才能出实效。

说实话，报实情，报实绩

出于各种原因，有些人在工作中不讲实话，比如上级询问工作情况时，自己有问题不敢说，工作准备不充分不敢说，工作质量不合格不敢说，总想着瞒一天算一天，还有就是被问话时不肯反映问题，明明知道的推说不知道，不能配合上级调研，令上级难以查明具体情况。

工作中会发生很多情况，发现情况就要向上级汇报，这些情况不只是技术上的情况，还包括人事上的情况，如果发现有人损害团队利益，就应该及时向上级反映，这是一个优秀员工应该具备的职业素养。

技术上发现工作差误，比如机器问题，报表问题，工作流程问题，工作规范问题，凡是可能影响到工作，而自己又不能单独解决的，就要上报求得解决。

人事上的情况会更复杂些，如果有同事的心态和行为可能损害团队利益，那就应该提出来，有些人以为这是打"小报告"，这种想法是错误的，相反，这是一种对工作，对整个团队负责的态度。而那些以为这是打"小报告"，不肯向上级反映工作情况的人，则是本着一种对团队不负责任的态度。当我们本着为了团队利益如实反映情况的心态时，我们就会觉得这种行为是光荣的，而绝非是小人行为。那种认为反映情况是打小报告，是说别人坏话的认识，是不成熟地表现，是没有认识到如实反映情况和说坏话打击报复的区别。

因为各种顾忌和私心杂念，导致职员不能向上反映真实的情况，甚至会说谎话，以此谋取个人间的"互不相犯"，明明知道说不知道，这是一种对团队不忠诚的态度，这种态度会纵容团队中那些损害团队利益的人，会对团队造成各种伤害，最终也会伤害自己的利益。

同样，报实情也有主动和被动之分，一个情况，如果反映不及时，造成损失，上级追问下来，然后才不得不汇报，岂不是为时已晚？团队中的每一个成员都有及时汇报情况的义务，有情况而不汇报，甚至隐瞒情况，做老好人，是不称职的表现。

向上级反映实情，是对工作负责，对团队负责的体现，也是一种必需的职业素养。

报实情看似简单，实则是一种较高的职业修养，它要求我们克服"小我"、"私我"，摒弃家思维，然后才能实现。

向上级报告工作业绩时要实打实，有一是一，有二是二，既不要虚报浮报业绩，也不要谦虚不报，而要一五一十地如实汇报。无论是汇报工作，还是反映情况，都要细致周详，不能疏漏，要条理分明，重点突出，层次清楚。

慎字诀

谨者安,慎者远,欲无过,慎当先。
一慎小,二慎微,三慎独,四慎渐,
五慎言,六慎行,七慎思,八慎私,
九慎变,谋慎初,行慎始,久慎终,
官慎权。行慎小,事慎微,处慎独,
守慎渐,言慎出,行慎纵,心慎思,
得慎私,事慎变,局慎初,事慎始,
业慎终,位慎权,慎又慎,始得全。

慎者安，慎者远，欲无过，慎当先

古人说，谨言慎行，为什么要谨慎？是为了避免祸害，我们现在也强调"慎"，因为我们的天性里有恶的一面，也就是负能量，这种负能量是存在于每一个人的心理之中的，如果不慎，不好好反省压制，就会爆发出来，产生危害。

慎是一种美德和能力，是一种心境的修养，因为慎，才不会犯错误，才能禁止那些负面的言行，才能生起正能量，禁绝负能量。一个人做到了慎，就杜绝了过失，避免了损失，对人生对事业，都有莫大的好处，因为不慎而造成事业惨败，工作挫折，人生灰暗的例子，在我们身边并不少见，所以我们要慎之又慎，能够做到凡事谨慎，时刻谨慎，我们就会稳健地进步，事业稳健，人生稳健。所以慎是一种极重要的职业品质和能力。

一慎小

天下的大事，都是由小事积累成的。
不以善小而不为，不以恶小而为之。
小细节决定大成败。
千里之堤，溃于蚁穴。
百尺之台，起于垒土，千里之行，始于足下。
小节不慎，大节难保。
小事不为，大事不就。
小善不行，大善不臻；小恶不止，大恶不绝。
不以小业自轻，不以大事自傲。
玩物丧志，由其小也。
道虽迩，不行不至；事虽小，不为不成。

人的天性是怕麻烦的，所以就懒于做小事，因为小事做不好，所以心里一直期待能做大事，做大事没机会，于是一辈子空过了，最后大事小事都没做成。

其实那些做大事的人，在大事没成之前，做的都是小事，即便有些人做成了大事，也不过一件甚至几件，其他的都是很多小事，正是因为坚持不懈做了很多小事，最后才做成了大事。

干大事是很多年轻人的想法，有些是因为眼高手低，不肯脚踏实地，有些是没有认清自我，有些是没有弄懂大事跟小事的辩证关系。

从个人意愿和感觉来讲，洗碗是烦人的小事，从家庭和谐来讲，洗碗是大事。对卖菜的小贩来讲，菜价是小事，对于国家来讲，菜价是大事。对于一个人的工位来讲，只不过是谋生的饭碗，对于组织来讲，则是完整链条上必要的一环。对于一天来讲，所做的都是琐事，对于一生来讲，则都是成就事业的不可缺少的积累。对于没有目标没有理想的人来讲，每天的工作都是原地踏步，对于有目标有理想的人来讲，每天的工作都是一步一个脚印的前进。

如果我们辩证地看问题，则小事尽是大事，小事大事，互相依存，互相转化，互相关联，这样看来，天下根本就没有可以轻视的小事，都可以当成大事来做。

所以，我们一时间干不成大事没关系，只要我们把小事都做好，那就远远胜过于那些连小事都做不好的人。

对于我们的工作来说，事不应有大小之分，只有干得好与不好之分。

我们在工作中应该将每件事情都当作重要的事情来做，不能因为事情小就怠慢，因为雄心勃勃地规划一件大事远不如处理好手边的小事来得实际一些。组织中的大事往往具有长期性，需要整个团队合作将每一件小事做好来推动其完成。瞬间成就大事，在组织中不现实，只有我们的员工将身边的每一件小事做好，才能成就大事。而且，再宏伟的大事也是由无数细微小事构成的。

一滴露珠可以折射出绚烂的太阳光辉，一个细节可以看出一个人的内心世界。一个员工能不能将自己的事情做好，并不仅仅是体现在惊涛骇浪的大事前，更体现在粼粼微波的小事中。

一个护士不注重小事，给病人输吊瓶时拿错药瓶，病人将会有生命危险；一个财务人员不注重小事，在汇款时不小心写错了一个数字，组织将会蒙受惨重损失；一个建筑商不注重小事，使用了一批不达标的水泥做建筑材料，盖的楼房将会成为"豆腐渣"工程。

丰田汽车把精细化的生产管理落实到实际工作中，创造了辉煌的业绩；海尔

职业 三字经

集团始终坚持"精细化、零缺陷"的经营理念，使一个亏损企业发展成世界级家电品牌……

小事中看责任心，小事中见真功夫。事实证明，事业成功源于"细"。关注细节是每一个员工在工作中必须做到的，也是每一个与组织利益相关的人必须做到的。对于一个对组织无一事不尽心，无一事不尽力的员工来说，自身的职责内他会认真地做到"三无"——客户无小事，工作无小事，组织无小事。

细节处理尤其体现在对待客户上。来自客户的问题就算再小，也危及组织的100%完美声誉度。扬名在外的万科地产，贯穿其组织的第一条金句就是："我们1%的失误，对客户而言，100%都是损失。"

每个客户都希望从组织中得到最好的产品，最好的服务。因此，在客户与组织的交易过程中，如果遇到问题却没有及时得到组织的服务保障，就会对组织产生不满，甚至恶感。问题严重的话，该组织会在客户心中遭到全盘否定。损失利润的同时，声誉上的损失也会给组织留下无穷隐患。

因此，客户的每件小事都是大事，只有把每一件小事做到位，大事才会完美呈现。

一个优秀的人，往往注重自己的工作细节，把自己的优秀体现在他经手的每一件事情上，无论事情大小。你对细节的关注会给组织带来经济利益；你对细节的把握会给顾客带去体贴入微的舒心；而你自己，也将因重视细节而一步步获得成功。

很多时候，我们对一件小事尽了心和力，看似在帮助别人做事情，实际上，却是在帮助我们自己。

生活原本都是由点点滴滴的细节构成，决定成败的往往是微若沙砾的小事、细节。归根结底，细节层面的竞争就是最高层面的竞争。当前社会，随着现代社会分工的细化，对专业化的要求越来越高，组织已经进入了一个精细化管理的时代，因此组织对员工的管理和要求也是从小事做起、从细节做起。

中国海尔集团CEO张瑞敏曾经说过："所有的产品都应该是精品，有缺陷的产品等于是废品。"

在很多员工眼中，事情的大小是根据工作的重要性来确定的。有的员工自认在组织文凭高，或者资历老，就不屑于去做那些看起来微不足道的小事。但"不积跬步，无以至千里；不积小流，无以成江海"，任何大事的成就都是从最细小的具体行动开始的。

要做成一件轰轰烈烈的大事，就不能忽略它背后的小事，没有小事的累积，成就不了大事。

了解到这一点后，你更应该开始关注身边那些琐碎的小事，培养做事一丝不苟的习惯。

有时候一个细节上的失误，可能会让整件事情的布局大乱，甚至前功尽弃。世界上很多大事故的发生，往往都是小事做了导火索。

小事连人（民）心，对于群众（员工）来说，他们关心的大多是看不起眼的"小事"，只有解决了他们关心的小事，才能赢得人心（民心），小事往往针头线脑，比较琐碎麻烦，小事往往千头万绪，需要仔细梳理，小事往往平平常常，不显山不露水，做好小事，需要我们有耐心，有恒心，有决心，还要能细心，忍得住烦，吃得了苦，耐得了寂寞，受得了累，只要能做好一件件的小事、实事，就能杜绝空谈，杜绝不切实际的蓝图，把工作落到实处，就能为大事打好基础。

上面的小事是我们要去干的，还有些小事是我们不能去干的，如一些小缺点、小错误、小毛病，比如喜欢喝点小酒，打点小牌，洗个小澡，钓个小鱼，贪点小利，这都是生活中常有之事，一些人认为这都是区区小事，无足挂齿，对于组织管理层来说，可能员工视为常事，对于党员干部来说，可能群众也习以为常，似是并不构成大危害，但，一旦出现意外情况，喝点小酒就会误事，钓个小鱼也来不及赶赴现场，许多突发性的重大损失都是此时造成的。何况，群众也多有看不惯，敢怒不敢言，心里对这类行为很反感的，我们看操守，断品行，总要从看得见、摸得着的小事上着手，这些小事不修，影响形象，违犯纪律，失去公信力，失去群众的拥护，时间久了就变成大事。领导干部、管理人员尤其要注意小节，小节若是放纵了，终有一天大节难保，小节小事上过不了关，何谈大节大事。

古人说玩物丧志，就是因为对小喜好轻视，结果耽误正业。喝小酒，打小牌，洗小澡，钓小鱼，聊小天，看小说，必然占用工作时间，把工作时间投入到个人喜好上，那不是玩物丧志吗？其他如古玩书画、金银珠宝，这样的小节，最容易被人乘虚而入，攻陷阵地，丧失清廉，产生利益交换，最终成为贪污腐败分

子，成为组织蛀虫。

二 慎微

旋岚之风，起于青苹之末。
见微知著。
不治已病治未病。
菩萨畏因，众生畏果。
小事不为，不过懈怠，微征不鉴，则铸大祸。
道自微而生，祸是微而成。
不矜细行，终累大德。

小和微的意思有些近似，较难分别。小是相对大来说的，微是既可以相对大，但更多是相对小来说的，它比小更小。大小是计量的相对比较，而微则更抽象一些，意义更难捕捉。我们说微微一笑，而不能说小小一笑，我们说微觉不妥，不能说小觉不妥，这是微比小抽象的用法，我们说影响轻微，可以忽略不计，则在量上，微就是微不足道，可以被忽略过去的事物，而小虽小，却不是可以忽略不计的。

正是因为微不足道，可以被忽略过去，所以我们才更容易丧失警惕，所以才强调慎微。

如果说小是已经成熟、可见的状态，那么微则是一种在孕育、萌动的，难以觉察的状态。见微知著的微字，就是指隐蔽的，隐秘而难见，微小而难察，可是这个微却很重要，因为我们需要观察到微，然后才能推论出著（明显）。

应当说，慎微比慎小更难做到，对智慧的要求更高，慎小是要求脚踏实地，老老实实，态度端正地工作，慎微则要求谨慎对待事物的发展变化，将不好的可能性、坏的变量及早解决，慎微建立在智慧的判断、足够的经验、细致的观察、理性逻辑的推断之上，它是一种高智力的行为。

因为慎微建立在足够的经验之上，所以在工作中，我们普通人只要认真学习前辈的经验，认真钻研专业知识，也可以做到这一点，只要对工作情况认真仔细地观察，就可以找出那些潜在的细微错误，从而挽回可能的巨大损失。

组织中产生的一些微小征兆，是我们的一面镜子，更是我们尽早防范，避免大错的机会，如果不能慎微，忽略过去，则变化产生时，损失往往很大，难以挽回。慎微是一种能力，于人察言观色，善听话外之音，于事于物善察异常，就可以洞若观火，及早采取措施，挽回损失。

三 慎独

其实慎独这个词的本义，和我们的用义，在逻辑上不相称，我们过多地引申了它的含义。

慎独最初是讲个人修养的，是独自面对内心的意思，慎，就是警惕内心生起的种种负能量，《大学》里慎的主要对象是虚假，慎独的主要目的是诚其意，让自己的心正直诚实，摒弃虚伪。

慎独要求对自己的内心进行审视，有哪些肮脏之处？有哪些卑微之处？有哪些虚假之处？有哪些怯弱之处？有哪些邪恶乖僻之处？

人在独处的时候，别人看不见，没有了法律、制度的约束，没有了他人的监督，负面心理就容易生起，恶念也更容易滋生，所以要慎独，如果人在没有监督的时候总是生起负面心理，那么久而久之，就会成为常态，那时候即便有法律制度的约束，有人的监督，也难以约束恶的行为了。而且儒家认为，人的负面心理多了，会不知不觉中形成坏的气质，让人一眼就看出来，无法隐藏，所以要慎独，形成正直、诚实、善的气质。

孔子和他的弟子们，其实已经注意到了我们现在泛滥成灾的潜意识的概念，《中庸》里说，"君子戒慎乎其所不睹，恐惧乎其所不闻。莫见乎隐，莫显乎微。"对修心的要求达到隐秘、细微的意识深处，已经是要求弟子在独对内心时，能够更深入，更细致地剖析自己内心中那些很难发现，很难纠正的细小的错误意识。

为什么我们要独自面对自己的内心，并拷问自己的内心呢？是为了完善我们的人格。

后来慎独从独对内心，引申到无人监督时的行为，孔子认为小人做坏事，

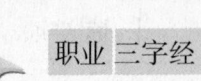

都是在无人监督时肆无忌惮，而有人监督时则有所收敛，所以慎独至此则从修心引申到了行为。小人在无人监督的时候可以偷窃，那么君子呢？在无人监督的时候，一个人可以做多少种坏事呢？所以只有慎独，才能避免我们人生的污点。这时的慎独，就是指在一个人的时候，也能自觉地严于律己，谨慎思想和行为，防止不道德的欲念与行为产生。

再后来，人们将慎独从无人监督时的行为，引申到隐秘状态下的行为。《后汉书•杨震传》记载，杨震在上任时路过昌邑，过去他曾推荐的荆州秀才王密正在做昌邑的县令，晚上，王密怀中揣了十斤金子送给他，杨震说："我了解你，你不了解我，这是怎么回事呢？"王密说："这么晚了，没有人能知道这件事。"杨震说："天知道，神知道，我知道，你知道。怎么能说没人知道。"

这种状态也可称之为独，虽然有人，但是对自己没有监督作用，而是反面促进作用，这种情境下的谨慎亦可称为慎独。

实际上，我们普通所讲的慎独，大多是以后面两种情况来要求的。

随着慎独这一概念的不断被引用、解释，古代有人将慎独解释为坚持原则，抱持本心，这种解释是有局限性的，慎独既有坚持，也有审视、观察、制服的涵义。

四 慎渐

渐渐地，我们曾经的棱角被磨平了，渐渐地，我们曾有的激情消退了，渐渐地，我们的正义感消失了，渐渐地，我们的理想被柴米油盐代替了，渐渐地，我们的原则被压瘪了，渐渐地，我们见怪不怪，习以为常了……

生活和工作中的错误，或者消极的行为方式，都是有惯性的，只要我们做出一次妥协，那我们就会一直妥协下去。只要我们开始对外界事物妥协，只要我们对我们天性中的弱点妥协一次，我们可能就永远无法战胜它们了。

所以我们要慎渐。

岁月在不知不觉中将人送入墓地，也在不知不觉中让人思想沦落为平庸，更在不知不觉中让人一事无成。

如果我们不慎渐，我们就会消磨在岁月的风尘中，最后什么都不能留下。

如果我们对工作从很小的一点不完美开始，逐渐习惯再多一点点的不完美，再多一点的不足和瑕疵，那么到最后，我们会对要命的错误都见怪不怪。

粮食商人从给稻麦里加点水，到加点沙，最后到食品中使用添加剂，最后可以发展到添加任何有毒物质。机器生产商可以从掉一点漆，到某个零件不合格，直到某个重要部件发生问题造成重大危害。官员从收受一盒茶，一条烟，到收受汽车、房车，直到数十亿资金，最终欲罢不能，无法摆脱。

把青蛙放在水里慢慢煮，直到死亡它都不会跳出来，这就是"渐"的力量。

"渐"好像是大漠中的风沙，将一块石头慢慢磨光，渐也好像是慢性毒药，一朝发作就会致命，"渐"的行动总是悄悄地、缓缓地、柔柔地，我们难以对它生起警惕，它就是以这种无形的、难以察觉的进程，将我们送进人生的黑暗之地。

慢慢地，我们变了，慢慢地，我们也就败了，如果我们不慎渐的话。

"渐"好像是滴水穿石，积小力成大力，力量极强。比如请客送礼说情，一人两人更多人，一次两次更多次，时间长了，我们绷紧的神经总有松懈的时候，只要一次松懈，就被"水滴石穿"，接下来就会有更多人，更多次的考验，于是我们就站不住脚了，轻轻一叹，妥协投降，不能坚持原则了。

我们要干成一件事不容易，大多数人不能成事就是败在了"渐"的手下。今天身体不适、很劳累、心情不好、状态不好或者我有别的事情在分心，工作怎么办？马虎一下，将就一下吧，在"渐"的引导下，我们会变成一个马虎的将就的人，这样我们的工作将不可能优秀，我们一件事也干不成。小事都干不成，更别提大事了。

有些事比较麻烦，逐渐地我们就图省事了，而一图省事必然影响质量，无论是产品质量还是服务质量，失去质量就失去核心竞争力，我们失去的很多美好的东西，就是被"渐"给夺走的。

这次任务拖一天吧，那次拖几天吧，渐渐地我们可以拖一个月、半年……我们可以把一个组织拖垮，直到最后再也没有人聘用我们。

人生中的任一时间，任一地点，任何形式，都存在"渐"，我们时刻被"渐"所影响，被"渐"所诱惑，被"渐"所害。

五慎言

祸从口出。

良言一句三冬暖，恶语伤人六月寒。

金人三缄其口。

敏于事而慎于言。

三人成虎。

言语比行为更具随意性，也更容易非理性。

多说正能量语言，少说负能量语言。

即便没有人追究我们的责任，我们也要负责任地发言。

语言是人类交往的工具，是社会性交流沟通、表达思想、表达意图的几乎唯一的工具，离开了这个工具我们几乎做不成任何事情。

所以，语言在组织性行为、社会性行为中，极其重要。我们不但要做正确的事，还要说正确的话，不但要说正确的话，还要懂得表达的方式、语言的技巧，找到最适合的场合，找到最佳的时机，向正确的人表达。

语言是一切思想、观念和情感、意见、立场的载体，它所表述的往往是复杂的，因为我们的思想、观念可能混乱不清，我们的思维可能不清楚，看待事物不明晰，对许多事物的认知很混沌，甚至我们有着颠倒的、错误的认知。这种情况下我们就要慎言，不懂而乱说，大则惹祸，小则增添混乱，于事无益有损，引来反感。尤其是当我们的意见和立场是破坏性、敌对性的立场时，就更要慎言，这种立场下的语言是对团队的破坏力量，一定要慎重发言。还有一种语言是带有负面情绪的语言，如指责、敌视、抱怨、疏远、挑刺等，这种容易破坏团队团结的语言也要慎重，不能逞一时口舌之快，而不计后果。

轻易发言也要不得，对某些事物没有认真深入的思考，就随便发言是很不负责任的做法，只要听到别人耳朵里，语言就会给别人带来影响。尤其是在工作中胡乱发表意见，随便并轻易地发表看法，不讲究方法、方式和场合。

我们不能轻易地下结论，更不能轻易发表结论，这种轻易的结论往往会给团队带来伤害。

与己无关，但容易对他人产生影响的情况下，我们要慎言。

容易引起争论、纷争的，我们要慎言。

当我们对他人具有影响力，容易改变他人的决定，或能促使别人做决定时，我们要慎言。

我们不能为我们的私利而轻易地发表言论，更不应为私利发表错误的、破坏性的言论。

我们不能随便发表对他人有害的言论。

我们不应该随便发表对团队，对组织不利的言论。

我们应发表正能量的言论，而杜绝负能量的言论。我们要常讲积极上进的话，不讲消极落后的话。

我们要常发表建设性的言论，增益性的言论，而不要发表破坏性的、损减型的言论。

敌对的语言、抵触性的言论，我们要慎言。

我们要常发表指导性的、建议性的言论。

对于空话、套话、官话，我们要视之如毒，空话套话看起来没有危害，实则它代替了建设性的、正能量的、有益的言论，形成空谈的作风，这本身就是一种危害。

我们要讲贴近实际的话、贴近人心的话、贴近工作和生活的话、容易理解容易产生共鸣的话、接地气的话。

风言风语、别人的八卦、领导、同事的私生活，工作中的小纠纷，个人间的小矛盾，我们不要对此津津乐道。

我们要杜绝谎言、谣言，让真诚和真实在团队中流传。

我们要讲真话不讲假话，讲良心话不讲昧心话。

我们的言论要注意角度，不能只从自身有限的利益出发来讲话，尤其是工作中的言论，要有团队意识、大局意识、组织意识，不能毫无顾忌地争取自己的私利或小团队的私利，更不能因此私利而攻击组织的决策、领导或同事的行为。

工作中的言论要慎而又慎，随便的、不经审慎思考的言论，很容易影响决策的执行，影响团结，妨碍同事关系，造成矛盾，有些争论会影响管理者的权威，对这类的言论要慎重。

言论虽不似行为那般直接产生影响，但言论影响行为的走向，甚至可以改变行为，虽然大多数情况下的言论不会被追责，但只要说出的话，就会有后果，最终，我们每个人还是要为我们的错误言论付出代价的。

六 慎行

君子耻其言而过其行。

谨于言而慎于行。

我们的命运是由我们的行为决定的，我们每个人都要为自己的行为负责任，有因就有果，这个不是以我们的主观意愿为转移的，侥幸心理、逃脱心理，统统要不得。

怎样算慎行？慎行就是主观上认定自己要对自己的行为负责任，然后努力让自己向着好的结果而行动。如果主观上不认为自己应该对自己的行为完全负责任，那么一个人是不会慎行的。

中国人讲究天地良心，讲究存良知，可以说是一种高尚的信仰，因为讲天地良心是要对整个自然世界负责任的，存良知则是对整个人类社会负责任。比如古人讲究节俭，古人不说为自己节约，而是说"惜天地物力"，是为大自然考虑，又如古人不"竭泽而渔"，也是为大自然，为生态环境考虑，不是出于为自己的功利性考虑，因为有这种高尚的责任感，所以古人讲天地良心，讲存良知。

现代人讲法律，一切以法律为准绳，其实法律很复杂，学不完，但存良知却只要问于自心就可以了，做任何事情，只要问一问自己，是否有背良知？自己的良心上过不去，那么就不会去做，只要良心上过得去，那么一切法律层面上就基本过得去。这是慎行的最好的法子。

所有人都懂得从自身利益出发，许多事不能做，做了就会损害自身利益，明哲保身，这也算是慎行，但称不上真正的慎行，也有许多人懂得满足自身利益，对自身有害的不做，对自身有益的去做，这也称不上真正的慎行，只有那些对自己有益，对国家，对组织，对他人也有益的事才去做，而虽对自己有益，却有损于公家，有损于他人的事能够不去做，才称得上是真正的慎行。

我们之所以要慎行，不仅仅是基于利害，也因为行为的影响力。任何人的行为，都会影响他人，比如迟到，一个人在团队中迟到，就会形成连锁反应，其他人也都迟到，一个人不能按时完成任务，其他人也都跟随拖延，一个人散布抱怨言论，其他人也都开始抱怨，并与组织与上级对立。一个员工的一个不好的举止，就可能令组织失去一个顾客甚至一批顾客，一个人在一个环节上的行为，会影响整个系统整个链条，所以我们要慎行，这种慎行是更高层次的慎行。

　　父母或老师言行不慎，会潜移默化地影响孩子，有时候一个举动成为契机，就会改变孩子一生。孩子天生敏感，一个眼神一个动作，可能就会给其带来重大影响。成人之间，虽然行为的影响没有那么直接，但因为其相互关联性和复杂性，影响的人更多，带来的后果可能会更大，组织里每个成员的行为，既可以必然性地影响团队，也可以偶然性地影响团队，我们怎么能不慎行呢？

　　在组织里，不但存在上行下效，也存在你行我效。行为会传染，一旦组织里有不良行为发生，而得不到制止，这种不良行为就会传染更多人，不止如此，还会产生更多的不良行为，组织里的个人要有慎行的意识，这既是对自我人格的负责，更是对组织对同事的负责。

　　组织里会有制度有纪律来制止我们错误的行为，但制度是死的，人是活的，如果一个组织沦落到要天天执行制度和纪律来制止成员的不良行为，那这个组织也就没有多大前途了，另外，这些制度不可能面面俱到，也不可能防止一切，如果成员没有慎行的意识，那么，任何组织的制度和纪律都充满漏洞，成员的慎行既是制度和纪律得以贯彻执行的保证，也是制度和纪律不可缺少的补充。

　　有些行为是要受到惩罚的，从明哲保身的角度，我们要慎行，不要心存侥幸，不要违背制度和纪律，有些行为是没有明文要惩罚的，我们从讲良知的角度，也要慎行，不要因为我们的言行而引发恶行，对于一个慎行者来讲，惩罚不仅来自法律，也不仅来自受害者，惩罚的来源是多方面、多层次、多形式的，也可能以我们未知的、出乎意料的方式降临。我们相信因果律，所以我们必须慎行。我们尊重自然规律，所以我们要慎行，我们讲求良知，所以我们要慎行，我们希求美好的人生，所以我们要慎行，我们希求平安幸福，所以我们要慎行，我们渴望成功，所以我们要慎行。

 职业 三字经

七 慎思

思想决定言行，言行决定命运。

端正思想，端正言行。

无论是谨言慎行，还是慎独慎微，光靠制度、靠提醒是保证不了的，外力对于我们的思想来说，只是一个促进因素，保持正确的、进步的思想，更需要源头上的保证，那就是慎思的习惯，只有思想慎重了，言行才能慎重。

正确的思想产生正确的行为，而我们大多数人的头脑中存在着许多不正确的思想和念头，这些思想和念头造成了我们的各种困境，而可怕的问题不在于我们存在这些思想和念头，可怕的问题是，我们不能清醒地认识到这些思想和念头是错误的！而更可怕的是，即便意识到这种想法不对也不肯认真纠正，于是，很多人带着有意识的或无意识的错误，终其一生。

意识起于微小，甚至有些潜意识我们很难察觉，但就是这些很难察觉的意识对我们的思想产生决定性的作用。

慎思既可以杜绝错误的言行，也可以防止冲动，防止冒进，防止我们头脑一热就采取行动，也就防止了我们事后后悔，也就避免了各种损失。人是一种在非理性中不断向理性努力的动物，很容易就会头脑发热，很容易就产生冲动，很容易在思虑片面甚至完全与事实背离的情况下就做出判断，做出决定，采取行动，我们如何向理性更近一步？那就只有慎思，多角度、多层面、多系统、多维度地思考。

慎思的最主要特征是反复思考，有些问题，只有不断地反复地思考，才能得出正确的论断。

慎思的另一特征是一种修正错误的过程，只有反复思考，才能发现以前未曾想到的因素，从而发现以前未曾意识到的错误，才能减少损失。

慎思也是一个不断补充的过程，只有反复思考，才能不断发现新的问题，对各种问题有更充分的预案，才能更有针对性地解决问题，才能系统地全面地解决问题，从而避免片面性的决定。

慎思是一种更加深入的过程，慎思不但是横向的要求更全面，也要纵向的要求更深远，只有反复思考，我们才能钻得更深，对问题吃得更透，我们的办法才

能更有预见性和针对性,我们才能夺得先机,才能占据制高点,才能比竞争对手更有主动权。

世界上的事无分大小,都要慎思,大到组织的全局,小到一个员工的本职工作,碰到事情时都要具备慎思的品质。

八 慎私

私心误公、误人、误己。

私心造成各种矛盾,造成组织内耗。

在任何地方,任何情境下,私心太重,为自己考虑太多,为公家考虑太少,为别人考虑太少,都是不受欢迎的。

一个人总是在心里打自己的小算盘,背自己的小九九,只会给自己带来更多苦恼。私心轻,受人非议和小看,私心重,必然犯错,甚至走上犯罪道路。

天下恶事,莫不起于私心,私心如毒,蚀人之善,增人之恶。

为国家办事,要摒弃私心,为团队做事,要摒弃私心,为别人办事,要摒弃私心,为亲人办事,要摒弃私心,心地无私天地宽,心地怀私世界窄。

私心日减,则心胸日日光明,私心日重,则心胸日日阴暗。时时从公家的大处着眼,检查自己的私心私念,心胸境界就能不断增长。

秉公办事是一种美德,倍受赞扬,秉公办事是一种修养,超越自我,打破局限,走向更广阔的天地,秉公办事是一种能力,是一种克制错误冲动,保证言行举止正当正确的能力。

每个人都有私心,而一个人的进步,在很大程度上取决于自己战胜私心的程度。

私心越重,错误犯得也就越多,对自己的束缚也就越大,甚至走上犯罪的道路。

在组织中,正当的个人利益是受保护的,而超出正当部分的个人利益,就属私心。

把握好公私之间的尺度,不拿组织任何财物,不占组织的便宜,是每一个员

工必须具有的品质。在当代社会来说，不拿组织任何财物，较容易做到，而利用组织的资源做事，就比较难以把握了。

要明确公私之间的界限，只有明确公私的界限，才能保证自己不越界，做到公私分明，不因私废公，不损公肥私，要让自己在组织中的各种思想、言论、行为，是公是私，为公为私，有明确的定义，分别得清清楚楚，这样才能做到公私分明。

九慎变

工作中最怕习以为常，反应迟钝，等闲视之，发现不了变化，看不到问题，不能提前解决问题，致使问题爆发，不可收拾。

没有变化的世界是一潭死水，应对不好变化的世界则一团混乱。

变化产生新情况，变化产生危机和转机，变化令人措手不及，变化令人眼花缭乱，变化淘汰那些反应迟钝的人，变化成就那些积极应变的人，我们这个世界充满变化，我们的工作也充满不同程度的变化。

没有变化也就不会进步，但变化需要我们审慎对待，应变不及、应变不慎，都会被淘汰出局。

变化不可怕，可怕的是麻木不仁，视而不见，得过且过，我们要敏于变化，慎于变化，勤于变化，用慎敏勤这三个字的精神来应对变化。

有一个爱听火车咔嗒声音的小男孩，一次听到声音跟平常相比有了变化，于是果断叫停火车，救了一车人的生命。变化的后果，可大可小，小到一颗螺丝钉的生产，大到航天飞船的制造，中间的诸多流程都会产生各种变化，只有妥善应对好所有的变化，小螺丝钉才不会是次品，航天飞船才可能上天。一件事情，从开始到做成，中间可能会有很多变化，只有善于应对这些变化，才不会中途失败。

对我们工作中出现的变化，出现的新情况，我们要认真观察、认真思考研究，认真处理，一旦处理得不好，就有可能带来损失，甚至有时是灾难性的后果。哪怕是产品的一道细小裂隙都可能意味着工序中哪一道出了问题，不及时解决可能会造出更多次品，一个订单，出现了异常情况，就要更加跟紧，想更多办

| 慎字诀

法拿下，如果面对异常情况不及时采取措施，这个订单就会失去。

我们要熟悉自己的工作，对工作中的各种情况都了然于胸，然后我们就能敏锐地发现变化，我们要慎变，这样就会抓住变化中产生的机遇，创造效益，避免损失。

应变要迅速，及时，应变方法要恰当，措施要得力，对于工作中可能会出现的变化要早做预案，有充分的应对准备，只有这样才能做到慎变。

谋慎初

慎初和慎始两个词，乍看起来似是没有区别，实则还是有区别的，始是一件事开始、开头的意思，初也有始的意思，但它更强调第一次的意思，第一次面对的事物，没有相关经验，所以要慎初。

有些事情，就怕有了第一次，有了第一次就会有第二次、第三次。初次的重要性在于，它开了惯例，在惯性的力量下，将一直持续下去，结果就会造成较重大的影响。

我们从一个人在某事物上发生的第一次，可看出许多东西来，就是这个道理，第一次是我们思想的最真实最原始的体现，比如说官员第一次接受礼物，第一次接受贿赂，有了第一次就会持续下去。比如员工第一次被人劝说"事情差不多就行了"、第一次被人劝说"早走一会没关系"，有了第一次就会有第二次，第一次就好像是一个阀门，这个阀门不能打开，打开之后就会水流不断，难以制止。我们人生的诸多恶习，小到抽烟、喝酒、骂人，大到贪污、损公、碍人，莫不从第一次开始，然后一直难以改正地走下去。

从初次到无限次，做了初一就有初二，这是我们人类的自然规律，第一次就等于是无限次，它们在本质上是一个概念，一旦开始，就难以终结。

所以我们才要慎初，好多事情不应有第一次，重要的不是改正某几次，而是杜绝第一次，比如某些员工的迟到，屡禁不改，而那些不用禁止的，都是从来不迟到的员工。

我们第一次面对一个新事物、新情况的时候，越谨慎就越好，因为面对一个我们不熟悉的新事物，更容易犯错误。新的工作环境、新的工作内容、新的工作

要求，都要求我们审慎地对待。

人能慎重地对待自己一生中所遇到的"第一次"，那么，犯错误的概率就会很小了。

第一次你是怎么干的？如果没有人对你的第一次做纠正，或者在以后你没有认真反思，那你一生都会沿习第一次的做法，不会有任何进步。而事实上，我们的任何做法都是可以改进的，没有最好，只有更好，没有满分，只有更高分。

当然，当第一次变成无数次的时候，我们也有无数次改进的机会，大多数人把这些机会错过了，如果能把握住这些机会，我们其实就拥有无数个第一次，拥有无数个进步的机会，可以做得更好，做得更完美，甚至能做出突破，成为创造型的人才。

行慎始

万事开头难。

观其始，知其终。

凡事预则立，不预则废。

一件事，如何开始很重要，因为它决定了后面的许多路是不是弯路。

一个人，小时候立志很重要，因为它决定了成长的道路和最终的成就。

一个组织，成立时的纲领很重要，因为它决定了组织未来的规模。

就好像下棋时，开好局很重要一样，因为开好局决定了我们接下来的工作是主动还是被动，当我们开始接受并做一项工作时，就面临最关键的时刻，许多人随波逐流，走一步看一步，不懂得凡事要慎始，没有认真思考，没有调查研究，没有通盘考虑，没有制定规划和计划，没有预估问题并给出对策，对工作可能出现的问题和变化心里面没有一点数，于是到哪山砍哪柴，这样工作极有可能走进死胡同，没有出路，许多人抱怨说工作中找不到目标，找不到人生的意义，因为他们在工作开始之时，没有思考，没有开好局，没有做好规划，所以工作中处处被动，被推着走、赶着走，完全失去自己的主观能动性，这样干工作是不可能成功的。

无论多小的工作,无论是工作中的哪一个小环节,从开始到完成,都需要认真规划和计划,都可以做得更主动、更好,大领导规划大格局,普通员工规划小格局,任何一项工作都需要慎始,都需要开好头。一开始就焦头烂额的工作,注定走下去很艰难。

佛教中强调发心,现在发什么心,将来就有什么结果,就有什么成就。对我们工作者来说,我们开始时想要把工作做成什么样,想要实现什么价值,在一定程度上决定我们未来的结果。刚开始就抱着混口饭吃的态度,是不可能干好工作的,刚开始就抱着以职位方便谋私利的目的,那就注定干不长。刚开始工作,态度就不端正,目的就不纯洁,行为就不如法,这样的人只能混一时算一时,被不同的组织炒鱿鱼直到连被炒的机会都没有。如果拿谈恋爱来比喻工作,那么恋爱中的第一印象很重要,带不带电由第一印象决定,慎始就好像是恋爱中的第一印象,我们一定要认真对待,不能等闲视之。

许多工作在开始的时候,各种问题还不清楚,工作思路还不清晰,千头万绪还未实现条理,尤其是比较复杂的工作,越是开头越需要认真对待,不能因为还看不见问题出现,看不到困难出现,就等闲视之,无所作为,错失布局开局的好时机,不做充分的准备,等问题来时才手忙脚乱应对,失去主动。

久慎终

行百里者半九十。

慎终如始。

大多数人办事,都坏在四个字上,那就是"功亏一篑",差一点没有办好。当工作就差最后一步就能做好的时候,我们累了,厌了,放松了,怠慢了,甚至是放弃了,这无疑是最可惜的事情,世界上大多数人之所以不成功,就是因为最后一步没有做好,但大多数人不知道反省,不后悔最后一步没走好,反而后悔前面白做了那么多。所谓慎终如始,就是要求我们精神不放松,注意力不分散,重视程度不降低,工作热情不降温,工作力度不减小,只有慎终如始,一件事才能真正做成,因为最后关头的一个小疏忽而导致失败,那么无论之前有多努力,

也白白付诸东流,实在是太可惜了。

人在最后关头,最容易犯错,尤其是以前从来不犯的错,这时候很可能会犯,因为人在最后的时刻容易松懈,有些人是觉得就要功行圆满了,因而松懈导致工作出差错。有一部分人则是因最后时期情况与从前不同,于是放弃了以前的良好作法,偶尔犯错,结果很严重。许多干部在离退休前收受贿赂、以权谋私,就是因为在最后时期情况与以前不同,面临交接,对自己即将失去的地位、权力没能摆正态度,因不平衡的心态而犯错。

一个人即便前些年做得再好,再出色,如果最后关头出差错,也有可能一世英名毁于一旦,我们辛辛苦苦做出来的口碑,我们辛辛苦苦打下的基础,我们辛辛苦苦赢得的名誉,我们辛辛苦苦赚到的业绩,都要求我们慎终如始,万不可松懈、大意、马虎,只有慎终如始,才能保证我们"小心行得万年船",才能令我们基业长青,保持不败。

官慎权

权力向公,而勿向私,职位向人,而勿向己。

因权成善,勿因权成恶,因职成事,勿因职成嬉。

当官的日子短,做人的日子长。

一忌因权力而任意妄为,二忌借权力而损公肥私,三忌仗权位而轻慢他人,四忌恃权位而损害公事。

权力滋生优越感,产生方便,膨胀自我感觉,并使周围的人对你心生各种想法,拥有权力便拥有了更复杂的人际关系,也要应对更多事情,克服更多困难,所以我们要慎权,权力是名副其实的双刃剑。

权力在手,可以决定很多事情,如果任意妄为,就会造成巨大损失,善用权力,可以做成事业,不善用权力,同样可以毁掉事业,有些人拥有权力后,容易发奇想,做荒唐事,给组织造成损失。使用权力,要顾及现实条件,一切从实际出发,决策得当,执行有力,不能主观妄为,要三思而后行。

权力在手,方便很多,可以很轻易地做成许多事情,如果因为有权力办事很容易，就借权力之便办私事，渐渐习以为常，失去警惕，迟早会走上因私废公的道路。

更可怕的是借用手中的权力做坏事，打击他人，迫害他人，劫掠他人，违法犯罪。

人有了权力便难免有尊贵气，有了脾气，有了架子，这样就会慢待人，也有些人难免滥用权力，给他人带来阻碍和困难，对那些地位比我们低的人，要一样尊重，不能慢待，轻慢他人是很不好的品质，更是一种很坏的工作作风，最终会给自己带来灾祸。

拥有权力也就拥有更多责任、更大压力、更多烦恼，但不论压力和烦恼多大，都不能心生厌弃，既不能因下属、客户等存在的种种不足和弊病而生轻慢之心，更不能因拥有权力从而产生优越感、高高在上感，而轻慢他人。

新字诀
变字诀

一求新,二创新,三日新。
一应变,二顺变,三成变。

职业 三字经

我们为什么要求新？因为不能求新就不能生存，不能求新就会落后，国家不能求新就会被历史淘汰，员工不能求新就会被职场淘汰。

人的天性在小时候就充满好奇，我们更容易接受新鲜的事物，而新鲜的事物可以给我们带来更多活力，给我们更多惊喜，给我们不一样的体验，拓展我们的思维，开阔我们的眼界。所以在我们的本性里，我们永远都有追求新事物的动力。如果没有新的思想，没有新的形式，没有新的器物，没有新的交流，我们就不会有任何进步。如果没有新的创意，没有新的尝试，没有新的办法，我们就不会有任何进步。

从小学开始，我们一年级一年级地艰苦求学，就是为了不断接受新的知识，不断寻求进步，而当我们学业结束，步入社会，我们很多人就忘记了求取新知，从此止步不前。

我们不但要从外界不断地汲取新知，体验新知，我们还要从自身发掘潜力，进行创新，最终实现创新才是我们不断求知学习的目的，创新是人类发展的根本动力，人类历史上的每一次创新，都改变了人类的生存现状，从双手操持木棍石块开始，人类开始了运用双手劳动和制造工具，从借助自然界的火烤熟食物开始，人类学会了熟食乃至各种形式的餐饮，从学会耕种开始，人类有了农业，从学会冶炼开始，人类有了工业，从结绳计事开始，人类有了数学……

无论是何种性质的组织，都需要创新才能进步，才能生存，一个优秀的组织，必然会追求以创新能力领先其他同类组织，在诸多组织间的竞争中，能够创新的组织总会取得先发优势，而革命性的创新则能够决定这个组织在众多组织中的领袖地位，无论这种创新是工具上的，还是思想道路上的，还是方法上的。

创新也是我们个体得以升华的根本保证，如果我们的思想、方法没有创新，那我们就永远跟随着别人的脚步，踩着别人的脚印前进，我们也会固守自己的陈规，困于自己的境界，困于自己的方法和模式，也许可以苟存，但注定落于人后。

创新是一个意义辐广的词汇，思想的局限，需要创新才能打破，经营的困境，需要创新才能打破，这个创新并不仅仅指技术的革新，也不仅仅指方法的革新，这个创新可以是革命性的，也可以是改良性的，可以是全局性的，也可以是局部性的，我们的每一个创新都是进步，只要我们不断地创新，积少成多，我们就能打破一切困境，开拓更好的局面，步入更健康的轨道。

日新其实是一个古老的概念，早在春秋时期，《大学》里就提出了"新，日新，日日新"的说法。用现在的词汇来说，就是"永续创新"——永远地不间断地创新。

"周虽旧邦，其命惟新"，周王朝的这句话，固然可以理解为周朝的命运受之于天，就好像刚刚接受一样，但也可以理解为，周王朝的宗族虽然传承久远，但始终都追求组织的崭新的活力和面貌，避免僵化和老化。

创新是人类的使命，是人作为智慧动物的内在驱动力，任何组织和个人忘记了创新，就会被淘汰。我们的祖先认识到这一点，于是说，日日新，每天都是新的，绝不敢有丝毫怠惰。但我们古老的语言意义深广，我们既要永续创新，每天都努力创新，也要日日如新，每天都像面对一个新世界一样，保持敬畏，保持好奇和新鲜感，保持心灵的敏感，如此才能发现以前看不到的细节直至深远广大的真理。

我们要以日新的态度，每天都有新的进步，新的改善，每天都有新的业绩，新的成就，新新不息，我们的心灵和我们的工作，从不会厌倦，从不会陈旧，永远都是崭新的。

现代的团队因为种种原因，会产生许多的变化，尤其是在创意型的团队，随着创新意图的变化，团队的主攻方向会变化，而在诸多团队中，随着团队各种目标的调整，也会产生许多变化，在这种情况下，作为员工我们要适应变化。

这些变化，有时候是工作条件的变化，有时候是工作地点的变化，有时候是工作时间的变化，还有工作职位的变化，工作环境的变化，以及工作内容和工作任务的变化，这些变化在一个团队中总是会发生的，如果是自己遇到了，那就要调整自己，努力适应面临的变化，做好应变的准备，对新变化发生后的工作，要应对好。

许多变化是个人无能为力的，对此抱怨，怀念过去的一切，都不是正确的态度，那种进入组织后就想守着一件轻松的事情，天天重复做就行，不用动脑思

考,不想接受变化洗礼的心态,是要不得的。

当然,也有一些工作在一定时期内是一成不变的,需要员工去坚守,对那些变化了的工作内容,我们要有充分的应变心理,要能够顺应变化,还要在变化中蜕变,让自己的工作干得更好。

我们要善于成就变化,并且在变化中成就自我,成就事业。

什么是成就变化呢?就是顺应组织的改变,成就组织改变所要实现的意图。比如说一个在组织研发部门工作的人,在研发一个项目,突然这个项目终止了,换了新项目,那么心理上就会有一定的沮丧,应变就是克服这种沮丧心理,克服自己的挫败感,去认真应对这种变化。顺变就是正确适应新的岗位、新的工作内容、新的工作伙伴、新的工作环境及工作规则等变化了的事物,争取用最快的时间适应新工作,并在新工作中做到游刃有余,当做到这一步后,就实现了组织的意图,实现了组织的变革目标,而在这个实现组织目标的过程中,我们也就在变化中成就了自我。

就如同人生充满各种变化一样,我们的工作也不会永远安稳不动、一成不变,组织要适应社会变化,组织要适应市场变化,学校要适应知识更新,我们处在一个变化更新很快的年代,抱怨变化打破自己的安逸状态是不行的,我们只能适应各种变化,并成就这些变化,在工作中不断做出成绩,不要成为那个在变化中被淘汰的人。

当我们经验够丰富,实力够强时,我们还能够创造变化,引领变化,那是一种更高层次的自我成就。那就是求新、创新。

如果说应变、顺变是被动地接受,那么求新、创新就是主动地进行。

干字诀

干事情，要成功，有十干，一肯干，
二实干，三勤干，四苦干，五巧（智）干，
六敢干，七快干，八常干，九多干，十长干。

士虽有学，而行为本焉。

君子强学而力行。

一 肯干

世上不缺有能力的人，但缺少肯干的人。自认为有能力，却不肯干，这能力就是臆想的能力，因为它得不到实证。

肯干是职场成功的第一步。在肯干之前，一切都是假的，只有肯干了，才会变成真的。工作会有累，会有苦，会有难，这是工作必备的特点，面对这些我们一定要肯干。工作永远都是千头万绪的，永远都是由细碎事件构成的，永远不会一劳永逸，永远也不会干完，就如同日月轮替一样，周而复始，这就是工作的特点，面对这些特点，我们还是三个字："要肯干"。

初入职场，难道还有喝着茶聊着天就能干好的工作等着我们？难道还有金光闪闪的工作等着我们？不管是累，是脏，是苦，我们都得肯干，不肯干，就连这个机会也失去。

肯干是职场新人的第一项资本，因为新人没有经验，没有资源，没有其他资本，没有什么可以傲人的东西，只有肯干才能把工作做下来，干起来，才能逐渐地进步，逐渐地干出业绩，在不断地成长中逐渐地找到机会，干到自己能脱颖而出的那一天。

无论工作有多枯燥，哪怕日复一日地重复，我们都要干好每一天、每一刻，老员工也得肯干，不能因为工作时间久了，有些事就不肯干了，做领导的也得肯干，不能因为做领导了，有些事就不肯干了，工作不分高低贵贱，也不管你的喜好如何，也不会管你的心情如何，都要求你干好，这就是工作，无论何时你都得肯干，一旦你不肯干了，你就走到了危险的边缘。

二 实干

我们整天吆喝着要实干，怎样才算实干？许多人说，踏踏实实地就是实干，其实不完全，实干，就是要干到实处，干的态度要实打实，干的结果也要实打实。种西瓜长出了南瓜，那不能叫实干，只能叫盲干。

实实在在地干，是人品，是忠诚，踏踏实实地干，是态度，结结实实地干，是结果，功力过硬才会干得结实，干得不结实就不会成功。实实在在的人长处是没有二心，踏踏实实的人好处是脚踏实地，不好高骛远，结结实实的人好处是抓住关键，真抓实干，不走形式主义，不被表面迷惑，任何事情都能落到实处，对自己要求高，绝不敷衍了事，必须达到要求，从不耍花枪，只下真功夫、硬功夫，我们必须具备这三种干法，才称得上是实干。

三 勤干

一百个聪明的懒汉，也顶不上一个勤干的笨蛋。

勤能补拙，勤能感人。

笨人是要比聪明人差一点，但又能差多远？能差到哪里去？只要勤奋刻苦，笨人超越聪明人的机率远比聪明人超越笨人的机率大得多。先天不足，后天可补，先天虽好，后天不努力，照样落后很远。

只要勤干，必有收获，我们不要整天比较收获的多少，而要记着一点，如果不勤干，连这点收获也没有。

勤干是走向成功的法宝，因为勤能补拙，勤能感人，勤干者因为干得多，所以接触得多，机会也就相应多一些。

因为勤干，所以业绩在不断积累，经验在不断积累，能力在不断进步，聚沙成塔，积少成多，到最后，勤干的人所取得的成就一定是较为可观的，一定是远远超过期望的。

能力不足？工作难适应？压力太大？那就勤干，因为水滴石穿，水到渠成，只要勤奋干下去，原先不足的能力提上来了，原先难以适应的工作变得轻车熟路了，原先压力巨大的工作变得举重若轻了，这就是勤干的力量。勤干在不知不觉中改变一切，我们战斗在职场，这一良好的工作作风一定不能丢，而是要发扬光大。

职业 三字经

四 苦干

以苦为师。

吃得苦中苦,方为人上人。

有志者,事竟成。苦心人,天不负。

非苦不足以明志,非坚不足以完功。

乐让人沉迷,苦让人觉醒。乐让人散逸,苦让人振奋。

什么是苦干?就是要干到艰苦的境界。在当今这个社会,谁还能逼一个人去苦干?只有他自己。苦干都是自己主动的,因为我们要靠苦干来成就自己。

我们为什么要苦干?因为要突破自己,要超越自我,要将自己从平凡庸碌之中解救出来。如果一个人没有苦干过,那他就称不上能干。

苦干最能锻炼我们的毅力,强化我们的意志,振奋我们的精神,经过苦干的人,远比没经过苦干的人更有力量,这就是苦干的价值所在。

什么叫苦?其实世上没有固定的苦,只是人的感觉,同样的事情,有人觉得很苦,有人安之若素,我们说寒窗苦读,读书有那么苦吗?难道不是一种乐趣吗?就是因为我们不能静下心,不能专下心,所以才觉得读书苦。归根到底,苦只是一种心理认知,你认为是苦的,就是苦的,你不认为是苦的,就一点也不苦。

我们的先人和前辈失之于艰难困苦,而我们现在失之于安逸放纵,我们并不用费长辈那么多力就可以解决温饱,衣食无忧。但我们同样的,不下苦功就不能有所成就,因为天下本无易与之事,也无侥幸之事,梅花香自苦寒来,宝剑锋从磨砺出,不经历苦,我们很难变得有力量。

现代的社会没有给我们准备那么多苦去经历,而舒舒服服往往就要退步,过于安逸就会失去进取心和斗志,所以我们更要主动地去苦干,在苦干中成就自我,升华自我。

五巧（智）干

干的态度很重要，干法同样很重要。

巧干捉来老虎，蛮干弄丢鸡鸭。

四两可以拨千金。

不同的干法会出不同的结果，有时候正确的干法干一天，胜过错误的干法干一年，因为正确的干法符合事物的发展运动规律，所以事半功倍，有时候我们干得很累很辛苦，却解决不了问题，而精业人士一句话，一个建议，轻轻松松就帮我们解决了。

什么是巧干，就是看清规律，看到关键并抓住，用最高效的方法把事做成。

巧干不是投机取巧，而是建立在对工作非常熟悉，认真思考、分析总结的基础上的。巧干之所以高效，就是因为找到了窍门，找到了打开巨锁的钥匙。每一次巧干都是我们工作智慧的爆发，是我们工作能力提升的表现。

方法决定成败，头脑决定前途。能找到巧干方法的员工是最有前途的员工，如果我们不能自创好的方法，那我们就要学习好的方法，学习最高效、最实用的方法，在工作中不断改变自己的错误的、低效的、无益的干法，改善自己的工作思维和工作习惯。

认真研究，动脑思考，这才是真正的实干，面对工作，我们不但要肯卖力，更要肯动脑，不但要勤用功，更要勤动脑，不但要苦己身，更要苦己心，只卖力气不用智慧，那只算是一半的肯干勤干苦干，只有体力和脑力一同使用了，才算得上完全的肯干勤干苦干。

无论我们身处何种工作岗位，都需要动脑，完全像机器人那样机械操作的工作是不多的，即便是那样的工作，也不妨碍我们动脑，职场中最可怕的事情就是变成一个不会思考的机器人。我们是带着双手和大脑参加工作的，不但双手要勤劳操作，大脑也要勤于思考。要相信一点，任何地方，任何工作，我们的大脑都有用武之地。

动脑，节约自己的体力和时间，节约组织的资源，增加组织的效益，动脑思考，是我们成功的钥匙，这个世界上绝没有不动脑思考就获得成功的人。

我们在遇到问题时，千万不要等待，千万不要推给上级解决，不要推给专家解决，不要推给别人解决，逃避问题就是逃避责任，更是推开机遇，放走成功。每次问题都是机会，只要我们动脑思考，无论问题最终是不是通过我们解决，我们都会在这种思考中进步，工作方法得到改善，工作能力得到提升。

工作要巧干、智干，就好像开门最好用钥匙，而不是去踹、砸一样。得到窍门，问题迎刃而解，得不到窍门，问题如一团乱麻。

我们要不断学习别人更好的工作方法，我们要自己总结更好的工作方法，要巧干智干，杜绝蛮干、瞎干，年轻人千万别迷信固执自己还不成熟的那一套，非要撞南墙，撞得头破血流才知改正，要知道，任何组织都不会给你太多犯错机会的。

六 敢干

勇敢干，莫浪费大好人才！

事不避难，责不避险，敢干敢担当。

要敢干，不要浪费了你自己。人生积蓄着无穷无尽的能量，关键是如何激发，一个人可以成为混吃等死的懒汉，也可以成为日理万机的领导者，一个人可以成为失聪者，也可以成为贝多芬。你的无限潜能若不激发，那就等于没有任何潜能，认准了你的目标，勇敢去干，有朝一日才可能引爆你的潜能。

想干得好，就得战胜心中的懦弱，就得敢干。许多人不敢干，理由很可笑，居然是："怕别人说闲话""怕干不好让别人笑话""怕别人疏远我"……难道我们的人生要由别人的态度来决定吗？难道我们的心灵怯懦至此吗？

也有的人是因为这些原因而不敢干："怕担不起这责任""怕干不好""难度太大"……面对困难，我们要敢作敢为，勇于担当，为组织分忧解难，就如同人类是在不断克服困难中进步的一样，工作中我们只有不断克服困难才会成长，每一次勇于受命，每一次勇于请命，每一次勇敢担当，都会让我们成长一次，成熟一次。困难、风险和成功、辉煌是成正比的，对有志者而言，挑战难度越高，越能激发潜能，他也就越喜欢。

我们要相信，车到山前必有路，再高的山人也能攀登，再宽的河人也能渡过，只要我们好好去干，就没有做不成的事业。

七 快干

一万年太久，只争朝夕。
千帆竞渡，百舸争流。
竞争对手绝不会等你，他没有任何理由等你。
无论有多难，都要抢先一步。

如果我们慢慢腾腾地工作，结果会如何？等我们头发白了，干不动了，才发现自己一事无成，甚至没有房，没有车，没有存款。

如果我们慢慢腾腾地工作，那么，不用等我们把工作完成，我们就已经被淘汰了，因为竞争很残酷，今天残酷，明天残酷，后天依然残酷，在这个千帆竞渡、百舸争流的时代，我们的工作就像是百米赛跑的淘汰赛，淘汰率很高，淘汰速度很快，为什么，因为我们的竞争对手很多，很强大，他们绝不会坐下来等我们。我们经常看到一些大项目被迫下马，为什么？因为人家提前一步做出来了，即将或已经抢占市场了，于是，那么多人痛哭流涕，多年心血付之东流，历经辛苦而没有半点功劳。但是，这丝毫不值得同情，失败了就得自吞苦果，没有任何人需要任何理由，因为所有人都只需要结果。

任何时候，我们都要领先对手一步。组织要想在竞争中获胜，就得保证组织的每一个组成单元，包括每一位员工都能领先对手一步。

我们要想干好我们的工作，也要做到抢先一步，只有抢先一步才能保持主动，避免被动。当上级下来视察，问及我们工作情况，我们才发现我们对工作的整体思路不清，具体情况不明，重要细节不知道，哪里存在问题心中没有数，为什么会这样？因为我们在等待上级提问时才去思考，我们没有抢先一步思考。上级忽然之间下达任务，工期紧，要求高，我们手忙脚乱，仓促应战，为什么会这样？因为我们平时没有准备好，工作的各项要素我们没有理顺，没有养精蓄锐，如果我们抢先一步理顺工作的各项要素，让工作状态处于最佳，我们就会更有把

握完成任务。开机器的工人，闲着的时候打打牌，聊聊天，睡个觉，没有保养好、调适好、维修好机器，结果面对突然的订单手忙脚乱，加班加点，还容易因机器的问题而最终误事，这都是没有抢先一步做好工作所导致的。

工作要求我们快，快才有竞争力。所以我们要：

抢先一步思考，抢先一步计划。
抢先一步准备，抢先一步行动。

工作中可能会有哪些问题？可能会出现哪些情况？我们以前是怎么面对的？对以后的情况和问题如何解决？这是我们要抢先思考的，抢先思考可能会出现的事情，心理上会有充分准备，也会找出各种应对方法，做出应对预案，这样我们就心中有数了，不会措手不及。

早日做出详尽周密的、有针对性的、符合工作实际、切实可行的工作计划，有助于我们抢先一步，主动应对工作。工作计划虽然不能完全应对各种情况，而且也需要随时调整，但有计划就有目标有准备，永远都比没有计划要好很多。

抢先做好准备工作，准备工作随着不同的工作实际有很多不同情况，要针对自己的工作情况来准备。共同的准备工作比如：身体和心理方面的调适，比如在工作旺季前，或者要面临重大任务时，要注意作息时间，养好身体和精神，做好心理准备。调好工作的硬件，比如管机器的调好机器，管库房的理清存放秩序，盘清数量，腾出空间，做好更有效利用空间的布置。调好工作的软件，比如管机器的更深入学习机器的维修和操控，做业务的梳理好自己的客户，增进对客户情况的调查和总结，对市场进行深入的调查和分析，对产品进行更深入地了解，与同类产品作好对比，做出更优化，更针对实际情况的营销方案，如果需要就提前与客户互动起来。如果工作需要多方面协调，那么事先的充分沟通就成为非常重要的准备工作。如果将接受新任务新工作，那就要多方学习、求证。

最后，我们要抢先一步行动。当命令或者任务下达，我们要在第一时间反应，第一时间行动，既不能有丝毫犹疑，更不能有丝毫拖延。而且我们要在整个任务过程中，始终保持这种快速反应的能力，出现问题马上解决，绝不容忍一次松懈。

干字诀

抢先行动,我们要比对手快一步,要比同事快一步,还要比上级的安排快一步。在任何时候,任何情况下,我们都要比上级的安排快一步,因为只有如此,才能保证任务的按时完成。如果我们将工作节奏放到与上级要求的一致,那么一旦出现意外情况,我们的节奏就会落后,就无法按时完成任务。

八 常干

常干,真实的意义是当下即干,干在当下。

经常意味着什么?意味着平常、习以为常。常意味着频繁地发生,工作就是带有常的特质,它周而复始地发生着。

常干就是不休息不间断地干,是坚持到底地干。太阳每天照常升起,我们每天照常上班干活。

从哲学上来看,世界上不存在一条真实存在的河流,河流的存在是一种表相,真相是无数滴水在不停地向前运动,我们的工作也是这样的,它是由我们当下的一个个工作行动构成的,舍去我们当下的工作行动,我们就谈不上工作,所以工作就是当下即干,干在当下,现在就把工作干起来,现在就做出业绩。那些喜欢拖延的人,当下总是不想工作,所以他们也就理解不了工作的真义。

河流是由无数水滴向前流动构成的,水滴越多,流动越快,这条河流看起来就越宽阔,越浩大,河流的宽度和流量决定于水滴的多少和速度,工作是由无数次工作行动构成的,我们的工作行动越多,我们的工作就越丰富,越有成就,我们的事业成就大小决定于我们无数个当下的工作的质和量。这就是常干的意义,只有常干,我们所谓的真干、实干、勤干等才会得以体现。

把当下的工作干好了,我们整个工作生涯就都干好了,当下的松懈,意味着我们人生的整个工作可能乏善可陈,只有把我们的工作落实到一个个当下来,我们所谓的工作才会产生现实的意义,才算是落地生根。

常者恒常,如日月东升西潜而不改,始可谓之常。常则不失,故常则合于道而不离。

常之道三:常在心,常在言,常在行,始可谓之常。

我们的祖先观天地之常，万物之常，而总结出了世界的普遍真理，用之于人事，就有了"三纲五常"，在这里我们不论古人的纲常是否正确，而是要讲这个常的意义。

古人认为那些大道要义，国法人伦，是要坚持不失的，需要常在心，常在言，常在行，"不可须臾离也"，一刻也不能丢失，这就是古人提倡常的意义。

同样的道理，在我们的工作中，我们的工作原则、工作操守、事业理想、组织的利益和目标、工作规律和方法，都是我们"不可须臾离"的东西，常干，不是经常干活就行了，还要符合工作中的恒常之道，正确的干活。

不论是好的事物还是坏的事物，不论是善良的思想还是坏的思想，如果不活动起来的话就等于没有存在，善言只有说出来才成为善言，善行只有做出来才成为善行，如果没说没做，那就没有善恶和好坏，这就是我们的祖先强调常的意义，如果好思想好言语不表达出来，好行为不做出来，那就不能胜过那些坏的思想和言行。所以我们需要"常"的精神。

所以工作中就需要我们常干，常干而不息，这就是工作的意义，工作一旦停下来，我们的精神和活力也就逐渐退化了，我们的创造性也就消失了。组织失去业务就需要再找新业务，这样才能保证组织存在，员工失去工作就需要再找工作，同样的道理，没活干的时候我们要找活干，不要坐等上级安排，不要让自己的工作停下来，一旦停下来也就不再进步了，这就是常干的道理。

九 多干

多劳多得，少劳少得，不劳不得。
量变引起质变。

我们为什么不多干一点？可能是因为懒散，可能是因为不堪劳累，可能是因为觉得多干了也得不到太多，可能是因为对事业和工作产生了迷茫，失去了动力……

多干是我们比别人强一点的最有效办法，多干也是在竞争中脱颖而出的最有效办法，除此之外，其他的办法固然有，但对大多数人而言未必适合。

工作重在积累，积小胜为大胜，积小功为大功，想要积累就得多干。我们想要迅速积攒财富，增长经验，提升能力，增加业绩，收获资源，唯一的办法就是在同样的时间里做更多的事。用多干来找到我们的机会，用多干来突破自我的局限，要相信，多干在总体上是永远不会吃亏的。

有些人在索取的时候，不厌其多，在付出的时候，却只求其少，这样子怎么可能真正得到呢？工作，多多益善，想要积累优势，必须多干。

十 长干

有干劲，还要有长劲。"长"，这是一个宝贵的词汇，充满了祝福之意，我们说国祚绵长、福泽绵长，对好的事物我们都希望能长久长远。爱情渴望天长地久，组织渴望"基业长青"，个人也希望事业能干得长。

要想长远，就得长干，长干就得坚持下去，不论中途出现任何情况、任何波折，都不能放弃。

半途放弃的人只会前功尽弃，收获不到最终的果实，工作要有长干精神，只有长干才能最终成就事业。干工作一定要立足长干，在任何一家组织都不能有短期过渡思想，更不应做出短视行为。

不论工作时间长短，哪怕干一天，也要本着长干的态度，而不要有那种随时脚底抹油走人，能糊弄一天就糊弄一天，只要我舒服，哪管组织受损不受损的态度。那些做出短期行为的人，都是不顾组织大局的人，这种人是令一个组织最感头疼的。

长干精神跟短干思想有什么区别？长干精神立足长远，有着种种考虑，顾及的东西就更多些，对自己的要求也就更多更高些，有长干精神的人，就会有认真细致的长期工作规划，而短干思想则为组织考虑得少，为团队为同事考虑得少，甚至于没有工作规划，当一天和尚撞一天钟，甚至三天打鱼，两天晒网，更甚者会出卖组织利益，然后走人。

长干精神是组织稳定的基石，短期思想是组织不稳定的因素，长干精神是职员成熟稳定的内在因素，而怀有短期思想的员工是很难走向成熟的，其职业生涯也很难健康地发展。

力字诀

能用力,肯卖力,善给力,能得力,
强动力,发活力,长诸力:自制力,
承受力,忍耐力,学习力,成长力,
升级力,竞争力,领导力,执行力,
协同力,引导力,建设力,愿景力,
要争强,必努力,要成功,唯勤奋。

能用力，肯卖力，善给力，能得力

有些人在工作中不肯用力，原因有各种方面，但我们应当谨记住一点：不肯用力就不会出任何成绩，也就做不成任何事业。

个人对于组织的核心价值，就是供献出组织要求的工作能力，一旦员工不肯用力工作，那他就失去了价值。

工作不能留心眼，干活不该藏力气。力气少卖一斤，人生就少一点收获，力气晚卖一天，就损失一天的生命。

为什么会有"干活真卖力""卖力干"这样的词？为什么用卖力气来形容一个人肯干活？因为一个人的力气往往是不值钱的。

一个人总要卖很多力气，你才肯认可他，同样，你也得卖很多力气，卖好长时间力气，才能得到别人的认可。在这里，这个卖可不是换钱的意思。人的力气总是要贱卖的，因为力气太多，属于非常过剩的商品，很多失业的人想卖力干都找不着地方，所以它并不如你想象得那样值钱。

力气是这样一个东西，如果你不用，它就好像不曾有过一样。只要不累着身体，不伤着自己，每天卖点力，干点事就是最好的人生。

力气是这样一种资源，用完了还有，是可再生的，你吝啬它，它也不会多出一点，你挥霍它，它也不会少一点，你再善于讨价还价，它还是值那么一点。力气的价值，需要另一种算法，它同货物的少贵多贱不一样，你力气卖得少，升值的可能性就越少，力气卖得多，升值的可能性就越大。

最后，最重要的一点就是，力气这个东西，就好像是年底积下的旧挂历，如果你今天不卖，那么到了明天就好像旧挂历挂到了新年，你今天的力气就一分钱也不值。而只要你卖了，多多少少都有回报。力气是一天一生，一天一尽，今天你不用，就等于你今天没有拥有过力气。而有些人疼力气，惜力气，怕吃亏不肯卖，结果到最后他的力气都白费了。

力气就好像明天就作废的票子，有力气，赶紧想法用，用力气多的人，过的就是充实的人生，没怎么用力气的人，就是一生没干什么事的人。哪怕你的力气换不来很多钱，如果你去当志愿者，当义工，你至少还能换回来行善的快乐。

别等人给钱，你才卖力，要先卖力，然后钱才会来。即便你在组织里有些力气没卖到钱，至少，上级或者其他的受益者会记得你的好，而事实上，卖出去的力气，如果你能恒久地卖，到最后终有一天会升值的，就怕你卖了几两后觉得吃亏了，不肯再卖了，那样你卖出去的力气才真是不值钱的。

你的力气不可能等价交换，这是世界决定的规则，你的力气除了能换钱这一个功能之外，还有一个比换钱更重要的功能，那就是奉献，同时得到自我完善。

做义工的人都活得很开朗、很幸福，因为他们卖了力气，不是为了换钱，而是做了奉献，换取了心灵的满足。一个学生卖力学习，他进行了自我提高，一个职员每天多做些事，他会增长技能，也会提高薪水，至少，他会得到领导的认可，得到同事的敬重。

一个将力气与钱划上等号的员工，是再也不会有前途了。所有的领导都讨厌这种下属，所有的员工也都讨厌这种同事，他还能有什么前途呢？

一个人一生中，每天都有力气，但是有些人留着不用，他的哲学是："给我多少钱，我就卖多少力。"于是，他既不能把力气奉献，换取心灵的满足，也不能将力气换成自我的完善，而同时，因为他不肯多卖力，领导始终不肯多给他钱，同事们也认为他不值那么多钱。

留着力气不用，就是最傻的行为，因为这个东西不是黄金，你留不住。你卖出的力气，是跟你的人生成就、人生满足感成正比的，而不是与金钱成正比的，一个人如果希望自己卖出的力气与金钱成正比，那就纯粹是一种幻想，属于心理和智力都不成熟。偏偏，在职场上，这种想法在一些员工的心里根深蒂固，牢不可拔，因此造就了一批难管理、不积极、磨洋工的员工，这是被认为没有前途的员工，领导一生气就想开掉的员工。

给力的意思就是，别人需要你的力量来帮助时，你能给出来，而且够劲，足够解决问题。在工作中，上级交代下的每一个任务，都是需要你的力量来完成，这时候一定要给力，完成任务让上级满意。

我们说某人是上级的得力干将，意思就是上级需要他的时候他总是能挺身而出，把事解决。得力有两点，一是态度，上级需要力量，下级就给出，二是效果，上级需要下级来解决问题，实现工作意图，下级就能把问题解决，把意图实现。

工作中，我们要时刻强调结果，为了更好的结果，我们要尽心尽力，有结果

才算得力。而组织最需要的就是得力的干将,能持续不断地给组织交出好结果的员工才是组织的中坚力量。

得力要求能力与职业素养都能够达到一定的水准。

以结果为导向,根据预期结果安排目前的工作,决定做事的方式方法。

不能给上级想要的结果,就不能得到自己想要的结果,不得力就不会被重用。

以终为始,在追求目标和业绩的过程中保持正确的方向,使用正确的方法。

强动力,发活力

工作中没有动力就无法快速前进,甚至连完成工作任务,做一名合格员工的基本要求都达不到。

工作的动力何来?一是养家糊口,自己有钱花的需要驱动自己,二是想要好好表现,获取更好的工作待遇,这种上进心在驱动自己,三是事业心在驱动自己,四是个人爱好在驱动自己,还有一种动力,就是组织的严令,上级的监督,这种压力转化而成的动力。

另外,我们的工作还非常需要活力,任何一个肌体,没有活力机能就会下降,从疲倦到生病到死亡,任何一个组织,没有活力就会僵化、衰败、消亡,我们的工作也是这样,没有活力,就会死气沉沉。

我们如何得到充沛的工作活力?那就要让自己的工作欲望变强烈,让自己的事业心变强烈,给自己不断地制定一个又一个目标,善于自我激励,让自己的心中充满着一种要工作的冲动。

再就是动起来,干起来,只有动起来,活力才会产生,如果不动,那也就没有任何活力可言。活力就是自动自发地去工作,越是自觉自愿,由自己发起的工作,就越发具有活力,越是由他人派发,甚至是压下来的工作,越是心有抵触,就越没有活力。

再就是勇于接受任务,乐于承担工作,主动接受考验,消除抵触心理,把组织的意图变为自己的意愿,这样就能够活力四射的工作。

| 力字诀

自制力

请参阅自字诀中关于自制的部分。

承受力，忍耐力

我们的世界不是天堂，不是理想的国度，如果我们没有点承受力，不堪承受命运中的那些风雨波折，那我们就不要奢谈理想，也不要奢谈事业，甚至不要奢谈成功。

我们的承受力何来？一是心理上要坦然面对，承认有些不美好是客观存在的，对此不抱幻想，这是一种承认实际的态度。二是要以真实的态度面对自我，好多人不能真正面对自我，我们要认清，自我是不完善也是不完美的，所以任何一个人都没有资格去要求世界给自己一个完善完美的环境，我们必须接受事实，在现实给予我们的一切中完善自己，然后去得到自己想要的，不管自己面对何种压力和阻力，都需要自己去承受去克服，就像自己病了不会有任何人能够分担病痛一样，我们也不能寄望于其他任何事物能够让我们顺风顺水，我们的一切，只能自己承受，就算是父母子女想要代替也不可能，所以我们必须加强自己的承受力。

是否有一天我们会不堪承受？我们不够强大的心理防线会一朝崩塌？我们只好选择后退、逃跑？

我们还需要足够的忍耐力。

忍耐，不是让我们逆来顺受，随波逐流，而是要让我们忍耐其苦其压力，在忍耐中不断上进。

什么叫忍？忍字头上是个刃字，是锐利的锋芒，是强大的工具，如果说我们每个人都是一把剑，那忍就是锤炼我们的铁锤，就是我们的磨刀石，如果不经磨炼，我们就切不断任何阻碍，只能是一把废剑，而经历过锤炼，我们才能成为组织的一把利剑。

忍字下面是个心字，说明忍的基础是心的修炼，忍得住批评，忍得住责难，忍得住打击，忍得住怀疑，只有忍得住这些，我们才能经得住组织的考验。忍得

下才能变强大，明白了忍才学会了做人。

什么叫耐？耐的力量叫耐力，也就是持久力，耐受力，什么压力来了什么困难来了我都可以耐受，这是一种强大的力量，是我们工作成功、事业成功不可缺少的力量。

耐就是最大的能力，"这个人有多大能耐"？是我们常说的一句话，耐的本质就是能的核心组成部分。字典里这样解释能耐：本领、本事，其实没有触及这个词的本质，能是能够、可以的意思，是用来修饰界定耐字的，一个人有能耐，不是说他多聪明，而是说他能够耐受某种考验，我们买物品要耐用，学习我们要求有耐性，穿衣服要耐寒，要耐穿，还要耐看，还要耐洗，说到工作我们要耐劳，听上级批评训导要耐烦，坚守岗位要耐久，有困难要耐受，繁琐的事要有耐心、有耐性。我们还要耐得住寂寞的围困，耐得住时间的流转，耐得住不被重视的恐慌，耐得住日复一日的单调，耐得住苦、累、难……耐是一种重要的精神，耐这一个字，概括了诸多方面，针对我们人生所有的考验，是我们人生修炼中无法忽视的一种重要素质。

所谓"剩者为王"，竞争拼的是什么？归根到底拼的是耐力，谁的耐力更持久，谁就会笑到最后，耐力不够，所有的聪明才智都可能成为镜花水月，所有的努力也都可能前功尽弃。工作中，竞争的本质不是比谁更强壮，谁更有技能，也不是比谁更聪明，而是比谁犯的错少一点。商业竞争中之所以分出胜负，并不是谁比谁强打倒了谁，而是谁犯错失去了客户从而倒下，无论从事什么行业，要成为优胜者，都要比对手做得好一点。

组织竞争拼的是耐力，尤其是战略相持的时候、市场低迷、互拼消耗的时候，谁成为最后一个，谁就是胜者。而这种时候耐力最重要，保持最好的竞争状态，牢牢把握组织的生存底线，防止资源损耗，谁就能活下来。在残酷的竞争中，其实大家都在熬，都在静等对手犯错误，然后猛力出击，谁熬不住谁就会倒下。饿死人的时候并不是没有粮食，是那些饿死的人没有粮食了。

打造我们的忍耐力，就是打造我们的生存力，就是打造我们的能力，如果忍耐力很低，其他能力都是过眼烟云，都是无源之水、无根之木，看似华丽，不能长久，也结不出丰硕的果实。

| 力字诀

学习力,成长力,升级力

百度百科这样解释学习:就是通过阅读、听讲、研究、实践等获得知识或技能的过程,是一个使个体可以得到持续变化(知识和技能,方法与过程,情感与价值的改善和升华)的行为方式。

学习由学和习两个字组成,我们可以通过论语中:"学而时习之,不亦说乎?"这句话来更好地理解学习的真实含义。学是向外的,我们通过书本、师长或他人、客观世界来学到知识和技能,习是内向的,我们学到了这些知识和技能,然后"时习之",不断地练习、使用,所以对学习的简要概括就是:从外学到知识和技能,并不断练习和使用。毛泽东主席在其《中国革命战争的战略问题》第一章第四节中说:"读书是学习,使用也是学习,而且是更重要的学习。"这句话也是将学习分开解释,并且强调习的重要性,有助于我们更清楚地理解学习这个词的含义。学和习是相互作用的,也是相互促进的,如果不练习使用,就不能知道我们究竟学会了没有、学得对不对,只有在练习和使用中我们才能更好地学,纠正错误和弥补不足,学得更好,我们大学毕业后为什么要实习?就是要通过练习和使用来加深我们对知识的理解,只有这样才能做好准备正式工作。学习,学和习密不可分,只学不习,那算不得学习,不但要习,而且要"时习",经常性的、不间断的使用和练习,只有时习,才算得上是认真努力地学习。

当代许多优秀的组织强调学习力,是因为我们所处的这个伟大时代,概念、理论和知识处于爆发状态,不学习很快就会落后,很快就会被淘汰。

就工作而言,学习力就是学新知、用新知的能力。

学是方法,习是目的,学是为了习,所以我们在学的时候,一定要对学的内容有所选择,这第一步很重要。我们学知识一定要注意一个原则:用得上、用得久。好多大学生毕业后所学的知识用不上,这样势必在工作中落后于人,同样的道理,如果我们在工作中不明情况,去学一些并不够领先,很快就会被淘汰更新的知识,那就用不上用不久,同样,只学高端的知识,而我们的工作却不是那么高端,那么也是学了用不上,学习就变成了只学不习,学也就无法实现其价值。

学最先进的知识、最实用的知识、最具创新性的知识,学当前最好的工作经

验和工作技能，向最先进者看齐，不断地练习和使用，增强我们的学习力。

成长，就是向着成（成熟、成就）这一目标或状态而长（生长、长进、进步）。维基百科的解释是：指随着时间的推移向着圆满（成熟）生长。在量化的（如身高的增长，经济的增长）或抽象的（例如，一个系统变得更加复杂，生物体变得更加成熟完善）基础上更加注重积极面的生长。

什么叫成长力？就是在成长过程中我们具有的、发挥出的力量。举例说就是从不熟练工人成长到熟练工人，在工作中从稚嫩到成熟，从配合他人到独立工作再到独当一面的能力。

成长力在根本上取决于我们自己，就算我们认为是来自于组织的那一部分，比如教导、培训、组织学习等，也需要我们的争取和努力。

如今流行一句话，叫"所谓成长，就是逼着你一个人，跟跟跄跄地受伤，跌跌撞撞地坚强"。虽然有些伤痛，却很有道理。但我们没有追究一下，为什么不受伤就不成长？因为我们坚持那些会让我们受伤的错误，直到受了伤，才懂得放弃。还有那源自韩国的流行语"因为痛，所以叫青春"。成人后我们应该理性地来想一想，青春就一定要去痛吗？在工作中，我们一定要跌跌撞撞地坚强吗？

上面那些话都是弱者的语言，而职场不需要弱者。我们必须认真地面对成长，而不能认为我受伤了才肯成长，不能受了惩罚之后才肯去遵守纪律，被开除后才懂得应该按时完成工作任务，这样的成长力太弱小，如果继续下去，很有可能一辈子都成长不起来。

有人说成长就是懂得，有人说有种阵痛叫成长，有人说成长就是学会妥协的过程，有人说成长越慢受伤越多，有人说没有改变就没有成长，有人说成长就要付出代价，有人说成长是痛并快乐着，有人说成长让我们变得越来越胆小，有人说成长的意义就是学会与自己的伤痛和平共处，有人说成长就是变成自己不喜欢的那个自己……

我们在工作中要不得这么多感性，我们要加强自己的成长力，目标越明确越简单就越有效。

其实成长很简单，在工作中，变得更有能力，做出更好业绩，承担更多责任，这就是成长。更加适应工作，更加懂得工作规律，更加理解组织目标，更加配合团队工作，这就是成长。

去除那些不适合工作要求的思想和行为，养成并壮大那些适合工作的思想和行为，我们就能更快更好地成长。

组织不会等你成长，其他类型的组织也没有任何义务等你成长，相反，你有义务快速成长为合格的组织成员。如果拒绝成长，那只能被淘汰，如果成长缓慢，那只能多受伤。

加强我们的成长力，更快更好地成长，达到组织的希望，实现自己的理想。

升级力就是让我们更进一级的能力。

竞争力

任何地方都存在竞争，不论是对外的还是对内的，不论这种竞争是以何种方式进行，面临竞争我们不能退缩，只能挺身向前，迎接挑战，在挑战中不断变强大。要记住一点，我们做得多好不重要，重要的是比竞争对手做得好。

必须不断加强我们的竞争力，否则我们就无法生存。如果我们工作在一个不需要竞争就可以生存的组织中，那这个组织离消亡也就不远，而我们离失业也就不远。

没有竞争力就别谈实现理想，也别谈成就一番事业，甚至连好的薪资待遇也没有资格谈。

没有竞争也就没有活力，当我们努力去加强我们的竞争力的时候，我们的工作就开始活力四射了，如果我们避免竞争，那我们就是在自我淘汰，有一个竞争对手是件好事，一个强大的竞争对手时刻盯着你，令你睡不着，纵是老虎也不敢打盹，你就会被他逼着不得不付出十分努力，不得不每天都进步。同样，我们盯住一个强大的对手，唯恐自己落下更远的距离，我们要比他更努力更上进才能跟得上他的脚步，这也会激发我们的工作活力，激发我们的战斗意志，对于我们的工作来说，是最好不过的事了。

竞争，是组织的活力，组织的血液因竞争而加速流动，竞争是我们的动力，

因为树立了竞争目标，我们才能干劲十足，团队和我们一样，因竞争而青春洋溢，活力四射，竞争是积极的力量，我们要为自己的竞争意识而自豪，那种不敢竞争，不好意思竞争的思想，是何其落后和闭塞。

竞争需要我们选择恰当的对手，水平要比我们高，有足够的挑战性，要激发我们十分的努力才能去超越。就好比打球，我们的对手越强，我们打出来的水平也就越高，如果对手弱，我们的发挥也随之变弱。

如何看待我们的竞争对手：首先竞争对手是我们的对手，第二他是我们的良师益友，第三他是我们的磨刀石，第四他是值得尊敬的，第五他是值得重视的。

竞争必须注意竞争方式和方法，我们的竞争对手分两种，一种是其他组织里的对手，一种是组织内部的竞争对手也就是我们的同事，两种竞争对手我们要区别对待，注意竞争方式和方法的不同，要把握不同的尺度和分寸，不能对同事也像组织的对手那样去竞争。

非常重要的一点，我们与外部对手的竞争要在法律法规的许可之内，与组织内的同事竞争还要在组织的规章制度许可之内。同样我们要知道，在每个行业里我们都是相互联系的，是相互依存的，是整体生态链上的一个环节，所以我们的竞争不可能是你死我活的竞争，而是优胜劣汰胜者能得到更好发挥的竞争。以市场竞争而言，竞争不是我们的目的，而是实现目的的手段，为客户创造价值才是竞争的唯一起点与归宿，以个人而言，竞争中打败对手不应成为我们的目的，在竞争中自我进步，实现我们的工作价值才是目的。就好比在科学技术上，在工业能力上，一个强大的国家可以把德国消灭，这样他就会成为工业科技第一，但这个第一未必赶得上从前的德国，只有在市场竞争中真正地在获胜，才可能超越德国的工业科技。在竞争中和对手一起进步的竞争才是最好的竞争，没有竞争对手后自己也会坠落。

把竞争的视角仅瞄向强大的对手是不完整的，我们的终极竞争对手其实是自己。如果我们昨天工作是80分，那今天能不能到90分？如果我们把自己当竞争对手，有能力跟自己竞争时，天下就没有对手了。能够打败自己的人，就最终能够打败所有对手，所谓永不停止地进步，从某种意义上来说就是不断打败昨天的自己。

领导力

不谋全局者不足谋一域，不想做将军的士兵不是好士兵。即便自己不当领导，锻炼自己的领导力也能让自己更好地当一个下属。有一定的领导力才能更好地帮助上级展开工作，领导力是我们各种职业能力的一个汇总，可以形成一个能力的总纲，是个人工作能力的一种升华。从字面上来看，领导力就是领导团队成员实现目标的能力。

不同的组织，不同的组织目标，不同层级的领导，对领导力的定义和要求也不相同，像基辛格说："领导就是要让他的人们，从他们现在的地方，带领他们去还没有去过的地方。"就是对超级领袖的能力的一种定义，这是一种创造性的领导，是层次非常高的领导。"领导能力是把握组织的使命及动员人们围绕这个使命奋斗的一种能力"，这个定义则是对组织最高领导者能力的一种定义。

一个领袖人物必须正直、诚实、顾及他人的感受，并且不把个人或小团体的利益和需要摆在一切衡量标准的首位。否则人们就不会追随他。

学习力：领导人应该具有更快速的成长能力。

决策力：领导人应该高瞻远瞩，抓住战略机遇，抓住主要矛盾并制定有效的策略。

组织力：领导人应该具有选贤任能的能力，具有组织动员下属的能力。

教导力：领导人应具有教导培训的能力。

执行力：领导人将决策推行下去的能力。

感召力：领导人左右人心向背的能力。

承压能力：领导者肩负着更多的责任，他们常要独立承受因危机而带来的恐惧。

对实际情况的认知把握能力：领导者最怕纸上谈兵，那样就会把组织带入灭亡之境，只有能实事求是的领导，才能带领组织走向胜利。

自信和魄力：这是领导者最基本的职业素质，没有自信就不可能被下属认可，没有魄力就做不成大事。

几乎所有的积极的素质，都会促进我们的领导力，也是我们的领导力的组成部分，本书其他诸多的内容都可以是领导力的组成部分。领导力不可能是十全十

美的，大多数领导都是在某些方面特别突出，所以我们在修炼领导力时，也要认准自己的强项所在，不断强化，弱项则需适当弥补。

执行力

执行力就好比是组织的神经、骨骼、筋、肌肉共同运动一样，它在本质上就是组织机体的运作（运营）能力，是一个组织力量强弱的根本所在，也是我们工作是否能取得成效的根本所在。

在组织而言，执行力就是一个组织实现组织目标（贯彻战略意图）的运作（操作、运营）能力。对组织而言，就是把组织战略和规划转变为效益和成果的运营能力。执行力包含完成任务的意志、能力，及对任务的完成程度。

就个人而言，执行力就是贯彻执行上级意图的能力，具体来说就是把上级的命令和想法变成行动，把行动变成结果，按时、保质、保量（考察执行力强弱的三个基本要素）完成任务。组织中每个人的职务和任务不同，执行力的表现也就有很大差别，总裁的执行力主要是制定正确有效的战略决策，构建能力强大的领导班子，高层管理人员的执行力主要表现在组织能力、管理控制能力、上下级间的协调能力，中层和基层的管理人员除了具有中层的部分执行力外，主要还是工作指标的实现能力，而普通员工的执行力就是按时、保质、保量地完成任务。

个人的执行力决定个人工作的成败，组织执行力则决定组织经营的成败。

工作中没有执行力就好像一个人生了病失去了力气，也就没有可能干成什么事情，所有的组织都不能容忍没有执行力，谁没有执行力谁就失去存在的价值。执行力失去了，战斗力和凝聚力也就失去了，也就失去了竞争力，竞争力和执行力是成正比的。执行力是组织管理的关键要素，组织成员执行力强大，那团队的执行力就很强大，证明这是一支训练有素的队伍。低执行力消耗组织的人力、财力、浪费时间，错过机遇，再好的构想也不能实现，执行力差的组织是乌合之众，是一盘散沙，是必定会消亡的组织，是没有希望的组织。在工作中，我们之所以出色，不在于我们有更好的想法，更丰富的知识，更聪明的头脑，而在于我们有更强大的执行力，我们要把上级的任务落实得更到位，这样我们才会比别人更出色。

| 力字诀

不论我们在何种岗位，接受何种任务，我们都必须有强大的执行力。如何加强我们的执行力呢？

执行力有两大要素：能力和意志（也有人认为是态度）。当我们在接到一个任务时，个人的能力基本是个定量，即便在完成任务过程中有所提高，一般也是有限度的。而意志则是变化幅度相当大的。能力是执行力的基础，意志是执行力的关键。我们平时要注重修炼，通过学习和实践来加强自己的能力，而在接受任务时，要端正自己的态度，坚定自己的决心，强化自己的执行意志。

何谓执？就是执组织之令，何谓执行？就是执组织之命令而行动。所以执行力率先取决于对组织命令的执。不执组织之令，虽然个人能力极强，行动极有力，也不能称为执行力，这种能力不是组织需要的。我们执组织之令而不舍，直到它完成，这是一种执著，是一种忠诚，是一种对组织和上级的法理地位的认可，那些不认可上级的指令，不肯贯彻上级的指令，没有强大的执行意志的人，本质上是不具备忠诚这一职业素质的，如果我们不认可一个组织，那我们为何要寄存于中呢？所以，肯执是执行力的先决条件，对上级之命，我们要有领命、赴命、完命的精神，要肯执、勇执、必执，要有必定完成组织任务的意志。

执行中，有人不愿将上级目标落实，无所作为，不思进取，不推不动，不赶不走，不批不改，不求有功，但求无过，甚至推不动，赶不走，批不改，还有人想要圆滑处事，放弃原则，工作稍一受阻就不再推动，遇事避重就轻，不愿解决问题，不敢解决矛盾，也有人选择性地执行上级命令，有利可图就执行，符合我意的就执行，没利益不合意的一推二躲三拖，在执行过程中令任务偏离了正确轨道，结果是打着执行组织意图的旗号，实现了个人或小团体的私利。这样的执行是组织深恶痛绝也不应容忍的。

执行意志强，则我们对工作的投入度就会更高，这样就具有了工作的激情、热忱、勇气、执著，我们才不会在执行中思前想后，斤斤计较，才能勇于付出和奉献，敢作敢为，不断进取。执行意志强，才能做到不找任何借口，遇到困难想办法解决，出色完成工作。

要想更好地执行，就要充分了解、认识组织的任务和命令，有些任务很简单，有些任务则需要加深认识。那些有数字标准的容易认识，那些完成标准需要学习领会，思考分析的，则要认真思考，弄懂组织的真正意图，千万不能把任务

宗旨给领会错了。

在平时，我们要注重自己业务能力的提升，养成高效的工作方式与良好的工作习惯，要有正确的工作思路和工作方法。

执行需要雷厉风行的作风，马上执行的习惯，坚持不懈的毅力，要具有自觉工作的觉悟，摒弃惰性，拒绝拖拉，从不被动等待，永远主动出击，只有这样，才能保证提前完成任务。强化执行力要强化时间观念和效率意识，一万年太久，只争朝夕。干工作要着眼于快，受命快，行动快，节奏快，干净利落，抓紧时间，提高效率，实行有效的时间管理。

执行是一个动态的过程，所以执行力是一种长久工作的能力，在执行中我们要随时检查自己的执行状态，要跟进，跟进，再跟进，在上级对我们进行管理控制的同时，我们要进行自我管理控制，对每项任务，任务的各个阶段都有科学的进度安排，明确到哪天完成哪些工作，到哪个阶段实现哪些结果，自我检查进度的情况，保证提前完成。

强化执行力就要严格自我要求，增强责任意识。克服不思进取的心态，不能有得过且过之心，工作标准要更高，状态要更佳，自我要求要更严，执行要不折不扣，绝不消极应付、敷衍塞责。

对于较抽象的难以用数字等科技标准衡量的任务，要执行到实处，追求实际效果。要发扬严谨务实的作风，克服夸夸其谈、评头品足的毛病，一件一件抓落实，一项一项抓成效，对自己的事情要干一件成一件，对上级的布置要根据工作的实际情况进行落实，要解决实际问题，不能以文件落实文件，以会议落实会议，以部署落实部署，以讲话落实讲话，不能以形式主义反对形式主义。要弄懂组织的意图，弄清工作的具体情况，想出切实有效的办法，付诸针对实际的行动，获得真实有效的成果。

强化执行力要善于思考，掌握高效的方法。要善于分析、判断、总结，应变能力要强。养兵千日，用兵一时，台上一分钟，台下十年功，快速的应变处理能力不是一时灵感，而是捕捉到了等待已久的时机，是平时认真思考的结果，是提前预备，积极准备，随时应对的结果。高效的方法从学习和实践而得，平时注重向掌握高效方法的人虚心学习，学习最先进的知识，所以才有高效的工作。要反思我们的执行能力和执行情况，找到不足，抓紧弥补，对工作要有全局视角，让

| 力字诀

自己站得高些，看得远些，想得深些，对工作把握得更全面更周到一些，更条理更有序一些。

注重细节，细节是魔鬼，细节决定成败，细节成就完美，细节蕴藏神韵，于细微处见精神，激情藏在细节里，乐趣藏在细节里，成就感藏在细节里，关键藏在细节里，大事分成小事做，小事分成细事做，注重细节才能成功执行。

强化我们的执行力还需要我们创新和革新，并不是所有问题都有现成的答案，并不是所有疑难都有现成的老师，并不是所有工作都有现成的经验，新问题将不断出现，旧有的工作思路和方法已经落后，而我们要立即执行，不能等别人走出一条新路来然后我们才迈步前进，只有我们率先应变，率先创新，我们的执行力才能比别人更胜一筹。我们要勤于学习，善于思考，要勇于突破思维定式和传统经验，让思路契合新情况新特点，寻求新思路和新方法，使执行能力更强，执行速度更快，执行效果更好。

个人执行力的增强在某种程度上还依赖于团队执行力，如果团队缺乏协作，那么个人能力再强再努力也会遇到执行不下去的情况，所以我们要善于协商合作，善于配合同事，善于互动和联动。

协同力，引导力

协同力就是协调两个或两个以上的不同资源和个体，协同一致地完成某一目标的能力。

协同的词义有很多，比如协调一致，和合共同，如《汉书·律历志上》："咸得其实，靡不协同"。也指团结统一，如《三国志·魏志·邓艾传》："艾性刚急，轻犯雅俗，不能协同朋类，故莫肯理之。"

协就是指合起众人的力量，往一处使，众人同力。从个人而言，是指将自己的力量与其他人的力量汇集一处，是共同合作或是帮助辅助的意思。

同的意思是一起做、做得一样，没有差别。

协同在工作中多指互相配合，同一目标、同一步调、同一口径。协同就是消除分歧和差异，在统一领导统一调度下，让自己的工作和整个团队和谐一致，就像交响乐中每种乐器的完美配合那样。

引导同事向着组织的目标一起前进，引导同事运用更好的方法工作。我们要处在被引导者的前方，因为我们在思想上、技能上、经验上要比他们先进一些，在工作中我们理应无私地引导后进的同事走得更快些、更稳些，这样就会令我们的工作更快速更有效。

引导，是一种善意的带领，不是强制性的，而是自发性的，而引导的结果是跟随，大家自觉地愿意跟着经验丰富的、成就卓越的领导或同事向前进步，所以引导令我们的团队更加和谐，引导是一种非常成熟的、和谐的工作方式。

引导力需要我们平时威信的积累，我们在同事中的威信越高，我们的引导力就越强。引导力也需要我们的诚挚、忠诚、无私，没有这几条，我们的引导力就会走偏，也不可能真正地引导我们的同事，毕竟我们的同事也是有判断能力的，也是有职业操守的。

建设力，愿景力，要争强，必努力，要成功，唯勤奋

建设这个词由来已久，它的本意是建立、设置建筑物，如《墨子·尚同中》："古者上帝鬼神之建设国都、立正长也，非高其爵，厚其禄，富贵游佚而错之也。"建就是立、筑的意思，它的意思引申到非物质层面就是创建新事物，如建业，建国，建议，建的意思就是把某事物建立起来，它的字义是从大处来讲的，较为整体。设的意思有布置、安排、设立、设置、设宴、筹划、设计以及假使、假设、设或等，讲的就比较细致。建和设都有立的意思，在工作中，我们说建设力，就是根据组织目标进行某新事物的筹划、设计、建立的能力。

愿景就是我们愿望中出现的景象，它比愿望的含义更充实更丰富，更具现实指向性，因为愿景既是美好的愿望，更是一个具体的准备去实现的目标。

愿景令组织和我们一起更好地得到一种发展的设想与空间，愿景将我们更好地凝聚起来，令我们跟随团队获得了更稳定更强的战斗力。只有在共同愿景下许多人才会有奉献的精神，才能更投入地工作，以此而言，我们必须认同组织的愿景，如果我们不能认同组织的愿景，不愿追随这份愿景，那我们就应该换一份工作，因为这个组织的灵魂和我们自己的灵魂格格不入。

如果说愿景力是组织希望以之凝聚我们的意志和能力，那么对我们个人而言，愿景力是否仅仅是上级期望达到的效果，我们自身只是被动执行呢？显然不是的，如果那样，就等于我们错过了宝贵的财富。对于我们来说，组织的愿景应该是激励我们奋勇前进的精神力量，是我们的目标，是我们要投身去奋斗的理想，愿景给我们以期望，是我们工作力量的源泉，我们要善于从愿景中得到力量，这就是愿景力。当我们从组织愿景中得到力量时，我们就与组织真正地融为一体了，我们就达到了传说中的那种工作境界。

在组织愿景的怀抱中，还有着我们个人的愿景，个人愿景给我们直接的动力，对我们的激励作用也更大。

如果我们把组织愿景中，相关我们职能的那一部分，转化为我们的个人愿景，那我们的愿景力就会变得更强大。

如何建立个人愿景？

我们建立个人愿景要遵循几个原则，一是发挥自己长处而不是凭主观愿望，不要凭空想象自己应该如何，而是要建立在自身的现实基础上来建立个人愿景。

二是要与组织的大愿景一致，能共同发展，不互相冲突，一旦个人愿景与组织愿景不和谐，反而会互相损害，碰到这样的情况，只能放弃愿景，重新建立。

三是要有挑战性和激励性，能激发自己的潜能，发挥自己的创造性，能令自己更努力，实现更高的目标。

动字诀

干工作,要善动,一主动,二行动,
三互动,四推动,五联动。常主动,
除被动,重行动,除隔膜,多互动,
除懒散,常推动,除惰性,多联动,构和谐。

职业 三字经

一 主动

什么叫主动？就是由我做主，事物随我心而动，什么叫被动，就是他人或事物做主，我根据他人和事物的需求而动。

主动被动，只在我们一念之间。主动被动，都只是个做事习惯。

主动沟通，可以消除误解，主动做事，可以避免呵责，凡事主动去做就相对容易，凡事被动去做就相对困难，主动去做，便有积极性，被动去做，难免会有抵触心理。

其实我们应该把道理想明白，凡是避免不了肯定要去做的事情，宁可主动不要被动，被动是消极怠惰者才会接受的局面。工作是环环相扣一环影响多环的，一件事情，主动一些可能会处处占据先机顺利进展，被动一点可能会一步被动步步艰难，这就是为什么我们干工作一定要主动的原因。

主动是一种积极进取的态度，是一种昂扬奋进的精神，主动是认清客观规律后的明智，主动也是正确谋划后采取的方式方法。

团队中需要主动精神，员工主动，管理者便会省心省力，员工被动，管理者将疲于奔命。

团队具有主动精神，组织中的一切事务就会快速高效地动起来，组织效能就会最大程度地激发。

当员工具有主动精神的时候，团队里就不会再有互相推诿，互相扯皮的情况发生，也不会再有对需要去做的工作视而不见，充耳不闻的现象发生，三不管四不管的现象只在消极被动的团队里才存在。

我们凡事要主动去做，而不用别人催促，要养成雷厉风行的作风，工作起来干净麻利，成为职场的"快刀手"。

二 行动

行动可以忘忧。

在工作开始之前，我们可能有畏惧，有担忧，我们越是不行动，我们这些念头就越甚，而一旦我们行动起来，我们很快就会忘掉那些，这就是行动的力量。

行动产生力量。

实践出真知,实践成功业。如果没有行动,那我们的任何想法也实现不了,想法指导行动,但想法不产生力量,只有行动才产生力量。只有行动起来我们才能检阅所学,只有行动起来我们才会增强能力,只有行动起来我们才会得到经验,只有行动起来我们才会认清并改正错误,任何目标都只有行动才会实现。

行动战胜我们的怯懦,行动战胜我们的懒散,行动战胜我们的无力,行动战胜我们的无知。只有行动,可以战胜无所行动。

行动改变命运。

在这个世界上,对天怒吼不能改变命运,对人抱怨不能改变命运,心中发狠不能改变命运,四处乞求不能改变命运,只有积极主动的行动,才能改变命运。

行动带来业绩。

在酒桌上吹牛带不来业绩,在电脑旁发呆带不来业绩,在办公室品茶带不来业绩,发表意见发表看法高谈阔论带不来业绩,只有行动起来,去干工作,才能带来业绩。

三 互动

工作中我们无法避免要互动,无论是上下级间的互动,同事间的互动,各部门的互动,与客户的互动,与社会的互动,只要有分工的地方,就有互动,所以互动能力是一种非常重要的工作能力。

怎样才能做到完美的互动?当他人来找到自己时,要热情诚恳,密切配合,提供自己所能提供的帮助。当自己去找别人时,既要热情诚恳,又要态度恰当,更应该准备充分,对工作情况了解透彻,还要充分了解对方心理,晓之以理,动之以情,以组织利益为出发点,以做好工作为目的,请对方密切配合自己。

良好的互动会产生和谐的工作氛围,产生激情昂扬的工作氛围,令我们心情更好,工作状态更好,从而在团队中增进正能量。工作的互动增进我们彼此间的交流,我们要在互动中增进对同事对工作的理解。

我们越是能高效的互动,工作就越好干,也说明了团队的团结和强大,互动的力量远远胜过一个人行动,互动增进我们的协调精神,互动增进我们的配合能

职业 三字经

力,互动时我们取长补短,增加工作效率,互动时我们互相学习,更快地提升工作技能。

互动是比行动更高的境界,工作中学会互动,我们必将事半功倍。

四 推动

有时候我们的工作需要我们大力推动才能进展得下去,同事们可能都很忙,上级也很忙,我们的工作可能排不上队,如果我们不去推动,而是坐等安排的话,可能到最后任务期过了也没人顾得上安排,还有其他一些情况下,也会出现这种现象,这就需要我们去推动自己的工作。

我们常说"工作关系",怎么理解这个关系?先要理解这个关,关是古代人从里面把门关上的那个木制的东西,叫作门关或门闩,我小的时候还见到过它,后来用意引申,每一座城池就成为一座关,后来再引申,就有了关系这样的词,为什么要用关和系来比喻我们彼此之间?这两个词是非常形象的,而且指出了本质。我们每个部门之间,我们上下层级之间,我们与客户、组织与组织之间,是存在一道道门的,这些门的门关就是规矩、规则、制度、通行做法等,我们必须要拉动每一个门上的门关,才能把门打开,然后把事做成。我们一定要先理解"工作关系"的内在意义,然后我们才能懂得怎样去推动自己的工作。

推动工作一定要有耐心,一次不行两次,两次不行三次,一定要把工作推动起来才算完功,其间有些小小波折不要放在心上,必然经历的过程即便有点长也没什么,程序上有点卡也要耐心通关,各部门协调方面有点复杂也正常,推动工作就是要一步一步地前进,耐心也算是一项基本功。

推动工作切忌情绪化,我们要充分理解对方,对方或许很忙,很烦,有时候态度不好,要理解,有时候我们推行不顺利,不能动怒,不应暴躁,应保持心平气和,当然,如果表达你的焦急和怒气会有正面效果的话,不妨适度表达,但这种手段不能常用。同样的,如果我们推动不顺利,也不应气馁,更不应自暴自弃,"反正这又不是我一个人的事,你爱办不办",像这样的态度是不应有的,我们不能放弃对工作的推动,因为自己的工作只有自己才会不遗余力地去推动,其他人是感觉不到你焦急的情绪的。

推动工作需要盯紧，比如找领导鉴字、汇报、请示，要紧盯着领导在的时候，向其他部门要结果，也要紧盯，紧盯一是督促对方，让对方对你的工作更重视，二是能及时了解情况，如果有需要纠正变动的地方，能及时进行改进，有助加快工作进度。

推动工作要松紧适度，既不能放松自己的工作，也不能把别人逼得太紧，紧逼对方可以有一次两次，但不能每次都是，我们还是要尊重理解别人的工作安排。

推动工作一定要注意沟通，成功的沟通能促进工作的进度，失败的沟通则肯定会延迟工作进度，甚至让工作推行不下去，走进死胡同。

推动工作要注重说服，善于说服他人，你的工作推动起来就容易得多，所谓晓之以理，动之以情，基本原则人人都知道，至于怎么去运用，那每个人都有自己的一套，这里不多说。

推动工作要注意讲究方法，切忌硬来，尤其是平级之间，工作不是态度强硬就能推行得下去的，只有得到对方的认可，重视，支持，你的工作才能推动得下去。

推动工作有反作用力，当别人来推动你时，你要支持人家的工作，如果你让人家推不动你，那当你的工作需要推动的时候，你也就推不动人家。

五 联动

联动，增强了团队的力量，而团队的力量反馈回来又加强了个人的力量。

工作需要动起来，动起来的最后境界就是联动。就好像最完美的机械那样，每个齿轮都紧密契合，高效率的团队，每个人之间的配合都恰到好处、紧密、高效，我们可以想象，一个团队充分地调动了起来，它的每一个成员都各安其位，激发出最大化的工作能量，一加一大于二的效应充分显示出来，这该是一台多么完美的组织机器。

投身到组织行动的洪流当中，做一滴连续前进的水滴，与团队动作的节奏一致，一同奏响一曲组织行动的交响曲，我们个人随着这种浩大的组织行动变得更有价值。

个人的力量原本非常薄弱,而一旦加入到团队的联动中去,我们的力量就会无形中得到增强。

我们不能仅把联动理解为联合行动。联,有关联、串联的意思,我们每个人都是组织的微单元,是组织的最基本组成部分,我们互相关联,既关联到工作的分工配合,也关联到团队行动的方式,所以,即便团队没有发出联合行动的号召,我们的日常工作也是互相关联的。

联有联系的意思,联系的本意可不是我们现在通常所理解的两个人彼此之间通话打招呼,联是彼此间相连接不可阻断的意思,系则是打个绳结把某物件系住不丢掉的意思,所以联系的本意要比我们平常所说的"有事常联系""记得联系我"要深刻得多,联系的意思就是联在一起,系在一起,不可分离隔断,哲学上说的万事万物相互联系,其中的联系就是这个意思,这个词反映的是事物间相互间关系的紧密性,以及彼此相互影响,共同发展变化的内在动因,理解得简单一点就是万事万物都是一根绳上的蚂蚱。对于在工作中要重视联动的真实原因也在这个层面上,因为我们团队中每个部门,每个人之间,联系是紧密不可分的,是互相影响的,我们的每一个工作行动都会带起一系列反应,只不过普通员工并不观察这些现象,所以意识不到。

因为我们的每一个行动都关联到团队和其他同事,所以我们的每一个行动都要考虑影响,我们一个人的进度拖延有时就可造成一系列的关联反应,我们耽搁一日结果整个团队的工作因之耽误一月,我们的一个细节失误有时可导致团队整个行动的失败,这就是关联反应,而很多员工并不能深刻认识到是自己导致工作耽搁一个月,他认为自己只不过是耽搁了一天而已,他也不认为是自己造成了几百万几千万的损失,这种对联动的漠然和无知才是最可怕的。在工作里我们一定要做好自己的环节,避免这种可怕的关联反应发生。

正因为每一个工作环节对团队整体的联系性,本书才强调联动意识,强调联动精神,员工意识到个体与个体、团体之间的联系性,才会更加重视自己的工作,从而杜绝敷衍塞责现象的发生。管理者意识到联动的重要性,才会抓好工作的每一个细节,做好人的工作,才能从整体上准确地把握好管理。

一个组织如果不能高效联动,那就意味着管理者没有认清更没有理顺组织内部的工作关系,工作关系好比一张网,一条鱼触碰到网的一个点,整张网都收起来，将鱼捉到。如果这张网织得很松散，那么鱼碰到网的一个点时，其他的点不会跟着动，网就不会收紧，再松散一点，鱼就会钻出去。

我们的工作关系一定要追求紧密，如果一个部门一个员工动起来了，却没有其他部门其他人跟着联动，那就好像一张松散的网捕不到鱼一样，作为组织中的一个成员，我们都要有联动精神，当同事们动起来的时候，我们要紧随着行动，密切地配合，只有在联动中，我们才能进入最佳的工作状态，才能发挥出最强的力量，才能干出最好的业绩。

小字诀

小心眼,不能存,小气事,不要做,
小性子,不能使,小脾气,不要发,
小聪明,要放弃,小滑头,不要耍,
小把戏,不能玩,小便宜,不能占,
小算盘,小九九,要少打,
小人话,不要传,小人事,不要做,
小问题,不放过,小事情,要做好,
小细节,要重视,小成绩,不骄傲。

什么是小？小跟大相对，无论是体积、面积、高度、容量、力量，不如所对比者的就是小。当小的意义引申用起来的时候，则多指思想境界的大小。我们的人生境界追求的是大，而不是小。比如事业我们要越做越大，而不是要越做越小。小是人生境界的一种萎缩，大则是人生境界的一种扩展。

小心眼，不能存

小心眼含有小聪明的意思，但比小聪明的适应范围要广，当我们遇事想不开的时候，也会被说成是小心眼。

小心眼，就是眼界太小，放不开，看不开，想不开，就是心胸太小，只想自己的利益，见不到大家的利益，就是只见得自己好，见不得别人好，就是境界太小，思想总是局限在一个小圈圈里想问题，想不到更多，看不到更远。

甩开小心眼，首先就要摆脱自我意识，让自己看向别人、看向家庭，看向大家，看向集体，看向团队，看向社会，只有这样，才能让自己的心胸和境界变宽广。

甩开小心眼，主动走向更广阔的天地，想得开，看得开，放得开，自己的人生也才会更广阔，自己的工作也才会有更多机会，更好前途。

小心眼还意味着闭塞，这种思想和行为无法融入团队，无法融入各种团体，自己将自己封闭了起来。

小心眼给自己造成各种现实困难，比如不被上级欣赏，不被同事认可和接纳，难以得到更好的配合和更多的支持，难以跟客户结成更密切的合作关系等。

小气事，不要做

我们常不屑地说某人"小家子气"，意思是这个人不大方，做出来的事让人看不入眼，不入流，不上档次，让人看不起。

工作中我们不要小家子气，不要只局限在自己的个人利益上看问题想问题，而要从团队的角度出发，从工作的角度出发，以干好工作为出发点，干好工作，个人利益自然得到保障。

小家子气不仅是指对自我利益想得太多，还指工作放不开手脚，畏畏缩缩，干不开，思前想后，不敢干，没有把工作干得更出色，把业绩干得更大的雄心壮志，怀着一种不求有功，只求无过的心态。

小家子气也表现在不肯接受更好更先进的工作模式，而是抱守着旧有的落后模式不放，不求创新，只求安稳。

工作中不可能事事计薪，优秀的员工不会因多付出一些劳动没有额外报酬就坐着不去做，这种小气的想法是很可笑的，没有任何一个组织会事事计薪，想要工作有业绩，想要在平凡中脱颖而出，就得多干，而且要干得大方，干得磊落，干得无怨无悔。

必须把小气变成大气，才能干得让人佩服，让人尊重，才能干出一番事业来。

小性子，不能使

有些人遇到不顺心的时候，不管原因是不是在自己身上，都会使小性子；有些人在遇到不公正待遇时，会使小性子；有些人在遇到自己认为是自家事务的事情时，也会使小性子。

遇事为自己争取是应该的，但要注意方式方法，小性子是不应使的，使小性子不解决问题，解决问题还要从工作的角度入手，如果自己本身不对，那就更不应该使小性子了。

使小性子是没有良好的自我控制力的表现，经常使小性子那就是工作心态不成熟的表现了。有使小性子习惯的人，在工作中一定要注意自我控制。

小性子多出现在女性员工身上，有各种表现，如抗拒性、不配合、故意消极，让人三番五次催促才配合行动，让他人多几次沟通才认理，故意争辩达不成共识，表现出有情绪，挑三拣四，有意责难，找更多本不存在的理由来反对……

员工的小性子看起来是不大的事，但无形中增加了管理成本和沟通成本，让上级和相关的同事更加累心，付出更多精力和时间成本，是团队中很令人头疼的事情。作为一个优秀的、成熟的员工，且不说要忍辱负重，至少要通情达理，所以小性子一定不要使。

小脾气，不要发

任何一个组织中，无论是公益组织、国家机关、公司、社团，都会存在不同意见，也都有一定的工作矛盾存在，发表不同意见并争辩很正常，为工作顺序争执也正常，但发小脾气就不应该了。

为何说小脾气不应发呢？为了正常的工作，为了批评并纠正错误，发脾气是正常的，只要适度，就有利于工作，小脾气则不在此列，出于个人目的而发的，不利于工作的，叫小脾气。

为一件工作的事争吵起来，实在有失我们的工作风度，也说明我们的工作修养和工作能力不到家。只有我们一个人发脾气还好，就怕我们发脾气的那个对象不吃我们这一套，回敬回来，那事情就不好办了，矛盾就起来了，让人看热闹不说，还不利于以后的工作。

小聪明，要放弃

聪明反被聪明误。

聪明是指耳聪目明，本意是听力好，视力好，引申开来就是善于听出别人的意思，善于观察事物，能看清看懂，是一种对智力的肯定。

但聪明前加一个小字，就变成了贬义，小聪明的字面意思是指在小事情上和枝节问题上表现出来的聪明，但我们在应用的过程当中，小聪明的含义就更广，更多负面的指向。而且随着语境的不同，用意也多有变化。

工作里的小聪明有几种含义，一是以自我为中心发挥聪明才智，在工作中不能顾全大局，甚至有损团队利益。二是只在细碎微小之处有聪明，在无用之处有聪明，在关键处则失去了主张。像伶牙俐齿、灵活善变、见风使舵，这些都是小聪明的特征。三是总有巧妙的小伎俩，能够让自己少干多得，比如在大家努力加班赶进度的时候，他不见了，在团队最需要他的时候，他有事情了，最轻松的活，总是他干了。四是他总是算计得很精，只会占便宜，永远不吃亏。五是与工作无关的事情有一大堆想法，许多种意见，而在如何干好工作上不肯动脑。六是小聪明的人只想占小便宜，不重视荣誉，不重视名声，不重视在上级和同事心中的印象，不重视社会的认可，不重视人脉资源。其他的小聪明现象请大家自己反省总结。

组织是强调公思维的，注重团队意识，在任何组织里，小聪明都是不合工作主流的，上级可以容忍小聪明一时，但不会长久容忍，小聪明过了头，惩罚就会降临。

许多人常将小聪明与大智若愚对比来领会。

以人生境界而论，那些心怀悲悯，有大志向，为国家、社会、团队而不懈奋斗的风格和智慧，称为大智慧，相反的则称为小聪明。大智慧是智力与理想、工作结合了起来，小聪明则是将理想、工作剥离了出去，所以工作中爱耍小聪明的人，是不受欢迎的。小聪明受到工作境界的局限，无法克服个性的弱点，所谓聪明反被聪明误，小聪明很容易造成工作甚至人生的失败。

小聪明的人由于思想境界的局限，容易因为一点小伎俩的得逞而自鸣得意，很容易变得张狂，不能认清自己是谁，有几斤几两，走路辨不出东西南北，做事不知道天高地厚，以占公家和别人的便宜为高明，结果，小聪明的人就变成了小人，不知不觉间就失去了很多更宝贵的东西，小聪明的人自以为人生很成功，其实对比起来则是相当失败的。

小滑头，不要耍，小把戏，不能玩

工作中切忌耍滑头，找各种方法和借口来拖延工作，逃避工作，逃避责任，这样的工作态度是组织最不能容忍的。

小便宜，不能占

占小便宜吃大亏。

没有原则的占小便宜，最终会弄丢自己的前途。什么叫小便宜？字典里的解释是微小的利益，而事实上，我们日常使用这个词语的意思则是指额外的本不应

得的微小利益。

小便宜从哪里来？当然不是从自己身上占的，是从别人那来的，占人家便宜的时候一定是损害了别人的利益，那别人为什么让我们占这小便宜？因为人家是懒得计较，不屑计较，但对这种占小便宜的行为还是会很反感的。小便宜很小，但却反映了一个人的人格和品质，更反映了胸襟和气度，一个有担当有志向的人，一个正派廉洁的人，怎么会去占别人的小便宜呢？即使别人把这小便宜送上门来，也会毫不犹豫地拒绝。

小便宜处处有，形式各种各样，比如把公家的物品带回家用，用公家的车办点私事，把厂里的下脚料卖废品进自己腰包，把自己的活想办法让同事去干，把别人的功劳最后算在自己头上，分配任务的时候挑最轻的，总是想方设法少分点，分得轻松点，没有完成组织的任务，却一样拿了工资……

其实我们在很多种情况下说的小便宜是一种货真价实的偷窃行为，如果追究起来就是犯罪。但是因为当事者不愿深究，所以才得以逍遥法外，占两回小便宜不可怕，可怕的是占习惯了，不占不行，逐渐就向下滑，由小到大，越来越严重，后果可能不堪设想。

小便宜，要警惕，小便宜事小，反映的内在问题（如工作品质）却大，占小便宜不足以致富，却惹一身骚，让人另眼相看，实在是得不偿失。

小算盘，小九九，要少打

小算盘是指为自己的个人私利而做的谋划和盘算，小九九是指个人心中为自己利益而做的算计，还有我们平常说的小算计，在意思上都差不多。

人人都会有自己的职业规划，说是个人目标、个人打算也可以，这是正常也是正当的，但小算盘还是不要打为好。

锱铢必较、斤斤计较，是古代用来形容小人的词，我们切记要引以为戒。

为什么组织内要禁止小算盘呢？因为个人的小算盘与团队的计划会有冲突，会打乱团队的步骤，给任务带来困扰和变数，同时，个人为自己小算盘而做的事情会增加管理成本，成为团队的问题，如果超越了上级的容受度，可能会面临被辞退的情况。

与组织步调不一致的小算盘、不符合组织利益的小算盘，我们坚决不能打，我们要做好自己的职业规划，将个人的利益与组织的利益协调起来，与组织一同成长进步，同荣辱共奋斗，这才是一个成功人士所具有的态度。

小人话，不要传，小人事，不要做

不好的话，我们要一不说二不传。

可说可不说的话多说了，很容易失言生事，小人话乱传，更是容易招惹事端，在团队中乱说乱传，就是给团队制造混乱，扰乱组织的正常秩序，本质上属于违纪的行为。

什么叫小人话？别有目的，中伤别人，只会带来坏结果的话，可以称为小人话。

没有根据乱说的话，挑拨离间的话，易惹矛盾的话，不负责任的话，不满抱怨，发泄怨气的话，不要传。

小人事，指那些不光明磊落，别有用心，手段阴暗，对别人有害无益，对组织有害无益的事情。

诸如打击报复，背后搞破坏，故意阻碍别人的工作，给别人正常的工作制造困难，该配合的不配合，该给予的不给予，隐瞒实情，误导同事，这样的事情我们都应当从自己的行为中彻底剔除。

小问题，不放过，小事情，要做好，小细节，要重视，小成绩，不骄傲

这几条可以参看慎字诀里面的内容。

不字诀

不抱怨,不折腾,不怠慢,不浮躁;不空想,不攀比,不争功,不计较;不抗上,不逆上,不媚上,不唯上,不骄傲,不粗心,不疏漏,不动摇,不背叛,讲纪律,不自由,讲秩序,不散乱,讲风范,不随便。行稳重,不张扬,心稳定,不轻狂,他人事,不八卦,不定事,不乱讲,有谣言,不乱传,多观察,少议论,有谣言,到我尽,有抱怨,到我止,有诽谤,到我终,不起哄,不掺和,不瞎闹。竞争紧,不放松,任务重,不畏难,压力大,不逃避,遇阻碍,不气馁,遇纷扰,不浮躁,遇挫折,不悲观,遇不顺,不消极,遇失望,不放弃,有过失,不推诿,有责任,不塞责。

洁自身,不贪利,与同事,不贪功,与他人,不计较。不贪钱,不昧物,不伸手,不索要。讲方法,不蛮干,知缓急,不瞎干。对工作,要重视,不儿戏,不轻忽,不随意,不大意,要敬业,要郑重,要端正,不特殊,不孤立,不放弃。有能力,不骄傲,看成绩,有成绩,不骄傲,看贡献。不懈怠,要常抓,能常抓,始不懈。不拉帮,不结派,不结党,不营私。

团队中,讲风纪,有争执,善解决,不吵闹,讲竞争,不斗争;在职场,讲理性,制情绪,不冲动,有矛盾,不激化。重协作,不拆台,重配合,不抵制,重服从,不抗拒。男女间,不打情,不骂俏,不纠缠,关系明,不复杂,情况简,不混乱,不迟到,不早退,是基本,不能丢,不旷工,不磨工,关操守,不能纵。有任务,不拖延,关财物,不浪费。

不抱怨，不折腾，不怠慢，不浮躁；不空想

抱怨、折腾、怠慢——员工的三种"职业病"，将会形成组织的三种"组织病"。

员工的"抱怨"将会成为组织的"传染病"，不满和抵触的情绪能在团队中迅速蔓延，降低热情，抽离积极，夺取耐心，直至"民怨沸腾"，造成组织内部的"官民对立"。所以，抱怨被视为最可怕的员工情绪。

员工的"折腾"引发组织的"癫痫病"，少数几人的瞎折腾就会伤害多数相关部门的工作进度，误会丛生，沟通不畅，效率奇慢，不仅损伤组织的形象，更会影响业绩和利润的增长。组织中爱折腾的各层员工越多，管理者就越累，越疲于奔命。

员工的"怠慢"导致组织的"忧郁症"，管理者将不得不分出更多的精力用于推动怠慢的员工，团队中员工精神涣散，浑浑噩噩，麻木机械，管理层每个决策的推行举步维艰。真正重要的问题没有人分精力去想，迫在眉睫的危机没有人站出来解决。整个组织泥足深陷，难以自拔。

要一个员工不抱怨很难，在生活上和工作中遇到任何的不顺遂，每个人都会发发小牢骚、吐吐苦水，"抱怨"似乎成了一件理所当然的事。

要一个员工不折腾很难，做事时总是习惯翻来覆去，一遍又一遍，但大部分的人说："我是为了把事情做得更好。"

要一个员工不怠慢很难，懒惰是人的天性，在面对棘手问题时，更多人愿意抱着"等一等"、"看一看"的态度，很少人能够投入实际行动，踏实解决问题。

但，这三项难关，却是组织必须攻克的堡垒。无论它如何顽固，也必须无情摧毁！必须让"不抱怨、不折腾、不怠慢"成为职场的三大铁律。解放军有三大纪律才取得最后胜利，团队也必须以三大纪律来保证效益。

抱怨令管理者感到内部的敌意，折腾令管理者必须到处救火，怠慢给管理者如火的热情浇下一盆盆冷水……够了！组织必须要根治这三种病！要马上对症下药，培养"不抱怨，不折腾，不怠慢"的"三不"员工。

"三不"员工的不抱怨令上级指挥下级时如臂使指，达成精诚协作；"三

| 不字诀

不"员工的不折腾令员工时时处处考虑个人对组织的影响，塑造组织良好声誉，"三不"员工的不怠慢令上级意图迅速执行，高效完成。

造就"三不"员工，就要让这"三不"首先成为组织的纪律，紧接着成为员工的习惯，然后成就组织的最佳工作氛围，最终成为一种良性的组织文化和宝贵的工作作风。

是到了我们重视这三大职业病的时候了！我们必须与组织一起努力，摆脱困境，脱胎换骨。

员工无休止的抱怨，不停地折腾，无所谓的工作态度，是由于组织多年来员工管理失败造成的后果，这不仅是某一组织的问题，而是众多组织难以铲除的顽疾。不是没有管理者企图去解决，也不是那些员工们自甘堕落，不想做出好成绩，而是没有找到最正确的方法。

很多人看来，要成就一番事业，应该有高起点、高平台，如果岗位一般、环境不佳，那就很难有什么大成就。这种心理驱使很多人产生"折腾"的心理，现在很多年轻人，尤其是刚刚踏入工作岗位的年轻人，往往容易产生浮躁心态和"速成"的心理，他们眼高手低，朝三暮四，频繁地跳槽，最终才明白"折腾"了大好的工作机会和青春，到头来一事无成。

事实上，工作并没有好坏之分，只要努力，任何工作都可以帮助我们通向成功。在平凡的岗位上也可以取得卓著的成绩，在卑微的工种中也能够干出不凡的作为。

工作能否使你成就辉煌，不在于工作本身，也不在于工作起点，而是在于每个人面对工作的心态。在工作中表现出怠慢、消极的情绪是我们每一个人曾经或正在遇到的，这也是最易犯的"职场通病"。工作怠慢是一个逐渐形成的职场病症，通常在工作2至4年后达到最高峰。可见，这是一整个群体的反映，需要引起我们高度的重视！

你怎么看待自己心中的抱怨呢？爱抱怨的人是问题和烦恼的制造者，而组织需要的是问题和烦恼的解决者。

越抱怨，越消极；越抱怨，越受伤；越抱怨，越落后；越抱怨，越失败。

当你在抱怨，说明你不智；当你在抱怨，说明你无能。抱怨太多，人人厌烦。抱怨不会解决任何问题，同事、上级或组织，没人会喜欢你的抱怨。职场的

第一项觉悟就是警惕自己心中的和他人口中的抱怨。抱怨是一个魔咒,如果你中咒,那么一定要解除它。

那些善于抱怨的人,往往可以把工作中的不利因素观察得非常透彻,但却从不想通过行动去改变。如果他们能把用来抱怨的时间和精力用到工作上,他们一样会取得很好的成绩。

内耗,不仅让抱怨者丧失斗志,也会让同事失去信心。千里之堤,毁于蚁穴。当抱怨开始传染,这个团队就注定了失败的命运。而如果你把抱怨变成善意的沟通,把抱怨变成合理的建议,把抱怨变成积极的行动,那么一种向上的力量将会注入你身心中,在这种力量的指引下你将收获成功和满足。

抱怨,是组织的第一种病,解药就是:"不抱怨"。不抱怨是团队和你都应具有的第一种职场精神,也是必须遵守的第一条纪律。

如果说冲动是人性的魔鬼,那么折腾就是组织的魔鬼。可以说,折腾是组织的"癫痫病"。一项事业最怕折腾,折腾会令一项事业溃败。大折腾大败,小折腾小败。折腾就是最严重的挥霍,再雄厚的底子也抗不起折腾;折腾就是败家,再大的家业也抗不住败;折腾还是严重的内耗,令一个团队效率低下。团队内部相互折腾、相互扯皮、就会相互伤害,成为一个低效的团队。团队不能随意折腾,团队折腾会损失团队的竞争优势,最终被淘汰。员工不能随意折腾,员工的折腾必然给团队带来损害,同时,员工的折腾也会令自己浪费时间,浪费精力,成绩下滑,最终将个人的事业资本耗光。

有一位上级曾苦恼地说:"作为一个上级,我总是准备了更多的薪水期待员工来拿,可是,他们就是不肯迈出那一步。"

怠慢是组织的忧郁症,一个怠慢的员工,看起来是没有生气没有活力的,上级和主管对这样的员工是唯恐避之不及的。一个充满怠慢作风的团队,会令上级和管理人员头疼欲裂。我们不能等到所有的工作都不能按时完成、所有的任务都打折完成、所有的组织计划都泡汤、组织在竞争中步步落后于对手、员工发不下工资的时候再来检讨员工的怠慢,遏制怠慢,必须马上行动!

也许我们每一个人都有过这样的经历:刚接手一项工作,尤其是自己喜欢的工作,总是特别投入,觉得工作很有意思。可是,当我们逐渐熟悉工作的方方面面,完全得心应手后,工作就开始变成了按部就班的操作,没有了最初的新鲜感，曾经的兴奋和快乐开始归于平淡，甚至会对工作感到厌倦。为什么同样的人对同样的事会有不同的感受呢？工作还是那份工作，发生变化的其实是我们对待工作的心态，是我们看待问题的角度。一般来说，我们对工作感到厌烦，其实并不是因为工作变得无趣了，而是因为我们放大了它的缺点，忽视了它的优点。在这样的情况下，如果不能及时很好地调整心态，就很难更有效地工作。

在职场中，怠慢是一件非常可怕的事情。如果主管怠慢了一天，那么整个团队的工作可能滞后十几天，如果一个员工怠慢了一件事，可能导致一连串的环节都受到意外的影响。员工可能没有意识到，自己的工作在整个组织的经营链条上看似很微小，实则很关键，它的副作用绝不仅仅是自己耽误了一件小事，而是妨碍了组织的整条运转链。怠慢的情绪是必须克服的，怠慢的习惯也必须改变，否则，组织的运营就要经常被意外的阻碍所耽误，造成巨大的损失。

不浮躁，请参看内修篇。
不空想，请参看干字诀。

不攀比，不争功，不计较

攀比是组织的毒药，是不愉快的源泉，凡事一攀比，性质就变了。攀比可能引起三方不快，一是自己不愉快，二是攀比的对象不愉快，三是上级领导不愉快。攀比行为如果过度，还容易激化为人际矛盾，十分不利于我们的工作。

论功行赏是每一个组织都要进行的事情，是组织对成员一个阶段内成绩的肯定和评价，组织和个人之间站的角度不同，看功劳的眼光和评价的标准也不一样，所以组织的评定在有些人看来会是不公平的，也有些人过高地估计了自己的功劳，于是争功的一幕就发生了。在工作中，我们需要的是对我们工作的正确的、公正的评价，而不要陷入争功的漩涡，要相信上级领导的公正性，如果觉得自己有些功劳上级没看到或漏评，可以请上级重新评价自己的业绩，而不要去攀比争功。

计较分两种，一种是对自己的利益斤斤计较，一种是对别人所做的事或说的话不满意，于是斤斤计较。计较令我们的工作多了小气，那些本可一笑而过的小

事,却变成了压在心头的巨石,而这些巨石别人是不能帮我们搬走的。如果不能看开,陷入计较的泥沼,那我们就不可能在工作的道路上走得更远。计较好像一块绊脚石,虽然很小,但却可能令我们不小心摔一跤。

不抗上,不逆上,不媚上,不唯上

抗上和逆上,可能是上级领导最为忌讳的事情,这也是组织的制度建设里绝不允许发生的。

何谓抗上?直接公开地反对上级领导,抗拒上级的工作指令和工作安排,拒不配合工作,挑衅上级的领导权威,对组织的层级管理构成危害。抗上源自对上级地位的不肯承认,对上级管理权力的不认同,看起来好像是个人与上级之间的个人的矛盾,实际上则是对组织领导原则的触犯,是对工作的一种破坏。服从意识就好比是组织肌体的神经传递,如果失去服从意识,组织就会像植物人或残疾人一样,不再具有实现组织目标的能力。我们对上级领导必须服从,抗上的事是坚决不能做的。

何谓逆上?间接或隐蔽地反对上级领导,与领导的意图反着来,把工作做成反效果,或把领导的指令放在一边,按自己的想法来进行工作,或者带动他人反对上级的工作安排,破坏上级的工作目标和指令,损害上级的工作地位和个人威信。

媚上,指的是对上级不讲原则地进行谄媚,没有风骨的吹捧、奉承、曲意讨好,百度百科解释说媚上是因为缺乏安全感,只好从媚上的行为中获取。实际上有些人媚上是别有目的,是为了获取私人利益,所以才谄媚上级领导,本质上是一种利用上级的手段。

唯上,指的是下级没有独立思考的能力,无原则地崇拜、顺从权力,明明看到上级严重违规违纪违法,却不敢提出意见,不想办法纠正,而是唯上是从,助长上级的错误。

不骄傲，不粗心，不疏漏

骄傲使人落后，骄傲令人反感，骄傲也使人失败。戒骄戒躁，是能保证我们工作之途中不会失败的重要工作作风。

粗心大意必定出问题，工作环节越多，工作越繁复，粗心的毛病就越要不得。什么时候粗心，什么时候就会出错，这几乎是工作的铁律。

我们做事要周密，严谨，不能有疏漏，小的疏漏令我们的工作看起来不完美，有缺陷，大的疏漏则能令我们的工作失败，严重时，则可造成巨大的损失。对于我们的业务，我们要精熟于心，尤其是对那些容易出错、经常出错、出错后果严重的部分工作内容，要牢记心中，每次工作都要仔细检查，争取在这些重要部分不出纰漏。

不动摇，不背叛，讲纪律，不自由，讲秩序，不散乱，讲风范，不随便。行稳重，不张扬，心稳定，不轻狂

人生最怕的是左右摇摆，工作中也一样，摇摆浪费我们的时间，徒耗我们的精力，结果一事无成。一旦我们决心动摇，对该干的工作就会不给力，对工作指令也不积极响应，工作状态会大幅下滑，从而导致不出业绩。我们为何会动摇呢？因为工作跟我们想象得不一样？还是因为有人散布的闲言碎语、抱怨、非议影响了我们？还是被人拉拢？我们要谨记一点，动摇损害的，永远是我们自己。

有人因为信念动摇而做出了背叛之举，有人则因为利益而选择出卖，背叛了事业和组织。无论我们面对什么样的诱惑，也无论我们面对什么样的压力，我们都不应该背叛我们的组织。其实现在我们有很多的选择，可以很自由地离开一家组织到另一家组织，可以从一个行业换一个行业，为什么要去选择背叛这条死胡同呢。

守纪律是我们的基本职业素养，要想讲纪律，我们就要克服无限度的自由主义，安然地享受一种纪律许可之内的自由。

秩序令我们的工作井井有条，清晰而不混乱，一切都在正确的轨道上进行，而散漫和混乱则令我们的工作问题百出，让我们忙于救火，时间和精力都耗费在

了无益的事情上,耽误我们的效率。讲秩序而不散乱,时间长了,就会变成我们精明强干、娴熟快速的工作作风。

我们的职业风范怎么样?我们对工作讲究不讲究?在工作时间内,我们万不可随便,着装要像个工作的样子,办公桌要像个工作的样子,车间要像个工作的样子,说话要像个工作的样子,行动要像个工作的样子,做任何事情都要中规中矩,可圈可点,显现出我们精于业务、高素质高水平的工作风范来。

工作要求我们稳重一些,毕竟工作是非常正式、郑重的事情,我们要顾及同事、客户的感受,不要太张扬,我们这个社会,我们的文化,决定了我们大多数人还是不太接受西方式的个性的张扬,所以在这方面我们还是要注意一些,尽量让自己更稳重点,这样会更有利于工作的展开。

工作稳不下,就会一事无成,只要我们的心稳定了,我们的工作也就稳定了。许多人将工作不稳定归因于各种原因,却没有反省一下自心。船想要停泊在港口,就必须放下锚,没有锚的沉重,就没有船的稳定,暴风就会把船吹离港湾,同样,在海上航行遇上大风暴,也需要锚来稳定船身,不致倾覆。轻狂是人生的大敌,人一旦轻狂,就会忘乎所以,不能理智、正确地做事,反而想多做些超出自己智慧和能力的事情,轻狂的人就会不务实,干一些无益于业绩,却有害于工作的事情,不能稳定地工作,却卖弄轻狂,必定会自食苦果。

他人事,不八卦,不定事,不乱讲,有谣言,不乱传,多观察,少议论,有谣言,到我尽,有抱怨,到我止,有诽谤,到我终,不起哄,不掺和,不瞎闹

八卦是每个人都有的心理,是我们天性里自然存在的弱点,但在工作中我们必须要克服八卦的诱惑,因为组织是个工作的地方,不是大家互串娱乐新闻的地方。尤其是对同事的八卦,我们尽量不要参与进去。

对于一些并不确定真假的事情,我们不要乱讲,尤其是组织意图,组织目标,组织决策、计划,人事变动,所有这些我们都不能乱讲,要谨守秘密,不是秘密也不能讲出来从而增加同事间的猜测、议论,这些对工作都是无益的。

对于谣言,我们要做智者,可以笑纳,但绝不再传,对谣言背后的事情,如果与工作相关，我们可以细细观察，但绝不参与议论，对有些人的抱怨组织或同事、诽谤他人的行为，我们要本着一样的态度，不瞎起哄，不乱掺和，不胡闹事。

竞争紧，不放松，任务重，不畏难，压力大，不逃避，遇阻碍，不气馁，遇纷扰，不浮躁，遇挫折，不悲观，遇不顺，不消极。遇失望，不放弃，有过失，不推诿，有责任，不塞责

如果我们没有感到职场就好像战场一样，那只能说明我们不属于那最优秀的一群人，说明我们没有更高的目标，没有超越自我，赶超同事的决心和勇气。我们越是有上进心，我们就越发能感觉到竞争的紧迫性，竞争越紧，我们就越不能放松，就好像战斗越残酷，我们就越要打起百倍精神来一样。总之，我们绝不要做被竞争淘汰的那一个。

即便我们没有更大的目标，沉重的任务也可能会压到我们的肩膀上，歌词里说忠肝义胆一肩挑，而在组织中，任务和目标我们也是要一肩挑起来的，无论任务有多重，我们无可逃避，无路可退，必须完成，与其畏难、恐惧，不如横下一条心，打破困难和畏惧，把事情做成。

工作中的压力可能来自很多方面，不论是我们本应承受的还是本不应承受的，既然压力现实存在，我们就要直接面对，承受下来，只要还在工作，想逃避压力就是不可能的。其实压力很自然，压力是好事，有压力才会转变为动力，才会转变成业绩，压力是有助于我们的成长的。记住这样一句话："如果给你一只大鸭梨（压力），你就把它放到冰箱里，拿出来时它就变成了大冻梨（动力）。"

阻碍在工作中是永远都会存在的，如果没有阻碍，那任何人的工作都会顺风顺水。当我们与阻碍相遇时，无论这阻碍有多么坚固，我们都不能气馁，而是要一鼓作气克服之。

工作中也存在很多纷扰，但我们的心境不能被扰乱，不能因为纷扰繁多我们就变得心浮气躁起来，要注意有忍耐性，把这些纷扰克服，尽量做到气定神闲，淡定从容地进行工作。

每个人都要在挫折中成长,一次挫折也不经历的人是不存在的,可是年轻人往往一次挫折就被打倒,要养伤好长时间才能恢复勇气和锐气,我们要视挫折为家常便饭,不要因此而悲观,更不能失去信心,遇挫折可以,上进心不可挫折。

没有谁的工作进展可以永远顺利,当遇到不顺的时候,不论是人际上的,还是技术上的,还是大环境带来的,我们都应积极依旧,加倍认真谨慎地应对,把这段时间度过,把这件事情办成。

人生不如意事常十之八九。这是一句古话,虽然我们不会像古人那么惨,但我们还是要注意修炼自身,当我们碰到失望的时候,我们要做到不放弃。放弃意味着前功尽弃,意味着从头开始,明智放弃可以成功,坚持到底也可以成功,但成功者中,还是坚持到底的人多些。轻言放弃,说明我们对这份工作爱得不够深,说明我们对这份事业不够执着,说明我们付出的心血不够多,对工作我们不要轻言放弃,而要坚持到幸福到来,坚持到成功到来。

工作中我们难免会有失误的时候,其实无伤大雅,可有些人拒绝承认失误,老想把自己的失误推到别人身上,结果一件小事弄大了,弄巧成拙。承认失误才是诚实的,也是坦荡的,敢于承担的人才是组织想要的人。

就一项任务的失败而言,作为当事人都有一定责任,虽然有大有小,有直接间接之分,但只要是我们的责任,就得接下来,不能把它塞出去。把属于我们的责任塞出去,塞给别人,我们就自己把自己的胸怀弄得狭小了,任何时候,我们都要勇于承担责任,承认是自己的责任,自己的事自己担当,用铁肩挑起工作和责任。

洁自身,不贪利,与同事,不贪功,与他人,不计较,不贪钱,不昧物,不伸手,不索要

不该我拿的,一分不拿。不该我要的,不伸手去要。做一个廉洁自律,懂分寸知取舍的人。对于利益不要贪心,尤其是不本分的利益,往往是看起来金光闪闪,但都是带着毒的,凡是不正当的、违纪违法的利益,我们都要坚决去除贪心,要像看待毒蛇一样看待它,只有心怀这样的畏惧和警醒,我们才能在利益面前保持本色,不被诱惑。

君子乐于成人之美，君子也耻于夺人所爱，君子更耻于匿人之功。同事的功劳我们不但不能妄图据为己有，相反，如果不被上级领导所知的，我们还要主动汇报上去，让领导知道情况，而不能让同事有付出而不为人知。

在组织中我们有时会有不劳而获得金钱和物品的权力，在这种时候我们不要伸手，伸手必被捉这句话我们要牢记，不要存侥幸，不要觉得自己会有那种做了坏事也没事的幸运，要把自己看成一个普通人，做有志者的事业，守普通人的本分。

工作中要记得不要随便索要福利，得多少福利要根据自己的奉献来，没有足够的奉献，没有足够的底气，动不动就开口向组织索要是不智的，容易给领导留下贪心、不自量力、不懂分寸的印象，我们的福利待遇就像树上的桃子，要熟了才能摘，不熟就摘下，纵然得到了，可味道却是苦的，最终起不到解渴解饥的作用。

讲方法，不蛮干，知缓急，不瞎干

碰到难题的人，相信方法总比问题多，于是想办法攻克难关，而许多人却放着现成的好方法不用，宁可用自己的笨办法，宁可手忙脚乱，宁可老出错挨批评，也不肯花点时间去采用别人的有效的办法，他们是既不肯学习也不肯思考，既不肯承认别人也不肯改变自己。这样的人在职场上不服善，不从善，胡干蛮干一番，只有被严厉纠正，才肯讲究方法，才肯学习运用好的方法。

无论做任何工作，无论面对任何情况，我们都要做一个讲方法的人，要认真思考工作的具体情况，想出适合的工作方法，并在实践中找到最好的方法。

事有轻重缓急，我们的工作不可能永远都单一不变，上级给我们的任务，既有长期计划，也有短期计划，还有临时任务，而且任何计划也可能会改变，我们的工作思维不能够一根筋，要随时准备应对各种工作任务，统筹好自己的长期任务、短期任务、突发任务，不能因为自己的长期任务被打断就心生不满，对临时任务不能随便轻视，往往在很多时候，突然性的任务反而是相对比较重要的。领导交代下来的突然任务要及时完成，及时汇报。

对工作，要重视，不儿戏，不轻忽，不随意，不大意，要敬业，要郑重，要端正

任何组织都存在不重视工作，视工作如儿戏的人，优秀的组织会改变这样的人，不能改变则会清除。什么叫视工作如儿戏？就是把工作当成游戏，以自己的游戏规则和意愿凌驾于组织制定的工作规则之上，不把工作规则当回事，不把工作当回事，这就是儿戏的态度。轻忽工作，意指对工作重视程度不够，还有更多的事在他看来比工作重要，一旦工作碰上这些事，就会放下工作，或因这些事耽误工作。随意是指随自己的意愿或喜好，没有深思熟虑，没有深入理解工作，凭想当然去工作，大意则是指把工作中的重要部分、关键部分给忽视了，造成不良后果或严重后果，关羽大意失荆州，就是因为他忽视了荆州这一战略要塞，失去了战争的后方，导致两面作战，于是失败，我们的工作也是如此，那些关键部分、重要部分永远都不能大意。

我们说要敬业，什么叫敬？把对方看得比自己高，叫作敬，我们如果不把工作看得很高，如果不重视工作，那根本谈不上敬业。我们要郑重地对待工作，不仅因为工作是我们的饭碗，还因为它是我们立身的根本，是我们的事业，是我们实现人生价值的主要工具，也是我们领悟人生和世界的必经之途。对待工作我们还要端正，赚点钱然后就去花天酒地，纵情享乐，只管今天不管明天，这不是端正的工作态度，因为目的不端正，在组织中混日子，偷奸耍滑，这是行为不端正，对组织的工作规则、制度、命令不重视，轻忽儿戏，这是工作思想不端正。

不特殊，不孤立

特殊化对组织来说是一件好事，卓越的组织是会在最大程度上克制特殊化的，但特殊化并不是高层的管理，也不单指待遇上的特殊，而是有更多层面的含义。工作中我们尽量不要提特殊要求，不期望特殊对待，不要轻用特殊的工作方式，要知道组织中存在的不同情况越多，组织的管理成本就越高，任何成员搞特殊都是对组织不利的。

什么叫特殊？相同的地位与条件，却与众不同的待遇和行为就叫特殊。大家都按时上班，一个人经常迟到就叫特殊，大家都努力加班赶进度，一个人不肯加班不赶进度就叫特殊，大家都按工作规范来操作，一个人不按标准来，就叫特殊……有些个人化的事情，特殊也没有关系，涉及工作的事，则尽量不要搞特殊，除非有特殊的情况，否则特殊是不应该搞的。

工作中我们一定不能陷于孤立，孤立意味着我们工作在一定程度上的失败，因为我们失去了同事的正常对待，也不容易得到同事们的正常配合，在组织的任务和指令体系中，我们在协同、配合、合作方面因为孤立而处于劣势，即便我们的同事们职业素养很高，不会在协同工作方面难为我们，我们也会因孤立而影响自己的工作心态和状态。

有能力，不骄傲，看成绩，有成绩，不骄傲，看贡献

歌曲中那么唱：一山还比一山高、天外还有天，同样的，在人生中，在工作中，永远都有比我们高的境界，当我们为自己有点能力而沾沾自喜，把尾巴翘起来时，殊不知组织看重的不是能力而是实打实的成绩，能力变不成成绩就不叫能力，而叫"淫巧"，是负面的。所以我们永远不要以能力为骄傲，恃才傲物的人其实都是没有本事的人。

同样的，我们做出点成绩也不要沾沾自喜，把尾巴翘起来，因为组织更看重的不是我们的成绩而是我们的贡献。我们的成绩或许是我们单独做成的，或许是与团队一起实现的，确实是实打实的，但贡献的不凡之处在于，它的付出更彻底，更无私，更重要。我们的成绩是要回报的，要奖励的，而贡献则是真真正正地献出，境界的高下由此立判。所以我们做出成绩之后也不要骄傲，我们还要看看自己贡献了多少，永远不要觉得好像别人也没有贡献出什么，因为贡献从来都是以默默付出为多，贡献了而四处宣扬的情况几乎是没有的，所以你看不到，也不知道。那些做出贡献的人才真正是组织的中流砥柱。

不懈怠，要常抓，能常抓，始不懈

我们常说要坚持不懈，这是对个人而言，在管理的层面，不懈怠要常抓不懈，抓一抓，紧一紧，天天抓，天天紧，在某些组织中，管理就是盯，一盯就好，一不盯就散，这是令管理者颇为头疼的事情。本书提倡自己抓自己，自己盯自己，对自己，对自己的工作，常抓不懈，常盯不懈。

不拉帮，不结派，不结党，不营私

拉帮结派、结党营私，好像是电视里皇宫内斗，奸臣作乱才有的情节，其实，在任何组织中都会有这样的人、这样的现象，只不过有轻有重、有明显有不明显罢了，对此，我们的正确态度就是不拉帮，不结派，不结党，不营私，心向组织，心向工作，向公不向私，把自己做好，把自己的本职工作做好，只有这样才能在组织中长远立足，要知道，小帮派是不得组织之心，也不得人心的，或可得逞于一时，但却因其局限性，最终会被治理甚至清除。

团队中，讲风纪，男女间，不打情，不骂俏，不纠缠，有争执，善解决，不吵闹，讲竞争，不斗争；在职场，讲理性，制情绪，不冲动，有矛盾，不激化。重协作，不拆台，重配合，不抵制，重服从，不抗拒

风纪是作风和纪律的综合，作风指流行的风气和习惯，纪则指纪律、纲纪（制度和制度里蕴含的组织思想及文化），有时候，风纪也指向男女间的关系，因为有一些组织没有处理好男女关系而搞得很混乱。

组织中存在男女差别，但不应存在男女关系，男女之间的关系是工作关系和组织关系，一旦产生男女关系，这个工作关系就变质了，打情骂俏，纠缠不清，这种事情在组织中不应存在，我们也切不可以掉以轻心，应该杜绝这类事情，保持团队风纪的清明干净。

工作中难免会发生争执，要以理服人，从工作的角度进行解释对比，而不应争吵，更不应把事闹起来，搞得不可开交，影响大家工作也影响自己形象。

要正确理解竞争，不要把竞争搞成斗争，竞争是内部良性的比赛，斗争则是对敌手使用的手段，一定要弄清楚竞争的尺度和斗争的性质，斗争只有在对那些刻意破坏组织，损害组织利益的人时才可以使用。

职场是要讲风范的，任何时候我们都要保持理性，至少是一定程度上的理性，而不能被情绪左右，更不能冲动行事，冲动说话，纵使有矛盾，也要深思熟虑，用团结同事的思维来解决问题，而不能快意恩仇，凭自己的喜怒来解决问题，更不能将正常的工作矛盾激化成个人间的斗争。

任何人想要干好自己的工作都需要团队其他成员的协作，由此及彼，组织成员中所有成员都在协作的生物链中工作，谁破坏了协作，谁就破坏了规则，破坏了生态，所以我们永远不要去拆别人的台，在同事需要配合的时候我们不能抵制，而要认真、诚挚地配合，对于上级的指令要服从，而不能抗拒，服从是另一种形式的配合，另一种形式的协作。

关系明，不复杂，情况简，不混乱

越是明确的工作关系，就越有利于工作，那些在工作中总要扯上私人关系，进行拉拢的人，从根本上是不利于团队工作的。情况越是简单，工作就越好处理，作为管理者，要力图将工作关系变得明确简单，而作为基层员工，也要弄清楚这一点，让自己和同事保持明确简单的工作关系，这样才有利于工作的开展。

要做到关系明，我们态度要明确，暧昧的话不说，随便的话不说，暧昧的事不做，明明确确地摆正工作关系。

要做到情况简，我们就要对工作准备充分，了解透彻，条理清楚，层次分明，一点也不能含糊，杜绝杂乱无序。

不迟到，不早退，是基本，不能丢，不旷工，不磨工，关操守，不能纵

迟到、早退、旷工、磨工，可能是任何一个组织里都会存在的问题，也许会

是永远伴随组织的问题,但我们只要有上进心,就不应让这些毛病发生在我们的身上。

迟到总有理由,比如堵车十分钟,那为什么不早起二十分钟呢?归根结底,还是思想意识过于松懈和散漫,没有守时的好习惯。早退也总有很多理由,比如要接孩子,家里有事,有人约,我们守时的防线是很容易被击溃的,只要一个小小的理由,我们就可以迟到早退。

组织的严格管理是一方面,我们的自觉也是一方面,自觉将迟到早退现象杜绝,提升我们的工作形象。

旷工现象也是组织纪律所严令禁止的,磨工则较难发现,如果我们有这两种现象,那我们就是工作操守有亏,一定要时常警醒自己。

有任务,不拖延,关财物,不浪费

马上行动,立即执行的道理,请参看今日事,今日了一节。对于组织里的公有财物,我们一定要本着不浪费的原则,不能因为那不是自己私人的东西,就随意处置,不管结果,而是要为组织精打细算,节约每一分钱,这样做才算得上是负责任。

时字诀

今日事,今日了,明日事,准备好,有传唤,马上到,有急事,立即做。

对进度,要认真,功不成,不离岗,明日事,早准备。事能办,马上办,有困难,想法办,重要事,优先办,限时事,要计时,琐碎事,抽空做,复杂事,梳理做,部门间,协调做,跨领域,协商做。

提早起,赶早到,趁早做,遵时间,守约定,按时到,要提前,奉上级,要先到,随时叫,随时到,办急事,最快到,约客户,要先到,凡约定,不迟到。

今日事，今日了，明日事，准备好，有传唤，马上到，有急事，立即做

日事日清，是优秀组织的必备特征，早在战国时期，荀子到秦国讲学，就赞赏秦国的官员没有隔夜的政务，认为这是政治清明的表现，从而判断秦国将会变得更强大，最终能战胜六国。

属于今天的事，就一定要今天结束，哪怕加班很晚，绝不能开今天的事留到明天去办这道口子，因为这道口子一开，就会形成多米诺骨牌效应，所有的工作都可以往后推，最后造成严重的工期延误。

今天的事绝不允许推后，明天的事则应该提前，为了保证明天的进度，今天就做好一些必要的准备，实为成功人士做好工作的不二法门。

当上级领导有事传唤时，我们要保证马上赶到，这一是对上级领导的尊敬，二是对工作的认真重视，不可磨磨蹭蹭，耽误时间。

如果工作中有急事发生，那就要立即去做，不能因为手头有别的工作就往后拖，因为先办急事是我们安排工作先后次序的一个基本原则。

对进度，要认真，功不成，不离岗，事能办，马上办，有困难，想法办，重要事，优先办，限时事，要计时，琐碎事，抽空做，复杂事，梳理做，部门间，协调做，跨领域，协商做

上级确定好的工作进度，是有其种种考虑的，我们一定要高度重视，绝对不能推后，今天的进度一定要今天赶完，完不成是不可以离岗的。如果有事情现在就能办，那么就应该马上办好，不应有先放一放的想法，因为一放可能放忘了，结果把能立即办好的事推后好几天。

碰到有困难的事情时，就要多想办法，任何事办不好不是没办法，而是没有用心想办法，只要用心想办法，就一定会有办法。

对于一些工作中比较重要的事情、上级重视的事情、特别交代的事情，我们要优先办理。那些要求限时完成的，一定要认真计时，务必在时限之内完成。对那些琐碎的杂事，则可以抽空一点点地办理，对于比较复杂的、杂乱的事务，我们要学会梳理头绪，让工作次序清楚，统筹安排时间，争取用最短的时间办最多的事情。

不同部门间有事务需要协同时，我们要协调好自己的工作和对方工作的交接部分，做到既不耽误对方工作，也不耽误自己工作。

有些工作需要跨领域合作，那就需要事先进行认真细致的沟通，协商好工作的分工配合等细节，务必不能遗漏。

提早起，赶早到，趁早做，遵时间，守约定，按时到，要提前，奉上级，要先到，随时叫，随时到，办急事，最快到，约客户，要先到，凡约定，不迟到

先下手为强，这句古训很适合工作，想要日事日清，想要不被动不加班，那就要早早起床，早早到岗，早早开工，将工作做到前边，就不会在下班前手忙脚乱还不能了结。

工作中，我们一定要做一个遵守时间，遵守约定的人，不论与谁有约定，都要早到几分钟，显出我们守时的工作风范。

上级约定时，一定要早到，做好工作准备，不能因为自己晚到和准备不充分而浪费上级的时间。做下属的，要保证上级随时有事交代，随时能到，随时能受命，当碰到有急事时，要争取最快赶到现场，及时处理。

与客户有约的时候，我们的时间意识一定要更强些，做到永远早到，永不迟到。

零字诀

几个零,要做到,零借口,零理由,
零缺陷,零损耗,零浪费,零失误,
零事故,负面事,要清零。爱生命,
重安全,务小心,除隐患,论操作,必规范。

零的精神其实就是将所有负面的心态、言行、结果全部清零,这个要求其实还是很高的,但我们却依然要坚定不移地向着这个目标前进。

我们首先要把借口和理由清零,因为只要这两个不清零,其他的一切负面事物都不可能清零。没有任何借口,这个重要的工作理念我们要贯彻到底。

我们不能容忍的不只是产品有缺陷,我们的职业素质有缺陷,工作思路、模式和方法有缺陷也是不能容忍的,凡是我们存在缺陷的地方我们就要坚决去弥补,绝不能让这种缺陷继续存在。

只要组织规定有明确的标准,那么我们在生产中就不能有一点多余的损耗,甚至,我们要超越组织的标准,向更高的标准看齐,做到对组织资源和材料的零损耗。

浪费可耻,优秀的员工为组织节约每一分钱,所以就做到了零浪费。

操作失误和事故都会给组织造成重大损失,这是尤其要避免的事情。在日常工作中,要加强安全意识,珍爱生命,凡有危险性的工作一定要小心从业,有细心有耐心,凡是安全隐患绝不坐视,要在第一时间内清除。安全不只是为自己讲,针对自己和他人的安全守则都要百分百地严格执行,对于操作要合于规范和标准,尤其是要合于安全生产的规范和标准。

争字诀
比字诀

　　团队中，要比较，相互间，需竞争，争什么，怎样争，比什么，怎样比？比或争，循正途，一公平，二正向，三正当，四互促，五互励，六共赢。比着干，争着干，争向上，争进步，相促进，共成功。

　　比付出，比效益，比成就，比贡献，比责任，争担当，比任务，争完成，比指标，争更高，比项目，争更强，比利润，争更多，比目标，争更大，比结果，争更好，比服务，争周到。

　　比效率，争速度，比质量，争完美，比市场，争份额，比产品，谁更优，比样式，争多变，比外观，争更美，比质量，争更高，比价格，争更廉，比性能，争更好。比信用，得信任，促生产，看结果，比业绩。

　　比可靠，争机会，比愿景，争支持，比人格，争认可，比贡献，争荣誉，比努力，争先进，比思想，谁先进，比道德，谁高尚？比热情，谁更高，比奋斗，谁更力。比能力，争修炼，比知识，争学习，比经验，争实践，比业绩，争优胜，比速度，争进度，比反应，争时间，比差距，争赶上，比不足，争补上，比策略，谁更好？比方法，谁适用？比技能，争钻研，比技巧，争高效，比成本，争节约，比消耗，争利润。比创新，争创造，比创意，争突破。

职业 三字经

积极主动参与竞争，则竞争为动力，消极被动参与竞争，则竞争为压力。

只有相互间良性竞争的团结，才是有益的团结，才是真正的团结。

如果组织失去内部竞争，组织就会失去活力。

个人积极竞争，则活力充沛，个人消极竞争，则死气沉沉。

团队中，要比较，相互间，需竞争，比或争，循正途，一公平，二正向，三正当，四互促，五互励，六共赢。比着干，争着干，争向上，争进步，相促进，共成功

不怕不识货，就怕货比货。不比不知道，一比吓一跳。我们同别人的差距有多大，要比较过了才知道，通过比较，我们就能找到不足，找到更好的工作方法和工作思路。

比较和竞争，是促使我们进步的两个工具，用得好，我们会更快提升我们的工作能力和业绩，无论是比较还是竞争，我们都要在正确的轨道内进行。我们为什么要在团队中互相比较呢？俗话说，不怕不识货，就怕货比货，不怕不明理，就怕辨道理。团队中哪些行为、哪些做法更正确，更适当，对组织更有利，有比较才有准确的认知。我们要比较效率，比较业绩，比较效益，通过这样的比较，我们才能明白，怎样才是最好的，然后我们才能去掉我们错误的和落后的做法，按照最佳方式做事，然后我们才知道怎样才能做到最好。

比较很重要，比较不是挑事，比较也不是多事，比较就是为了找出正确的事，我们要正确的比较，而不是错误的比较，我们要比较的是谁更努力，谁更勤奋，谁的效率更高，谁的业绩更好，而不是比较谁得了小便宜，谁成功偷了懒，谁更受领导宠爱……

我们要善用比较，比较出自己的不足，比较出他人的长处，比较出更好的办法，比较出更好的流程，比较出更好的模式……从而令自己上进，能更上一层楼，而不是错用比较，比较得自己心理不平衡，比较出自己的心理负能量，比较出自己的坏情绪，比较出自己的诸多缺点……从而对工作态度更加不端正。

当我们相互间比业绩，比效益，我们就会积极投入竞争，竞争就是为了把竞争对手比下去，让自己的业绩高于竞争对手，竞争激发我们的工作活力，激发我们的工作激情，竞争促使我们学习、修炼、向上、进步，竞争促使我们超越自我，取得更好的成绩。

只有良性竞争的团队才有成功的希望，个人竞争要遵循正途，何谓正途？社会公德所允许的是正途，国家法律法规所允许的是正途，组织规章制度和规则所允许的是正途，正途就是走在大道上而不是歧路上。

比或争一定要公平，真正的强者是不屑于用不公平的竞争手段胜出的，廉者则耻于用不公平的竞争手段来获胜。

比或争只是手段，比什么争什么才是根本。比或争要正向，目的要正向，是为了组织利益，为了自己更好地成长，为了做出更好的业绩，我们才去比或争，而不是为了其他的私利私心去比或争。越是别人不好好干的时候，我们越要干好。我们不能往下比，而要往上比，不能跟坏比，而要跟好比。

怎么比？怎么争？正确的比或争，让我们靠近天国，错误的比或争，让我们接近地狱。比或争手段要正当，不能搞阴谋诡计，要堂堂正正，正面击败对手。

我们在工作中比或争，结果应该是互相促进，而不是互相损害，互相拆台，在竞争中我们携手共进，共同进步，通过竞争激励斗志，实现共赢。

在工作中，比着干，则干劲更足，争着干，则业绩更多，争着向上，则更快地向上，争着进步，则更快地进步。这样的干法，能够相互促进，形成正循环，一起获得成功。

比付出，比效益，比成就，比贡献，比责任，争担当，比任务，争完成，比指标，争更高，比项目，争更强，比利润，争更多，比目标，争更大，比结果，争更好，比服务，争周到

付出是为了回报，但付出不一定仅是为了让自己得到回报，如果我们把目光盯在自己的回报上，看起来精明，实则有很大的局限，古人善于修炼的，都讲只管耕耘，莫问收获，不是他们傻，而是因为他们的境界超越了金钱利益。比回报，回报未必多，比付出，回报未必少。眼睛盯着回报，则行动倍受拘束，眼睛盯着付出，则回报自然来到。多比一比自己在工作中付出了多少，为组织付出了多少，可以令我们突破自己的小我境界，步入更广阔的天地中去。

效益是组织的生命线，大多数组织都要有效益才能生存，组织就是要比效益，效益是组织存在的价值所在，在组织的效益里，我们贡献了多少？

我们在工作中取得的成就，究竟谁更高一些？这是最直接也是最直观的问题，如果我们落后于人，那就要奋起直追，激发我们骨子里追求优秀追求卓越的欲望，做出更大的成就来。

我们为组织贡献了什么？这是决定我们在组织中地位的重要因素，有些人把个人同组织的关系看成是纯粹的等价交换关系，不肯为组织多贡献一分力量，并没有把自己当成是组织中的一员，于是在组织里事事都要计算所得多少，把自己发展的道路给堵死了。

我们究竟在组织里承担了多大的责任？为组织分担了多少忧？我们有没有拒绝责任，想少担负点责任？我们有没有把工作做得很完美很到位，让其他环节因此节约了不少时间和精力，让上级因此省了不少心？我们有没有主动去承担责任，让荒废的事情因我们的承担而正常运作？

我们的任务究竟谁完成得更快，谁完成得更好？既然要比，我们就要争取比同事完成得更快更好，不能让同事把我们比下去。

我们设立的指标，谁的更高些？只有完成的指标更高，我们才能胜同事一筹，在比较和竞争中胜出。

手中的项目，谁的更强些？挑战性更大些？回报更大些？既然做项目，我们就要做更强的项目，把项目做得更强。

如果我们在为一个赢利型的组织效力，那么我们创造的利润就非常直观，用数字可以表现出来，我们是否比同事创造的利润更多些？

设立目标的时候，我们是否可以设立得更大一些？这样虽然给自己的压力变大，但却也给了自己更大的决心和动力，我们的目标是否可以比同事更大些？

做事的结果，我们是否可以更好一些？是否可以把事情做得更圆满，更完美？

需要我们做的服务，我们是否可以做得更周到，更细致，更体贴一些？是否可以让客户更满意？

争字诀 比字诀

> 比效率，争速度，比质量，争完美，比市场，争份额，比产品，谁更优，比创意，争多变，比外观，争更美，比质量，争更高，比价格，争更廉，比性能，争更好。比信用，得信任，促生产，看结果，比业绩

效率是可以决定组织的生死存亡的，低效的组织注定要被淘汰，低效的员工也要被淘汰，我们想要提升我们的业绩，首先就要提升我们的效率，效率高，业绩才能高，所以比成就比业绩，首先要落实到比效率上来。

效率是个变量，这个变量里最重要的就是速度，速度提不上去，提高效率的想法就会落空，提升业绩就只能靠增加工作时间，高效率的意义就在于，我们可以用最短的时间做最多的事情。我们干得越多，越熟练，准备越充分，方法越有效，工作的效率就越高。

提高效率，更快速地出成绩，并不代表着我们要牺牲质量，相反，质量是我们的生命线，任何情况下都不能牺牲质量，我们对质量要有无止境地追求，力争完美，要争取做到零缺陷。

如果我们的工作与市场相关，我们还要比我们争到的市场份额有多少，占据市场份额更多的，才是优胜者，我们要将我们的市场份额一点一点地提升上去，无论增长的空间多么有限，这种努力都不能放弃。

如果我们是生产产品，我们就要比一比谁的产品更优质，设计产品（不仅仅是指物质，比如党政机关的行政思路和创新某种程度上也是一种向社会和百姓推销的产品）也是这样，设计出的产品是否更符合目标群体的实际需求，是否效费比更高，是否更能解决问题，生产和运作是否更容易，这些都需要比一比，我们要比别人做得更好。

对于创意，我们要比一比创新性如何，在这个遍地都是雷同设计的时代，我们要追求多变，在多变中寻找创造性的突破，从而令我们的产品脱颖而出。

产品的外观我们要做到更美，包装要更精，想比别人强就要花更多心思，做得更巧一些，而在质量上，要比别人更过硬一些，更耐用一些，要杜绝质量问题。同样的产品，价格低的就更受欢迎，所以我们要努力降低成本，这样才能保证价格的竞争力，在日常工作中善于节约用料，提高工作效率，降低废品率，都

能保证我们的价格优势。

我们还要比产品的性能，看谁的更好用，更实用，用途更多，对产品性能的开发永无止境，许多更好的产品，就是因为想要增加更好的性能才开发了出来，结果引领了时尚，引领了时代。

任何组织都需要有信用才能被相信，才有生存下去的空间，员工也是一样，需要讲信用才能得到信任，我们平时要经常比一比，谁更守信用，谁更能说到做到。

我们要比较，要竞争，为的就是促进生产，给组织更好的结果，更好的业绩，工作没有结果就等于没干，工作没有业绩也就失去价值，在组织里，最不应该的事情就是做不出业绩来。

比可靠，争机会，比愿景，争支持，比人格，争认可，比贡献，争荣誉，比努力，争先进，比思想，谁先进，比道德，谁高尚，比热情，谁更高，比奋斗，谁更力

在组织中，我们是不是被视为更可靠的人？只有更可靠，才有更多机会，一个人不可靠，那就没有人愿意用他，他也就没有机会。我们的愿景要比别人的更吸引人，这样才能得到更多的认可和支持，如果我们没有一个美好的、令人感到振奋的愿景，我们怎么去打动别人呢？工作中，人格很重要，为了利益不讲人格的人，大多数同事是不会认可他的，我们要保持自己好的人格，争到大家的认可，争到上级的认可。我们要比别人贡献更多，以此来争得宝贵的荣誉。只有更加努力的人才可能领先别人一步，争得先进，我们不要在评先进的时候花心思花力气争名额，这样子只会徒劳无功，我们要在工作的时候比努力，只要比别人多努力一分，多付出一分，我们就会成为先进。先进首先是思想上的先进，响应组织的号召最早，执行组织的意图最得力，这样才可能成为先进。在工作中我们要比一比道德，谁更高尚一些？谁的职业操守更严格一些？我们还要比工作的热情，谁对工作的热情更高些，谁更爱这份工作？谁更执著于这份工作？谁为这份工作付出更多？我们还要比奋斗，谁更加发奋图强？谁更加斗志昂扬？谁的奋斗更加有力量？

比能力，争修炼，比知识，争学习，比经验，争实践

我们要比一比能力与最优秀的同事差距有多远？能力不是天生的，而是在工作中修炼来的，我们要争分夺秒的修炼，通过刻苦地修炼将能力提升上去。我们拥有的知识与组织中最优秀的人差距有多远？我们要争先恐后地学习，通过刻苦地学习来丰富我们的知识，从中提炼出真知灼见。我们要比一比我们的工作经验同组织中那些最优秀的人差距有多大？我们要多实践，多行动，在实际工作中把我们的经验增长上去。

比业绩，争优胜，比速度，争进度，比反应，争时间，比差距，争赶上，比不足，争补上，比策略，谁更好，比方法，谁适用，比技能，争钻研，比技巧，争高效，比成本，争节约，比消耗，争利润。比创新，争创造，比创意，争突破

我们要多比较业绩，在比较中看到自己与最优秀的人的差距，不断赶超，争取早日成为优胜者。我们要多比较做事情的速度，争取我们的进度不落后于人。我们要比较同最优秀者的反应，争取在最短时间内成功应对工作中的各种问题。我们要同最优秀的人才比较各个方面、各个层面的差距，争取早上赶上他们。我们要比较互相间存在的不足，争取把我们的短板早日补上。

工作中我们都需要使用一些策略，那么究竟谁的策略更有效？更成功？我们要认真比较，这样才能找出更好的策略。工作中我们都讲究方法，但谁的方法更适应？可能每个人都有最适应的一部分，取长补短就可以让我们的工作方法完美起来。我们要多比较一下工作技能，我们同那些最优秀的人才差距有多大，这将促使我们争先恐后地钻研这些工作技能。我们要比较工作技巧，争取做到更高效。我们要比较花费的成本谁多谁少，把节约成本变成现实。我们要比谁的消耗更少，争取用相同的工作创造更多的利润。我们要比创新，争先恐后地进行创造。我们要比较谁的创意更优，争取早日实现突破。

多字诀
少字诀

  多休养，少放纵，多充电，少消磨，多学习，少自固，多读书，少薄知，多请教，少浅识，多自省，少自是，任务书，要细看，专业书，要勤研，多培训，精技能，多请示，少犯错，多观察，善思考，多学习，常运用，多论证，莫轻定。

  多尝试，少满足，多行动，少争议，多做事，少空谈，多成事，少计较。

  多付出，少索取，多努力，少懒散，多承担，少逃责。多做事，少请假。

  多体谅，少刻薄，多包容，少猜忌，多爱护，少排挤，多协同，少对立，多配合，少难为，多互助，少拆台，多助力，少阻力，多助人，少难人。

  少瞎猜，少乱议，少传谣。多鼓励，少讥嘲，多鼓劲，少泄气，多请教，少逆反。多服从，少抗拒。

  多努力，少跳槽，多规划，少混乱，多计划，少盲目。

此多一分，彼则减一分。正多一数，负则减一数。正能量多一分，负能量则减一分。

多休养，少放纵，多充电，少消磨

工作的好状态决定于八小时之外。

工作并不仅仅是八小时的事，能否干好工作，关键还在八小时之外，有些人存在着各种各样的问题，如夜生活过度，或是有网瘾……不注意，不懂得工作需要养精蓄锐才能干好，我以前就属于自制力很差的那种，晚上睡得晚，白天工作精神不好，老被领导批评，那时候工作就没有干好，成绩不理想。后来自己做公司，也是积习难改，刚开始的时候这个坏习惯严重制约了公司的发展，导致历尽诸多艰难才生存了下来。

工作状态极为重要，万万不可忽视，精力充沛地做事和无精打采地做事，结果能有天壤之别。有些人可能一时觉察不出来，但时间一长，这两种结果的差异会导致工作状态不好的人无法在组织立足，而工作状态好的人则成绩提升，在组织的重要性提升，导致薪水提升甚或是职位提升。这种教训是深刻的，年轻人往往不够重视，认为上班是上班，下班后的时间都是我的，我爱怎么样就怎么样，我打盹上班，又怎么了？只要不出问题就行。殊不知，看起来没有出什么问题，却出了最大的问题，那就是工作状态长期很差，给组织带来一种不好的气象，不好的习惯，不好的状态。这对组织来说会造成一定时期的影响，而对个人来说，则是非常可怕的影响，这种坏习惯可能会影响一生。

我们要认识到一点，工作和生活不是截然分开的，而是相辅相成的，生活搞不好，不可能不影响工作，反过来一样，工作搞不好，也势必影响生活的质量，就这一点来说，我们不能轻率地认为我的私生活不关工作什么事，诚然，如果你的工作状态好，确实生活你可以随意地去搞好，但如果你生活搞不好，影响到了工作，那最终就只有一个结果：生活和工作都被你搞坏了。

在工作和生活这两件事情里，工作是一个基础，你的生活是要依赖你的工作的，所以，采取什么样的生活习惯必须考虑到工作因素。

现在的青年人叫嚷着累，并不是工作累的，而是被错误的生活方式累的，晚上一两点睡觉，白天上班呵欠连天，叫嚷着累，这样的累，再累也是自找的，怨不得工作。如果善于休息，一周四十小时的工作根本不可能累，多数的工作都算是比较轻松的。

我们只有用最好的状态来工作，才能做出更多的业绩，所以，我们必须要有一个美好的生活，我们必须学会将工作与生活有机地结合起来，这两个，只要有一个不好，最终可能导致两个都不好。

其实这个时代人人喊累，并不是真的会那么累，而是诱惑我们的东西太多，单凭工作是累不坏人的，是我们各种各样的坏习惯无法得到有效的控制，才导致了我们的劳累。

多学习，少自固，多读书，少薄知，多请教，少浅识，多自省，少自是，任务书，要细看，专业书，要勤研，多培训，精技能，多请示，少犯错，多观察，善思考，多学习，常运用，多论证，莫轻定

知识和技能不够先进，我们就会落后，不肯学习，我们不仅不会进步，还要退步，因为他人在不断进步之中，会把我们越甩越远，沉舟侧畔千帆过，人生是一种竞渡，工作更是一种竞渡，我们千万不要做那艘沉舟。固步自封是千万要不得的，这种心态在当代任何组织中都绝无前途可言。轻视知识永远都是不可取的，忽视学习永远都是不智的。

读书无用论曾充斥我们身边，但我们却不得不多读书，如果我们少读了，那些用正确实用的知识武装起来的竞争对手，就会轻易地击败我们。有很多人不能下苦功读书，于是散播读书无用论，这是一种浅薄，我们切切不要为这种论调所误。

我们身边不可能没有比我们强的人，对于他们，我们要多多请教，不要对自己的浅识感到满意，也不要不好意思，不学则无术，学则无止境，我们请教得越多，我们获益也就越多，先进者的教导都是从实践中得来的宝贵经验，有书本知识不可比拟的优点，可行性更强，更契合实际，更实用更有效，而且省去我们思考、纠正的过程，节约了我们的时间。有些人面对先进者的经验看不到其高明，

反而被自己的思路和方法所困，于是很难进步，我们要引以为戒。

我们要反省的地方非常之多，如心态，工作方法和方式，纪律性，能力和悟性等，我们对自己反省得越多，我们可进步的地方就越多，我们的进步也就会越大。一山更比一山高，天外有天，自以为是是要不得的，人无完人这句话不仅是要我们宽容别人的，更是让我们常自省，以期改进的。

在学习的过程中，与我们工作最紧密的是与我们任务相关的资料，不管是组织编写发放的还是常规教材，我们都要认真仔细地阅读、思考，务求集中精力在短时间内掌握。那些与工作相关的专业书，则要勤于研读，把功夫用到平时，靠不断地积累来渐渐提升我们的技能。

如果条件允许的话，我们要尽量多地参加那些有实用价值的培训，对我们工作起直接作用的培训，帮助我们更快更好地让技术能力变得更精熟。

工作中，无论我们是老员工还是新员工，都会遇到新情况新问题，这个时候要多向领导请示，不要盲目行动，不要在还未弄清组织意图和工作的各种情况的时候就行动，有自己拿不定、把握不准的，要及时请示，这样可以少犯错误。

观察力体现在众多方面，我们对工作的观察也是这样，工作不只我们的业务本身，也不只我们个人的行为本身，还包括对组织的外在环境、组织内的环境、组织本身特点、上级领导的工作风格和特点、组织运营时自己与同事的协同、配合等特点，对我们工作的诸多方面我们观察得越细致清楚，我们就越容易把工作做好。

工作需要思考，不动脑的工作就是不合格的工作，只有认真地动脑思考我们该如何工作，如何改进工作，提高效率和效果，我们才有可能在工作中进步。

我们学到的技能要尽快运用，多学常用会让我们掌握得更快速，而且经常运用我们才能检验出我们的所学是否到位，是否真的学成了。

在工作中会遇到许多事情和问题，对此我们不要轻易下结论，而要经过实践的证明，对问题和解决问题的方法要多方向论证、多角度论证、多层次论证，不要浅尝辄止。

多尝试，少放弃，多行动，少争议，多做事，少空谈，多成事，少计较

操千声然后识曲，观千剑然后识器，在工作中我们要肯于尝试，要多尝试，先进的经验要尝试，创新的想法要尝试，没有掌握或不曾使用过的工作方法要尝试，只有多尝试，我们才能找到最适合的，才能找到最高效的，才能找到真正正确的。我们不要轻易放弃努力，也不要轻易放弃探索，而是一定要尝试到成功为止。

工作中我们要争取多行动，在行动中获得结果，无论是成功还是失败，都比不行动反而在不断地争议要好。

工作要我们多做事，在不断地做事中积累业绩，而不是空谈误事，虚度时光。

工作中我们要争取多做成一些事情，多实现一些目标，少计较一些个人的得失、高下。

多付出，少索取，多努力，少懒散，多承担，少逃责。多做事，少请假

干得少，拿得多，听起来很聪明，多付出，少索取，听起来很傻。事实上不然，世界是公平而又均衡的，你在这方面看似少了些，在其他方面就会多出一些，总体上还是那个量，傻人有傻福就是这个道理。组织看似在某一方面亏了某个成员，但却在另外的方面补上了。只有我们有多付出，少索取的智慧，我们才能心平气和地干更多的工作，才能实现不断地成长。

努力多一分，懒散就少一分，对治懒散的良药是什么？只有努力和勤奋，努力一起，懒散自消，就好像太阳一出，黑夜自散。

组织的事情我们要宁肯多承担一点，也不要逃避责任，如果我们不为组织分忧，那又有谁会为组织分忧呢？我们要做那个有担待，讲义气的人，而不要做那个不想挑担子，只想摘桃子的人。

有些人不但在工作时间里不想做事，而且还喜欢请假，逐渐地把请假养成

了一种习惯，动不动就请假，最终妨碍组织的正常工作。而优秀的职员则很少请假，除了重要的不得不去的事情之外，从不随意请假，甚至因为工作繁忙，为了多做些事情，经常加班加点。组织里面存在这两种典型情况，我们要做后一种，坚决不做前一种。

多体谅，少刻薄，多包容，少猜忌，多爱护，少排挤，多协同，少对立，多配合，少难为，多互助，少拆台，多助力，少阻力，多助人，少难人

我们不能原谅自己的错误，但我们要体谅别人的难处，对人要少一些刻薄，多一些宽厚。当然，我们要把宽厚与纵容区分开，把刻薄与严格区分开，不能混为一谈，失去界限。

有原则地包容他人是一种美德，工作中我们都要放坦荡一些，开诚布公，追求良好的合作关系，要少一些不必要的猜忌，相互间尽量不要在心中留下阴影。

工作中我们要多一些爱护，不要去排挤他人，爱护带来亲密无间的协作，让工作效率变高，排挤则带来内耗，损耗组织的资源，浪费工作时间，增加工作摩擦，妨碍团结协作。

工作中我们要多一些协同，主动地协调，与他人工作的节奏保持一致，而不要搞对立，破坏协同，工作要对事不对人，搞对立是任何组织都不能容忍的工作劣行。

当同事因工作要求我们配合时，我们不应拒绝，而应积极地响应，努力去配合同事的工作，不要难为人家，既不要明推暗拒，也不要制造障碍。

君子乐成人之美，帮助别人一下，让别人把事做成，其实是一件很快乐的事，也很有成就感，何乐而不为？可有些人偏偏见不得别人好，不但不帮，反而去拆台，须知你今天拆别人的台，人家明天也会来拆你的，这样的行为实属不智。

只要是正当的工作需求，我们就要多给点助力，少给点阻力，对于那些想要干成点事的同事，我们要大开方便之门。

在一个组织里工作，谁都不容易，能助人的时候伸把手帮助一下，于己无损，只要不违背工作原则，能不为难别人的就不要为难别人。

少瞎猜，少乱议，少传谣。多鼓励，少讥嘲，多鼓劲，少泄气

对工作以外的事情瞎猜，只会自乱阵脚，令自己无心于正事，钻入牛角尖中不可自拔。随便议论，没有根据的乱议论，必然会引起麻烦，到最后把自己绕进去，摆脱不清。谣言小了，会伤到别人，伤到和气，损害同事关系，谣言大了，可能对组织造成损害，并可能构成犯罪行为，受到法律的惩罚。谣言止于智者，所以谣言到我为止。对于同事，不论有什么缺点，我们都不应嘲笑、轻视，而应多加鼓励，帮助他弥补不足，提升工作能力，在某种程度上，提升同事的工作能力对自己的工作也有辅助作用，队友强，才不会扯我们的后腿。在工作中，我们互相之间，要多鼓劲，多说长士气的话，拒绝泄气话。

多请教，少逆反。多服从，少抗拒

老马识途，老同事是我们的老师，上级掌握更多资讯，接受更多锻炼，能力也是多方面的，也是我们不可缺少的老师，对于他们，我们要多请教，而不是年轻气盛，充满逆反心理，白白失去了好老师，失去了职业道路上的引导者。对于他们的教导、批评、指令，我们要虚心接受，真心服从，不要抗拒。

多努力，少跳槽，多规划，少混乱，多计划，少盲目

与其跳槽去寻找存在感，不如在此地多多努力，槽切不可以多跳，跳多了就跳滑了，跳槽本是为了找到方向，结果却更加迷茫，那就得不偿失了，所以槽要少跳，要跳也要跳得精，跳得准，一次就跳成，别再来一次。工作要成功，跳槽不是最好办法，最好的办法是做好职业规划，一个合乎实际情况的，具有可行性的职业规划，比一个好单位要强得多，有了职业规划，对工作的想法就不会混乱不堪了，也不会迷茫了。对工作要多做计划，一步一步计划好，然后按部就班进行，而不要盲目行动，东一笆子西一笤篱的永远出不了成绩。

内修篇

沉住气，沉下心，站住脚，扎下根。
在职场，重内修，修内涵，练内功，
沉下心，不浮躁；沉住气，不轻躁；
识诱惑，辨真假，析利弊；控情绪，
收好心；站住脚，扎下根。重基层，
莫轻视，先磨炼，后成器，一步步，
走扎实，基础牢，步伐稳，走得快，
易摔跤。升觉悟，提思想，觉悟高，
思想阔，思想阔，眼界宽，眼界宽，
境界高，境界高，思路广，思路广，
　　方法多，方法多，事易成。

职业 三字经

在职场,重内修,修内涵,练内功,沉下心,不浮躁;沉住气,不轻躁

我们常说要"内外兼修",其实最被我们忽视的还是内修,修养我们的内功是一项长期的工作,而且这项工作只有自己明了,别人不知道,看似没有效果,其实在很多时候它起决定性的作用。

古人说"内圣外王",意思是只有内修的境界更高一级,我们才能在外在上达到本级的要求。许多组织看到优秀的组织在扩张,但没有意识到这是对方内容和资源的积累,只是认为对方抓住了机会,于是也扩张并购,结果被这机会所害,反而吞了苦果,原因就在于自己的内功不够,降伏镇压不了这么多的分支。

内涵通常指我们的涵养,其中我们的工作观很重要,另外知识结构、学识素养,我们的气质修炼、性格涵养等,还有工作的修养、工作操守等,都会影响我们的内涵。

内功则是指心性修养的过硬,如古人提倡的胜不骄、败不馁,如孟子提倡的"富贵不能淫,威武不能屈,贫贱不能移"、"吾善养吾浩然之气",苏东坡提倡的"泰山崩于前而目不瞬"、曾国藩提倡的"修心"、挺住,如现代人提倡的淡定,总之,坚毅、开放、大度的胸怀、用智慧和学问武装起来的头脑,是内功强大不可或缺的要素。

勤练内功才能经得住考验,才能在工作的种种困难之中坚持下来,才能不断进步,不断上进。

工作要求我们沉下心来,克制浮躁,一颗浮躁的心飘飘荡荡,是无法专注于工作的,只有将心沉下来,沉到工作中去,才有可能把工作干好。

浮的意思是漂浮,引申为没有根基,躁的意思是不安静,引申为扰动不安,浮躁的意思可解释为心中乱念纷飞,飘荡不安,没有落脚之处。宋朝的叶梦得在《避暑录话》卷上记载:"李文靖公沆为相,专以方严重厚镇服浮躁。"

古人强调做人的厚重感,如"厚德载物""重为轻根",现代人在这方面也有一定的创造性,如沉下去这个概念,物体在水面漂浮,就受水的影响,随流而动,只有沉到水下,才能克制水的漂浮,另外,重与沉是同一个意思,"这件货很沉",与"这件货很重"是同意,但是沉比重多了一种动态,有由上而下落到

| 内修篇

地面的意思。所以，人由浮躁到厚重安稳，用沉这个字来概括还是较为贴切的。

当代的许多理财、创业书籍、创业理论，靠买榜打出来的畅销书、靠广告、营销包装出来的文化和理念，新奇的标题，夸张的形式，西方的快餐文化，个性主义，自由思想等，媒体、网络对浮躁之风的推波助澜，这些都让我们变得更浮躁。人与人之间的互相攀比、对财富的片面追求，对社会的抱怨，对社会上种种浮躁之风的盲目跟随，都让我们变得浮躁。

浮躁的特点有很多：盲目、急躁、冲动、轻浮、急功近利、急于求成、没有耐心、不肯等待、宁愿投机也不肯踏实工作、性情暴躁、情绪不稳、做事无恒心、心神不宁、见异思迁、不知安分守己、无所事事脾气大、无法专注于目标、异想天开、不切实际……

浮躁是一种心态，是一种情绪，是一种不可取的工作态度，人一旦浮躁，就会忘记根本，忘记最重要的，被浮云遮住望眼，终日处在又忙又烦又累的状态之中，难以脱身。工作想要成功，就要志存高远，脚踏实地，沉稳厚重，不断突破自我。

浮躁令人失去信心，面对种种浮躁，我们不能坚定信念，于是失去自我，变得迷茫，心中没有底，产生恐慌感，失去信心。

浮躁令我们失去理性，情绪取代理智，冲动代替思考，在工作中犯诸多错误。

浮躁令我们失去操守，当他人对我们不讲诚信，当社会上的一些不公平现象浮现在我们身边，当吃喝玩乐的风气围绕我们，当工作中的不正之风影响我们，没有坚定的信念，不能抵抗这种种诱惑，令我们冲动之下也做出了这样的行为，于是我们就失去了操守。

浮躁令我们失去精神力量，是内修的最大敌人，可以说我们内心的修炼，就是要克制浮躁。浮躁可以腐蚀我们内心力量的一切层面，使我们失去对自我的准确定位，使我们迷失自我，随波逐流，使我们草率决定，盲目行动，甚至是投机取巧，违法犯罪。工作中必须要克服浮躁，浮躁与艰苦创业、脚踏实地等精神是对立的，浮躁与实干精神也是对立的，我们必须沉下心来，稳定情绪，厘清思想，然后才能在工作中取得一定成绩。

很多时候，我们遇到一点事情就沉不住气，比如被领导批评两句，马上觉得面子磨不开，甚至争辩几句，为自己找理由，甚至拒不认错，不惜顶撞上级。对同事，对客户都一样沉不住气，一旦有个小变化，轻躁的毛病就表现出来。

重为轻根，静为躁君。什么叫轻？轻和重是人的感觉，提一下觉得没重量，很容易移动叫作轻，什么叫躁？静和躁是两种状态，安静的状态和躁动不安的状态，重和静都是安稳不动的，轻和躁都是根基不稳而盲目乱动的。

工作中沉不住气就会犯错误，谈判时沉不住气就会被对手占去先机，操作工人在面对意外情况时沉不住气，可能导致操作失误，产生重大险情，面对外界责难时沉不住气，可能就会应对失误，造成负面影响。

任何时候我们都得沉住气，不能浮躁，不能轻率行动，要沉着稳重地应对任何情况。

沉住气，不为工作中发生的各种状况牵引分散我们的注意力，最终能聚精会神、专心致志地解决问题，这才是强大的工作之道。

职场中想要成功，我们一定要做到：沉住气，沉下心，站住脚，扎下根。

识诱惑，辨真假，析利弊

何谓诱惑，字典中解释为：①引诱、诱骗、迷惑。②吸引、招引。③为达到某些贬义目的而采取不够光彩的方式方法。

上面对诱惑给出的定义，是由外向内从行动上来定义的，却没有从我们这些被诱惑者的角度来诠释。那些成功刺激起我们的欲望，令我们心思躁动，或为之做出不理性行为的事物，称为诱惑。这些诱惑有天然存在的，有别人施加给我们的，有物质上的，如权势、地位、名利、金钱，有精神上的，如浮名、表现自我、文化娱乐。

工作中也存在种种诱惑，识别出这些诱惑，心中保持警觉，才能不被诱惑。

工作中也会遇到真假的问题，在某些工作环境中辨别真假是非常重要的。我们自己在工作中要做到不虚假，但我们不能保证工作中不遇到虚假，无论是物质上的、物理上的还是人事上的虚假，我们都难以避免，所以当我们面临假相时，就要学会分辨。

我们的方法究竟好不好？我们这样干究竟对不对？工作中也存在辩证法，有些事情我们在做之前，先要分析、权衡一下利弊和影响，然后再决定做不做。

控情绪，收好心

每个人都有自己的情绪，情绪波动对我们工作的影响还是很大的，有时候会令我们一天没有心情工作，有时候可能会延续更长时间。

情绪失控是职场之忌，工作是应该杜绝情绪的，现在提倡情绪控制、情绪管理，说明情绪在工作中的负面作用已经得到了足够的重视。

遇事要想得开，坦然面对，需要承担的承担，需要承受的承受，因为组织不是家庭，不会在意你的情绪，相反，它只在意工作的顺利进行，它要求你控制情绪，如果你动不动闹情绪，那就只能证明你不够成熟，不能胜任当前的工作。

无论是对谁不满，还是觉得受了不公正待遇，还是觉得受了委屈，都不是妨碍工作的理由，有问题就解决问题，闹情绪是最无能的表现。

工作中我们还要能收心，不让心放逸散漫，而是专心致志于工作，如果我们在工作中还惦记着娱乐和八卦，惦记着家里的事，惦记着聚会喝酒，惦记着足球赛，惦记着一款令自己上瘾的游戏，我们的工作如何能做得好？收束我心，摒除杂念，听起来像是在修炼，实则是工作中我们必须要做到的。

工作时就只有工作，我们的眼里心里都不应再容下其他的事情。

站住脚，扎下根

不扎根，不成材，早扎根，早成材。

根深才能树大，树大才能硕果累累。

像浮云一样飘过去了，你不会留下任何痕迹，像大树一样扎下根了，你将会收获硕果累累。

树要有根才能自土壤中汲取营养，我们也一样，在组织中要扎下根，然后才能汲取到成长所需的力量。

在任何类型的组织中，要成功都要先站住脚，脚都站不住，那还谈什么个

人发展。

根扎在哪里，哪里就会有你的未来，你不愿在一个地方扎下根来，这个地方就不会给你提供更好的平台，也不会交给你更多的资源，也无法让你学到更深层次的技能和经验。如果你没有真正用心付出，你就做不出有成效的工作，那么，不管在什么地方，你都等于在浪费自己的时间和精力。

在组织站不住脚的人不会干出成绩。

在组织扎不下根的人不会成就事业。

现在的很多年轻人无疑都属于"游牧民族"，喜欢跳槽寻找新鲜感，如果他们扎不下根，那对他们自己，对组织，都是得不偿失的。组织在人力资源管理方面，很重要的一件事情便是促使员工扎下根来，如果员工不能扎根，那么组织最终就只能是白忙活一场，赔了金钱赔了时间赔了精力还赔了希望；如果员工不能扎根，他们自身将要耗费很大的精力和时间在无意义的找工作上，耗费在无休止的流浪上，导致在同等条件下落在他人的身后。

如果说经营组织就像是种一亩田，那么员工就是一棵棵树，如果扎不下根，或者根扎得不够深，不够广，那就吸取不到土壤中的养分，也就不能多结果，而组织是要靠员工给出的结果生存的，如果员工拿不出好的结果，组织就谈不上能发展。一棵树，它或者被种在沃土上，或者被种在贫瘠的石山上，都一样能结出果实，只要它的根扎得够深够广。众所周知，石山上结出的果实味道更甜，因为果树经历了高温的锻炼，而雨水过多的西瓜通常不甜。所以一棵树种在哪里可能由不得自己决定，但努力把根扎深却由自己决定。同理，一个员工找到一家什么样的组织，谋到一个什么样的职位，在很大程度上并不取决于他自己，但在岗位上努力工作，扎根组织，却可以取决于自己。

我们判断一个人在组织是否做得成功，标准是什么？不是能力，不是一时的业绩，而是看他最终能否扎下根。能在组织扎下根，这本身就说明他们的品德和能力都得到了组织上层的认同，他们展现了自我，获得了相应的回报，所以说，能扎下根在某种程度上就已经是优秀的表现了。

扦插一根枝条，种下一颗种子，只要有水分和土壤，都可以生出根来，员工就好像枝条或种子，组织就是土壤和水分。只有扎根之后，一个员工的心态才

| 内修篇

会踏实下来，才会安心地工作，才会熟悉业务流程，熟悉组织情况，具备一定技能，为组织带来效益。

组织最需要的就是员工稳定下来，真正做到与组织一起，共患难同荣辱，员工需要在组织里扎下根，否则，就不能在组织吸收更多的养分、接受更多的雨露，也就不能够成材。所以，尽快在组织中扎根是件两利的事情。在组织扎根的员工越多，组织就越强，员工的根扎得越深，出的成果也就越多，组织受益也就越多。

在组织扎下根是员工首先应该具备的态度，因为这是一切努力的前提，是一个人能真正成长起来，在最短的时间内，耗费最少的精力，最大化自己成功的有效态度。在组织扎下根不只是一种态度，更是一种方法。在组织扎下根来，需要员工具备很多素质，需要努力去提升自己，让自己走的扎实而稳健。

员工在组织扎下根，组织就会逐渐成为沃土，员工也会长成茂盛的大树。这将是一个双赢的局面，两者之间并非你索我取的关系，而是互相滋养，一起壮大的关系。

什么叫扎根？第一要扎得下。一棵树，连根都扎不下，它是失败的，结果只能是慢慢枯萎，同理，一个人，在组织扎不下根，他也是失败的，为什么？他吸取不到组织里有益的营养，这些营养包括经验，包括资源，包括收益，也包括肯定，包括价值的提升，包括能力的提升，包括组织平台的支持和帮助，当然，还包括很多⋯⋯

所以说，扎下根不只是个心态问题，还是个能力问题，也是个方法问题，怎么样考查一个人的工作能力？那就要看他有没有在组织扎下根，扎得有多深，这直接体现了他在组织的重要性，也就是受认可程度，这是个最直观的参照物。如果一个人在组织扎不下根，被排除在骨干员工之外，始终被领导考察和观察，被人力资源部门审视和注意，在组织中，始终存在一个能不能继续留下的问题时，只能说他是个失败者。

第二，要扎得广。根深才能叶茂，叶茂才能花红，花红才能果硕。要将自己的心融入组织里，要将人融入团队里，要将精力用到工作中，只有这样，才能算得上真正扎根组织，才能把根扎深扎广。组织和员工都希望有更多的收获，所以，组织努力提供肥沃的土壤，而员工呢，则要努力吸收。组织的土壤再肥沃，

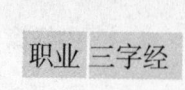

扎不下根也结不出硕果,组织的土壤即便不够肥沃,根扎得深也能结出硕果。如果一个人谈一百次恋爱,每次恋爱他的爱都是百分之百,那么他可以称之为一个情圣,如果一个人换一百个工作,每种工作他都是全心全意,尽心尽力,扎得下根,结得出果,那他就可以称为职圣。在组织里扎下根的真实含义就是,无论你到了哪家组织,都要沉下心工作,踏踏实实,尽心尽力,无论走到哪里,都能扎下根,做到人走到哪里就把根扎到哪里,人在哪里都能结出累累的硕果,成就一个到哪都成功的人生。

在哪里都能有成就,这就是扎根心态的真实价值。

有些人抱有极其错误的想法,对工作和事业的许多方面都认识不清,以为多换工作会多长经验,多长资历,也多得人脉资源,殊不知,结果恰恰相反,一个人如果在一个组织中站不住脚,就会被认为是失败的,优秀的人不会同这样的人结交,因为这种人太短视,这种对工作和组织的随意态度,也体现了他对人生的随意态度,这种人是不可能获得信任的,所以,他以为的多换工作多认识人的想法,最终是失败的,他认识的人越多,不是资源越多,而是口碑越差,他失去的机会和可能性越多。到最后,他会成为被整个行业都抛弃的人。

另外,多换工作不会多长经验,只能多一些经历,而对工作的认识将会永远停留在肤浅的层次上,不会产生深刻的认识,也不能正确地认识工作并对待工作,在专业技能上,则永远停留在入门阶段,因为每到一个新组织,都还来不及进入较深的工作层次,往往就被辞退了。

而每一家组织的长处,它的优点,它的工作理念、工作方法,它的专业技能,这些都不是一朝一夕的时间就可以了解的,也不是一年两年的时间可以体会清楚的,即便你有足够的聪明可以很快学到,而你没有足够的时间,你就不会有学习的机会,有些事情你连见都见不到,连接触都接触不到,你怎么学?所以在组织里扎下根深入进去,才是正确的工作态度。

| 内修篇

重基层,莫轻视,先磨炼,后成器,一步步,走扎实,基础牢,步伐稳,走得快,易摔跤

宰相必起于州部,猛将必发于卒伍。

实践出真知,基层长真知。

年轻人的眼中,基层工作艰苦、单一、乏味,而且似乎没有前途,他们羡慕那些一参加工作就有一个好单位好差使的人。其实这是一种投机心理,是对工作的规律认识不清的表现。真正优秀的人必定要在基层锻炼自己的能力,磨炼自己的心性,即便不在基层任职了,也时刻关注基层工作,因为基层工作是所有工作的基础,只有熟悉基层工作,才能更好地干好领导工作。基层工作可以更好地汲取实践的经验,更有利于掌握客观规律,毛泽东主席曾分析刘邦和项羽两个人,他说刘邦干过亭长,与出身贵族的项羽比,他比较熟悉基层生活,更加了解百姓心理,所以能取得胜利。

古语说:"玉不琢,不成器。"人才这块玉,也要经历基层的雕琢,然后才能磨成大器。

打铁还需自身硬,基层就是将人才这块铁不停地锤炼的地方。

在工作中,一步一个脚印,这样才能走得扎实,每一份工作,都要争取干到最好,这样才能学到真正的技能,对待每一份工作,都能本着认认真真干好的态度,我们才能在职场上一路前行。

不要把基层的工作当成是对自己生命的浪费,因而过一天是一天,恰恰相反,我们要把基层的工作视为我们打基础的重要时期,只有基础牢,才能步伐稳,基层工作不会浪费我们的光阴,相反,如果我们轻视基层工作,错过了这重要的机会,那才是真正的浪费光阴。

没必要羡慕一开始就在较高起点上的人,如果没有基层的锻炼,干不好反而更易受挫折,从基层一步一步走上去,每一步都分实,反而会走得更坚定,走得更远。

职业 三字经

升觉悟，提思想，觉悟高，思想阔，思想阔，眼界宽，眼界宽，境界高，境界高，思路广，思路广，方法多，方法多，事易成

我们的内修还需要提高我们的境界，首先要有觉悟，人能够从平凡中脱离出来，靠的是觉悟，我们祖先提倡的报效国家，守护百姓，先天下之忧而忧，家事国事天下事事事关心，就是一种觉悟，现代提倡的为人民服务也是一种觉悟，献身团队的事业也是一种觉悟。我们要有觉悟，最低也要有认真工作的觉悟。

升觉悟并不是如有些人理解的那样是假大空的口号，相反，觉悟对工作是非常重要的。觉悟提高后，我们就更能自主自愿，自动自发地工作，觉悟的提高令我们的思想境界更广阔，眼界更宽阔，这样令我们的工作更有大局观，工作起来更符合组织意图，更能与团队合力，我们才会更加注重内修，更加注重工作的修炼。

心胸、眼界的提高，能拓宽我们的思路，使我们的工作方法得以改进，拥有更多的好方法，工作起来能够事半功倍。

如何提升我们的觉悟，提高我们的思想，开阔我们的眼界？首先要做到一点，不是为金钱工作，另外做到一点，不是为自己工作。没有摆脱这两种想法的人，是不能达到这一页文字里所提倡的工作境界的。

杂篇

爱动脑，勤思考，人灵活，善变通，不任性，不执拗，听安排，随正确。欲行动，先三思，不疏漏，不贰过。善思考，换角度，换位置，换方式，换方法，换高度，多思考，能反思，要三思，要深思，久不通，逆向思，觉局限，扩展思。求利益，要衡量，不能急；求报酬，要考量，不能强；团队中，有次序，要顺从；论奖惩，有标准，要安守；心要平，气要顺，始得正。

能忍耐，始长久，经考验，始成材，不随心，要调心，不如意，要等待，想成功，要奋发，想超越，要图强，功不到，不妄想，功夫到，自然成。

端思想，正行为，立公心，少私意。顾大局，识大体，团队重，个人轻，重事业，远享乐。爱团队，惜公物，谨节约，绝浪费。人知足、始幸福，能知足、常开心，不知足，长贪心，贪不制，犯诸过。贪自利，终受损，求共赢，得真利。私小家，终难久，成大家，全小家。

信科学，破迷信，尽人事，莫信命，风水说，莫依仗，自心坚，不惑乱，自心明，不迷失。有问题，思解决，不遗留，有意见，恰当提，不存怨。有疑问，要调查，有信息，要搜集，有情况，要上报，有良策，要提出，大小策，都有益。

明事理，解人情，善相处，知轻重，懂分寸，忌冲动，知上下，莫顶撞。

我的事，我负责，拒借口，去理由，不怨天，不怨人，精业务，成骨干，努力做，必成就。高效率，低损耗，高业绩，低成本，高状态，低姿态，状态高，出业绩，姿态低，免诸过，心态好，保状态，远过失。先敬业，再兴趣，后热爱，由热爱，到着迷，从着迷，到执著，从执著，到坚守。

爱动脑，勤思考，人灵活，善变通，不任性，不执拗，听安排，随正确。欲行动，先三思，不疏漏，不贰过。善思考，换角度，换位置，换方式，换方法，换高度，多思考，能反思，要三思，要深思，久不通，逆向思，觉局限，扩展思

爱动脑的人遇事总有办法去解决，勤于思考的人总能避免做错事情，工作中许多事都需要足够灵活才能快速处理，所以我们除了坚持原则，在工作方式和方法上还要善于变通。年轻人容易任性、执拗、不听安排，这是不善于变通的表现，我们要服从组织的决定，听从组织的安排。一个爱思考的人，在行动之前，总是要细细思虑一番，这样就能做到没有疏漏之处，也不会犯第二次相同的错误，不会在同一个地方再次跌倒。

善于思考的人，会经常变换自己思考的角度，因角度的不同而获得对事物的更全面的认知，因为从不同的角度看事物，感受和思维模式都不同，所以就有了很大的差异，只有从各个角度看问题，才能明了这些差异，只从一个角度看问题，势必"不识庐山真面目，只缘身在此山中"。

善思考的人还经常变换自己的位置思考，位置不同，对同一件事的意愿和想法就不同，只在一个位置上看事情，往往容易流于主观臆想，认为对方也会认同自己的想法，而事实往往不然，因位置的不同，对一件事的看法可能完全相反。我们时常换下位置，看一下另外的人是怎么想，我们就可以提前规避一些矛盾，将问题解决在萌芽阶段，换位思考就是实事求是，只有换位思考才能全面地把握一个事物在组织各个层面的不同认知，我们才能做到统一思想，一个目标，一起努力。如果我们不能换位思考，我们就照顾不到各阶层的意愿，从而无法实现团队意志的统一，组织的目标也就难以实现。换位思考让我们对工作理解得更透彻，知道了别人的想法后我们也才能更好地纠正一下自己想法中的错误，从而提高自己的工作认知。

我们怎样思考问题？通常都是用的什么思考方式，用的什么思考方法？这个问题可能很多人都答不上来，但这个问题却很重要。我们也许有很多年都不知道自己是通过什么样的方式和方法来思考问题了，难道这不是很可怕的一件事情吗？我们连自己究竟怎样思考都有些茫然，我们又怎么能保证自己能正确地做事

呢？如果思考的方法错误，那思考的结果也肯定错误，用错误的认知来指导我们的行动，结果也必然是错误的。正是因为我们一直在用固定的、一成不变的方式和方法来进行思考，所以我们始终循规蹈矩，使用旧有的工作模式，难以获得突破，也难以成功创新，以此而言，变换我们思考的方式和方法其实是一件很迫切的事情。

站的高度高一点，看问题就会远一点，高度提升，就可以打破我们的狭隘眼界，更加能从大局上认识问题和把握问题。

干工作一定要多思考，能够对工作的一切方面进行深刻地反思，在反思中改进，凡事三思而后行，确保少犯错误，遇事要深入思考，不能浅尝辄止，对问题要钻下去，找到解决问题的关键。对于经历长时间思考却不得答案的问题，要尝试逆向思考，无论从现象还是从本质，以及问题本身，都进行一下逆推，也许可以找到旧有思考方法找不到的答案。如果我们思来想去，总是觉得有局限，被束缚了思路，我们就要尝试下扩展我们的思维，在无限制地扩展中争取能碰到更好的思路。

求利益，要衡量，不能急；求报酬，要考量，不能强；团队中，有次序，要顺从；论奖惩，有标准，要安守；心要平，气要顺，始得正

人总是要追求利益的，但要衡量一下有些利益是不是该追求，犯罪违法得来的利益不该追求，伤人害人，伤害组织利益得来的利益也不能追求，不合时宜的利益也不该追求。我们的报酬是随着我们的业绩而自然增长的，不能强求。团队中要论功行赏，也要论资排辈，这是自然规律，并不完全是坏事，这些先后次序无论到哪里都是存在的，我们必须要顺从才行。组织的奖惩都是有标准的，不以我们的意志为转移，我们要安守这些标准。面对组织中那些让自己不满意的规定和规则，我们要常省己心，要做到心平气顺，只有这样才能正心正行，干好工作。

能忍耐，始长久，经考验，始成材，不随心，要调心，不如意，要等待，想成功，要奋发，想超越，要图强，功不到，不妄想，功夫到，自然成

工作中，不同的人会有不同的行为模式，会有不同的想法和性格，对此我们要包容，不同的行为模式带来的矛盾，不同的想法和目的带来的矛盾，需要我们包容和忍耐，有些事情不能忍耐，我们就只能选择出局，那些能在组织中长久立足的人，一定是善于忍耐的人。

任何一个组织里都会充满考验，任何一项事业也会充满考验，经得过这些考验才能成材，经不住这些考验就只能沦于平庸。工作必然要遇到许多不随心的事情，事情不随心，我们要调心，不能因为不随心我们就改变正常的工作，越是不随心我们就越是要调好心更加认真地对待。工作的境况不如意，正确的态度就是耐心等待，认真工作，获取业绩，积蓄力量来改变现状。

中国文化里讲究水到渠成，功到自然成，意在戒急戒躁，戒好高骛远和急于求成。想要成功，想要超越别人，就必须奋发图强，下足功夫，功夫不到，就不要妄想成就，功夫下得足够了，成功也就自然到来了。

端思想，正行为，立公心，少私意。顾大局，识大体，团队重，个人轻，重事业，远享乐。爱团队，惜公物，谨节约，绝浪费

思想行为要端正，在本书中已反复强调，树立公心，减少私意，是我们从家庭的局限中走出来，进入更广阔天地的必然条件。当我们公心树立起来后，我们就逐渐地能做到顾全大局，识得大体，会把团队放在比个人更重要的位置上，这个时候我们就会把事业看得比享乐重要，真正全副身心地投身到事业中去。当我们的公心日渐炽盛，我们才会真正的爱团队，爱惜公物，为组织节约一切可节约的物品，真正做到杜绝浪费。

| 杂篇

人知足、始幸福，能知足、常开心，不知足，长贪心，贪不制，犯诸过。贪自利，终受损，求共赢，得真利。私小家，终难久，成大家，全小家

知足常乐，知足也能得到幸福，人的心中若是有不满足在，那就无法安下心来，也就感受不到当下的幸福。一个人若是不懂得知足，那么，贪心不足蛇吞象，他必定要干出超过自己能力范围的事情，最终把自己给搞垮。一个人只有懂得知足，才能舍己从人，从而实现共赢，得到真正的利益。贪心太重，只顾小家，最终必会面临难以为继的局面，只有把力量贡献给组织和团队，先把大家成就，然后我们的小家才能得以保全。用句古话来说就是"覆巢之下，焉有完卵。"用谚语来说就是："大河无水小河干，大河有水小河满。"我们要认清大家和小家的依存关系，做人不能因自私而损大家毁小家。

信科学，破迷信，尽人事，莫信命，风水说，莫依仗，自心坚，不惑乱，自心明，不迷失。有问题，思解决，不遗留，有意见，恰当提，不存怨。有疑问，要调查，有信息，要搜集，有情况，要上报，有良策，要提出，大小策，都有益

相信科学，拒绝迷信，相信我们的努力会获取成功，而不是把人生付之于虚无的命运，风水的说法，了解点就行了，不要当成一种依仗，什么事都看看风水，把成败荣辱交给风水先生主宰，却把我们事业的根本——主观能动性给放弃了，这种行为舍本求末，得不偿失。面对工作中可能遇到的种种邪说歪见，我们要坚定我们的智慧之心，不要被这些议论所迷惑，更不要心乱，而要坚持理性，不让自己迷失。

碰到问题的正确态度是想办法解决掉，而不是让问题留在那里，对什么事有意见，对什么人有意见，应该找恰当的渠道用恰当的方式提出来，不要心怀不满，积在心里越来越严重。对工作有疑问，就要认真地调查研究，找到真实，找到正确的答案，不要心有所疑但却不去澄清，不去实际验证，不去纠正错误。碰到对工作有用的信息，要及时记录下来，工作需要的时候，要多处搜集信息，以

备查证、总结分析，信息对我们的工作有巨大的作用，平时要养成搜集与工作与行业有关的信息。工作的情况要及时汇报，令上级及时了解，避免上级因情况不明而下达错误的工作指令。如果我们对工作中的实际问题有好的解决办法，如果我们有好的工作建议，有好的工作思路，我们要向上级提出，或者以信件、邮件的方式提出，不论作用大小，采不采纳，都应"知无不言，言无不尽"。

明事理，解人情，善相处，知轻重，懂分寸，忌冲动，知上下，莫顶撞

"世事洞明皆学问，人情练达即文章。"工作在本质上虽然应该是理性的事情，但人却大多数是未脱离感性的动物，所以，我们不仅要明事理，还要解人情。

什么叫事理？就是事情发生、发展、变化、成败间所伴随的道理或规律，有时候事理对事情的成败起决定性作用。

什么叫人情？现在的人对人情的使用是本着一个基本意思，就是人之通常的心情事理，也就是人对事物的最基本的心理反应，它的含义也指向世间约定成俗的事理标准。人情若往细里说，还指众人的情绪、愿望、人与人之间的情分、情面、交情、民间风俗、应酬和交际往来。人情被物化后还指人与人之间相互的物质馈赠。

因为人情事理非常复杂，可以说是无处不在，所以它必然会对我们的工作造成各种影响，想要纯粹理性地工作是不可能的，想要工作得更好，就要注意人情事理，善于与人相处，知道轻重，有所避讳，掌握好分寸，做事时要克制冲动，对上下级的层级关系要牢记，不要随意顶撞冲突。

我们还要谨记一点，我们了解人情事理，注意这些，并不是要向它们妥协，相反，我们只是利用对它们的了解更好地开展工作，人情事理中那些落后的部分，我们要想办法克服。

还有一点非常重要，由于人情事理是自古相传，约定成俗，所以其中夹杂了非常多的糟粕，有封建迷信，有落后思想，有小民主义，有私心私情……总之，人情事理是各种思想的糅和混杂，所以我们才要明事理，解人情，取其可用之

处，弃其有害之处，在工作中，不被那些落后的人情事理所牵制。

我的事，我负责，拒借口，去理由，不怨天，不怨人，精业务，成骨干，努力做，必成就

工作中还有一些人有依赖心理，当自己碰上难题时总希望借助别人的帮助来解决，这样子是很难成长起来的，工作需要我们勇于自立，要有我的事我负责的精神。属于自己岗位职责范围内的，就要坚决负责，负责到底，不能找借口找理由为自己开脱，而要不怨天不尤人，以自己的双肩去承担，这样才能精通业务，成为组织里的业务骨干，努力做下去，最终有所成就。

高效率，低损耗，高业绩，低成本，高状态，低姿态，状态高，出业绩，姿态低，免诸过，心态好，保状态，远过失

工作的各种指标都有高有低，什么适合高一点，什么适合低一点，其间也是大有学问的。在我们追求高效率的时候，我们还要保证低损耗，如果效率很高却又损耗过巨，那就不一定划算，说不定还会得不偿失。一样的道理，我们追求更高的业绩，同时还要追求更低的成本，只有两面俱全，才能真正成功。

有些人姿态摆得很高，但却不能弯下腰实干，而有些人姿态摆得很低，却把状态调得很高，很有激情地奋斗，自然做出了很好的业绩，同时也避免了许多不必要的麻烦，避免了犯错误。

即使你觉得自己有能力，很了不起，也应该怀着谦卑的心理低调做事、高调做人。毕竟，山外有山，人外有人。

无论你是刚来到一个新组织，还是加入一个新的行业，要想站稳脚跟就必须付出比别人更多的努力和代价，放低姿态，踏踏实实做好自己的事。如果你老是以为自己不可替代，那无异于痴人说梦。即使你以前做过非凡的业绩，即使你有超人的能力，也要先做好"小弟"这一关。

任何一个成功的人，都能够放低姿态，从基层做起，一步步登上事业的巅峰。可以说，这就是他们成功的秘诀。一个员工刚进入组织时，千万不可一味地

追求高职位、高薪水。要脚踏实地、放低姿态，从头做起，从基层做起，认认真真做好眼前的工作。

低姿态让我们更容易接受批评，更坦然地面对抱怨。

我们在成长的过程中经常会听到"良药苦口利于病，忠言逆耳利于行"这句话，但是我们可能从来没有认真思考过这句话的内在含义，即便是我们思考过，我们真的能够做到吗？现实是我们经常不能，尤其是在工作中，我们往往最担心、最不愿意接受的就是同事的抱怨和上级的批评了。

许多员工每次听到同事对自己的抱怨时，不是积极地思考自己的工作到底错在哪里了，而是立即找理由反驳同事的抱怨，或者责怪对方对自己的工作过于挑剔，或者讽刺对方的工作水平不行等等，其实这样下去，我们只会毁掉自己的工作，失去与同事合作的机会。

还有一部分员工，一听到上级的批评就会马上受不了，觉得自己受到了很大的委屈，要么和上级对着干，要么开始自暴自弃，要么是表面认同，内心却抱着一万个不服气。其实这样的员工从来没有想过这是在自毁前程。上级是直接给你开工资的人，你要是和上级对着干的话，为的又是什么呢？

而我们之所以会有这样的表现，归根结底是因为我们不知道抱怨和批评能够带来的价值。大多数时候，我们往往能因为别人的抱怨得到提升，而批评也是我们成长的最好补品。

在工作当中，大多数的员工都一样，只想听好话，不想听抱怨和批评。面对抱怨和批评，我们要么左耳朵进右耳朵出，要么就是找出种种理由来为自己开脱。其实在现实工作中，在我们每一位员工成长的过程中，抱怨和批评对我们都极其重要。

这个世界上，几乎每一个成功的大人物，都能做到知错就改，能够静下心来听别人对自己的抱怨和批评，并且勇于对自己的错误负责。

我们在工作的时候难免会出现错误，当我们遇到批评与抱怨的时候，我们应该感谢批评与抱怨我们的人，正因为他人的批评与抱怨，我们才能够认清自己存在的错误，只有看到自身的错误，我们才能想办法改正，只有我们时时刻刻记着改正自己的错误，我们才能够做到完美，才能够成为一名优秀的员工。

工作中我们先要保持好心态，然后要保持好状态，这样就会远离种种过失。

先敬业，再兴趣，后热爱，由热爱，到着迷，从着迷，到执著，从执著，到坚守

敬业是我们工作中必须迈出的第一步，兴趣则是可以培养出来的，再单调的工作也有它吸引人的地方，关键在于你发现没有，投入没有，即便是扫大街，也有人喜爱那种扫过之后的净洁，这就是乐趣的所在，在禅宗里，扫大街甚至可以让人悟道，所以绝不能断言扫大街就是枯燥的工作。

工作并不枯燥单调，枯燥单调的是我们的内心。

有了乐趣我们就会热爱我们的工作，然后我们就会着迷，一旦我们对工作着迷了，我们就会发挥我们的创造性，对我们的这份工作进行改进，那时候我们就会卓有成就。

当我们对一份工作执著了，我们就会坚守到底，在这个行业里做到最精熟，成为行业的精英人物。

风范篇

工作中,有五立,一人格,二形象,三志向,四恒心,五品牌。

好作风,一要正,二要硬,三要清。讲形象,要正大,讲风格,胸襟阔,讲诚信,不虚假,践诺言,不失信。修礼仪,素养高,和性情,气质好,与人善,心情好。工作中,要讲究,端举止,修礼仪,庄仪表,美风范。

环境好,靠自己,讲卫生,常清洁,办公桌,要整洁,办公区,要有序,愉心目,增效率。

常洗浴,容貌修,衣妆整,要得体。常微笑,多问好,有礼道。重交际,修仪礼,上下级,要牢记,对客户,礼数周。

办公室,绝三情,一私情,二人情,三恋情。私情在,必害公,陷人情,失原则,生恋情,陷旋涡。对异性,要大方,保距离,守分寸,绝邪欲,不乱想,不乱言,不乱动。

职业 三字经

老子看不起礼，他认为道失去了，人们就尊崇德的作用，德失去了，人们就尊崇仁的作用，仁失去了，人们就尊崇礼的作用。所以礼是我们不得不维持的一个形式，但它具有实际使用价值，因为很多人在意它，有实际价值的事物就是值得我们重视的，所以我们要注意，平常还是要注意修养礼仪。

工作中，有五立，一人格，二形象，三志向，四恒心，五品牌。好作风，一要正，二要硬，三要清。讲形象，要正大，讲风格，胸襟阔，讲诚信，不虚假，践诺言，不失信

在我们立业之前，我们还有许多东西要先行树立起来，这些东西树立不起来，我们就谈不上立业。人格是我们先要树立起来的，如果在工作中我们的人格没有显现，那意味着我们心性没修好，将不会有任何人认同我们、重视我们，我们的工作想要做出色就没有基础了。第二个要树立的是我们的形象，工作形象很重要，如果说人格是大家长时间观察感受到的，那么工作形象第一眼就能看到。精明干练、干净利落的工作形象，与拖泥带水、满嘴借口的工作形象，区别是非常鲜明的，很容易就分别出来。而乐于配合，勇于负责的工作形象，与推三阻四、敷衍塞责的工作形象，差别也是那么的鲜明，工作形象是人的内在素质在外在的表现，是我们示现给组织、示现给客户的第一印象，是个人最直接的展示。所以我们一定要树立起自己正派的、良好的形象，工作形象越鲜明，越有利于开展工作。

树立起志向，就等于为我们的工作树起了指路的灯塔，志向有多远，我们在职场中才能走出多远。只要有恒心，铁杵磨成针。恒一不变的工作态度，恒一不变的工作决心，令我们在职业生涯中经历任何风吹雨打都不会改变理想和目标。产品有品牌效应，个人也有品牌效应，在工作中，当提起一个人时，人们都觉得他肯定行，这就是品牌效应，一提起他，人们就觉得可信任，可靠，可以把事情交代给他，这就是品牌效应。一个人在工作中品牌不好会严重影响工作，同事们或客户会有这样的想法：千万不要跟这个人合作，这个人挺麻烦的，这个人靠不住……如果建立了这样的品牌，我们就很难得到高效的配合。

工作中的好作风非常重要，因为作风起到影响他人，影响工作的作用，好作风一定要正，目的端正，态度端正，人品端正，工作方法端正。

工作不是走马观花，也不是简单地度过八小时后回家睡觉，而是要不断前进，不断前进就要克服种种困难和阻碍，这就需要我们作风过硬，作风不过硬，有些困难我们就过不去。面对困难，我们要有强硬的信念。硬的作风还包括能力过硬，技术过硬等。

工作中还要保持清廉，不贪非分之利，人争取自己的利益无可厚非，也为人所理解，但本不应属于自己的，却也巧取豪夺、非法占有，那就要为人所不齿了。

说我们要保持光明正大的形象，可能很多人不以为然，觉得自己是小人物，可是，不光明正大意味着什么？所以其实我们别无选择，只能选光明正大，每个人都有权力让自己的形象是正面的，是大度大气的，不能因为职位普通我们就选择卑微的形象。

工作中我们还要发扬风格，吃苦在前，享乐在后，先同事之忧而忧，后同事之乐而乐，要有宽阔的胸襟，不能落入斤斤计较的狭隘世界，别人不肯放的我们肯放，别人不能让的我们能让，这样才能成为组织的顶梁柱。

世界上的人都在讲诚信很重要，但做得到的却不多，我们在工作中一定要讲诚信，不要弄虚作假，不要轻易允诺，答应之后就要办到，不要失信于人。

修礼仪，素养高，和性情，气质好，与人善，心情好。工作中，要讲究，端举止，修礼仪，庄仪表，美风范

礼仪风范是我们内在素养的一种外在表现，整个社会都很重视我们的礼仪，我们必须把礼仪修好，让他人喜欢同我们打交道。讲礼仪也体现出我们对他人的重视和尊重，那种粗率的工作作风，总体来说彬彬有礼的做派更容易被他人认可。

性情美好也是人生的一种美好，具有和谐的性情，会令我们的气质变得更好，而气质好令我们在工作中可以借助他人的好感，更容易达成协作，得到配合。

有些人常说工作中得不到快乐，也常说工作气氛太压抑，殊不知，工作中需

要与人为善，常乐助人，才会有好的心情。乐于互助，乐于配合，这是一种良好的工作作风，我们在日常工作中要注意自我培养。

人生若只如初见，工作习以为常了，有些事我们也就不在意了，不当回事了，实际上工作中我们还是讲究一点的好：举止端庄，礼仪周到，仪表庄重、职业化，风范美。

环境好，靠自己，讲卫生，常清洁，办公桌，要整洁，办公区，要有序，愉心目，增效率。常洗浴，容貌修，衣妆整，要得体

不只是我们自己要讲好仪表，我们的工作环境，我们的车间或办公室，也要讲仪表。有些人抱怨组织没给自己一个好环境，其实责任在自己，因为好环境是靠自己维持出来的，寄希望于别人为我们营造好环境不现实。只要我们勤讲卫生，保持清洁，我们的环境就会干净整洁，赏心悦目。尤其是我们的办公桌，要做到整洁，办公区要做到井然有序，这样会提高我们的工作效率，同时，赏心悦目的环境也能令我们工作愉快。

对于个人而言我们要讲究卫生，经常洗浴，经常修容貌，做到干净整洁像个工作的样子。衣妆要整齐得体，工作中不要穿得太个性化，也不讲究太时尚，工作中需要的是衣装得体，职业化的衣装是最受欢迎的。

常微笑，多问好，有礼道。重交际，修仪礼，上下级，要牢记，对客户，礼数周

工作中微笑要比刻板好，面带微笑，彰显自信，愉悦心情，也能让别人的心情好起来，微笑是紧张气氛的润滑剂，我们不要忘记它。经常问好能让别人心情愉悦，拉近与同事间、客户间的距离，令我们无形中增加了亲近感，作为一种礼道，问好事小，但却有意想不到的工作效果。

工作中我们要注意加强相互间的交往，因为这更有利于工作，但是一定要注意尺度，不能搞小圈子小团体，在工作中多交往多沟通，可以更好地解决问题，增进配合。上下级之间的礼仪其实是很重要的，我们常看到西方流传过来的无距离交流，无层级沟通，其实是有适应条件的，上下级间的礼仪也分场合，私下场合可以适度放得开，更放松一些，但需要讲上下级礼仪的场合一定不能大意不能忽视。另外一个不能忽视的就是与客户间的礼仪，这可能是我们职场礼仪中最正式要求也最高的部分，面对客户的时候，礼数一定要周到，任何情况下绝不可失礼。

办公室，绝三情，一私情，二人情，三恋情。私情在，必害公，陷人情，失原则，生恋情，陷旋涡。对异性，要大方，保距离，守分寸，绝邪欲，不乱想，不乱言，不乱动

在组织中有三种束缚手脚，令我们干不好工作的感情，那就是私己之情，人情，恋爱之情。工作中只要存有一己之私，就必然会损害公家利益，私心不除，私情不净，就不能干干净净做事，就不能堂堂正正做人。"每个人都是有私心的"，这句话我们经常听，有没有道理且不去论它，我们只要知道这是一个借口，一个纵容我们私心私欲的借口，是我们应该坚决否定的一个借口，我们要修炼一心向公的情怀，把私情逐渐从我们心中去掉，而不是被一个借口就轻易动摇我们的信念和决心。

人情世故到处都有，而在工作中要照顾人情就不能秉公办事，就会失去原则，那样的话我们在工作中也就难免被人非议了，为了人情办事不公，甚至于违法犯罪的例子所在多有，我们要引以为戒。人情是一道关，迈过去，我们就能勇往直前，迈不过去，我们就始终受束缚受局限。

办公室恋情的可怕之处就在于，它很容易就把工作搞变质了，很容易产生各种各样意想不到的问题，它就像个旋涡一样一旦陷进去就无法自拔，轻易就能把我们的前途葬送。在工作中，对异性我们要保持大方，保持距离，守住一定的分寸，内心有足够的警觉，坚决不能触碰那道底线，邪欲是一定要杜绝的，而且要做到不胡思乱想，不胡乱说话，不轻佻说话，更不要乱动手脚。